El futuro de la inversión está aquí

Bienvenido a bordo.
Partimos al amanecer.

Lo que he aprendido en mis 45 años en los mercados

Wilfred P. Brockmann MBA (Fin), FCSI

El futuro de la inversión está aquí

Bienvenido a bordo.
Partimos al amanecer.

Escrito por Wilfred Brockmann

Para:

Todos aquellos que tienen ese anhelo y curiosidad por aprender y crecer más para el mejoramiento de sí mismos y de los demás.

Wilf

Table of Contents

Bienvenido

Primero, quiero felicitarte por estar aquí y mostrar tu inquebrantable determinación para avanzar y luchar por más. Porque te mereces algo mejor. Mi nombre es Wilf Brockmann, y seré tu guía, mentor y coach. El hecho de que hayas tomado este libro me dice que te tomas en serio la idea de ganar dinero en los mercados.

Tal vez estés cansado de escuchar a ese tipo molesto al final del pasillo y los consejos que dice estar recibiendo. O de tu cuñado con todas sus exitosas aventuras en Bitcoin. Quieres hacerlo mejor y sentir más control. Tal vez tengas esta sensación, este impulso de que puedes hacerlo mejor. Puede que tengas muchas razones para estar insatisfecho con tu Asesor Financiero. Tal vez te sientas desconcertado por su incapacidad para superar el índice. Estás cansado de palabras elegantes o frases que enmascaran el bajo rendimiento. Estás listo para un cambio, y eso es digno de admiración.

No hay nada de malo en querer más. No estás solo; yo estaré contigo en cada paso del camino, comprometido con tu éxito. Se necesita una persona segura de sí misma para asumir la responsabilidad de su futuro. Respira hondo; estás a punto de tomar control de tu destino. Sí, sé que al principio puede ponerte nervioso, pero nadie estará más dedicado ni tendrá tu futuro en su corazón más que tú.

Mucha gente ve la inversión y el trading como un pasatiempo, algo en lo que incursionar, y si ese es tu caso, genial. Gracias por acompañarnos. Si ves esto como un negocio personal, quiero preguntarte: ¿Tu jefe te contrataría o te despediría ahora mismo? Estoy aquí para ayudarte a conseguir ese ascenso a CEO de tu vida como inversor.

Durante las últimas cuatro décadas, he dedicado mi vida a ser asesor financiero, coach y amigo de innumerables clientes y colegas. A través de mis experiencias y dedicación, he adquirido conocimientos e ideas valiosas sobre las inversiones y los mercados. He dedicado este libro a compartir muchos de los aspectos crucialmente importantes que he aprendido. El mundo financiero puede ser complejo y desafiante de navegar, pero con dedicación y trabajo duro, se puede obtener una comprensión profunda de cómo funcionan los mercados. Al igual que en la vida, invertir nos enseña lecciones valiosas que solo podemos aprender a través de la perseverancia, la determinación y la participación activa. He trabajado incansablemente en una profesión que amo, y mi pasión por ayudar a otros a lograr el éxito financiero solo ha crecido con los años. No digo que será fácil en esta aventura que tú y yo estamos emprendiendo, pero estaré a tu lado.

Creo que cualquiera puede convertirse en un inversor y trader exitoso si está dispuesto a esforzarse y aprender de sus experiencias. Compartiré mis conocimientos y enseñanzas en este libro para ayudarte a navegar los mercados y tomar decisiones de inversión informadas. Desde comprender la gestión de riesgos hasta reconocer tendencias del mercado y lidiar con las emociones, hay una gran cantidad de conocimientos esperando ser desbloqueados. He tenido más que suficientes éxitos y decepciones. A veces me he quedado en el suelo demasiado tiempo, revolcándome en la autocompasión. Pero seamos sinceros. A nadie le importas hasta que ganas. Así que vamos a ganar. Ganemos juntos.

Como asesor financiero, he sido testigo tanto de historias de éxito como de contratiempos, pero hay algo que siempre permanece constante: la importancia del aprendizaje continuo. Me he dedicado a mantenerme al día con las tendencias del mercado y las estrategias de inversión, y te animo a hacer lo mismo. Al equiparte con los conocimientos y la experiencia que encontrarás en este libro, podrás navegar hábilmente por el panorama financiero y tomar decisiones de inversión acertadas.

Siempre hay más por aprender mientras fortaleces y creces en tu comprensión de los mercados. Invertir es un viaje que requiere paciencia, disciplina y la disposición a adaptarse a circunstancias cambiantes. Es un proceso, no un destino. Espero poder transmitir la sabiduría y las ideas que he adquirido para ayudarte en tu propio camino de inversión. Estoy convencido de que cualquiera puede convertirse en un inversor exitoso con dedicación y perseverancia. Al aprender de mis experiencias y de los conocimientos compartidos en este libro, podrás tomar control de tu futuro financiero y lograr tus metas de inversión. Todo es posible con el conocimiento y la mentalidad adecuados. Gracias por permitirme ser parte de tu viaje, y te deseo éxito y prosperidad en tus emprendimientos de inversión.

Tener las mejores herramientas y sistemas de última generación es solo parte de la ecuación; el control emocional es la otra. Este libro no es solo una guía, es un compañero en tu viaje personal. Como la mayoría de los traders e inversores, no estás solo en el juego mental en el que estás involucrado. Es una batalla que se libra en ese espacio entre tu hemisferio izquierdo y derecho del cerebro, enfrentando al trader confiado contra el yo dubitativo y tímido. Este libro está aquí para ayudarte a comprender y dominar esta batalla psicológica.

El éxito de tus operaciones a menudo depende de tu capacidad para superar la duda, el miedo y la ansiedad. Por eso, he escrito este libro pensando en ti y en nuestro viaje juntos. Es una lectura esencial para cualquier persona que busque mejorar su rendimiento en el trading en este entorno tan acelerado y de alta presión, que constantemente desafía a traders e inversores.

Este libro explorará los aspectos psicológicos del trading, examinando cómo nuestras emociones, sesgos y experiencias influyen en nuestro proceso de toma de decisiones. Al comprender el juego mental del trading, puedes aprender a identificar y superar las barreras psicológicas que te impiden alcanzar tu máximo potencial como trader. Uno de los mensajes clave de este libro es que el trading no se trata solo de analizar gráficos y seguir tendencias. Se trata de dominar tu mente y emociones, mantener la disciplina frente a la incertidumbre y cultivar una mentalidad de confianza y resiliencia.

Al desarrollar un fuerte juego mental y usar las herramientas correctas, podrás realizar operaciones rentables de manera constante y superar a la competencia. A través de ejemplos de la vida real, ejercicios prácticos y consejos de expertos, *"El Futuro de la Inversión Está Aquí"* te guía en un viaje de autodescubrimiento y crecimiento personal. Te enseña cómo cultivar una mentalidad positiva, gestionar tus emociones de manera efectiva y desarrollar la fortaleza mental necesaria para tener éxito.

Entonces, si estás cansado de sentirte atrapado en un ciclo de dudas y bajo rendimiento, es hora de tomar el control de tu juego mental y convertirte en el trader confiado y exitoso que serás. *"El Futuro de la Inversión Está Aquí"* es tu mapa para dominar tu mente y los mercados. Gracias por adquirir tu copia hoy, mientras comenzamos juntos nuestro viaje hacia el éxito en el trading.

Tener la mentalidad correcta es solo una parte de la ecuación. La otra parte es tener un conjunto de herramientas lleno de técnicas, estrategias y métodos probados que se adapten a los cambios del mercado.

Al experimentar y luego desechar lo que no funciona, uno descubre las verdaderas lecciones sobre la inversión y los mercados. Durante este arduo proceso de aprendizaje, me di cuenta de que tal vez alguien más, que también busca la riqueza, querría aprender algunas de estas lecciones. Por eso, estoy agradecido por tu presencia y por unirte a mí.

A lo largo de este libro, conocerás mis creencias fundamentales y mis principios básicos. Puedes tratarlos sabiendo que son mis propios sesgos, pero siempre sabrás desde dónde te hablo. Tengo una cita pegada en uno de mis monitores que veo a diario. Es de una persona poco probable, pero creo que su frase es muy relevante para el viaje en el que estamos a punto de embarcarnos:

"Ayer se fue. Mañana aún no ha llegado. Solo tenemos hoy. Comencemos."

- Santa Madre Teresa de Calcuta.

Pero primero, algunos asuntos prácticos:

- **Relájate**. Intenta leer este libro de principio a fin una vez solo por diversión. No es una competencia y no hay exámenes. Tómalo con calma y diviértete con él.

- **Lee críticamente**. Te he pedido que leas este libro de forma crítica, pero intenta no debatir conmigo en la primera lectura. Si tienes alguna pregunta, anótala y continúa. Puede que encuentres la respuesta más adelante. Incluso si te enfrentas a puntos que te cuesta aceptar (y lo harás), no te detengas en ellos de inmediato. Lee el libro para entender la lógica fundamental, luego vuelve si es necesario y trabaja en los puntos que te resulten problemáticos.

- **Este libro no promete identificar la próxima NVDA o lo mejor desde la invención del pan de molde**, pero sí te dirá cómo permanecer con ellas y cuándo salir si comienzan a rendir mal. No te harás rico de la noche a la mañana, pero te harás rico con el tiempo.

- **Sobre la audiencia**. Al presentar cualquier libro a un público general sobre un tema semi-técnico como la inversión, encontraremos algunos que lo considerarán demasiado complicado y otros que lo verán demasiado básico. Para el grupo de "demasiado complicado", intentaré no usar jerga y la explicaré cuando lo haga. Para el grupo de "demasiado básico", piensa en cómo podrías ampliar lo que he dicho para tu propio beneficio.

- **Inversor vs. trader**. A lo largo del libro, alternaré entre las palabras inversor y trader, viéndolas como lo mismo. Ambos lo somos en diferentes momentos. Veo a un trader como alguien que está considerando, debatiendo, entrando en operaciones, revisando y ejecutando el componente táctico del plan en el presente y en el marco temporal actual. Un inversor es alguien que considera una perspectiva a largo plazo y ve el plan desde un punto de vista estratégico. A veces usamos un sombrero y a veces ambos.

- **Sonríe tanto como puedas** mientras lees el libro y en tu vida diaria. Sonreír desencadena la liberación de endorfinas. Estos químicos mejoran tu estado de ánimo, disminuyen el estrés y fomentan una sensación de tranquilidad. Además, la sonrisa mejora tu accesibilidad percibida, lo que puede aumentar tus oportunidades de apoyo social cuando enfrentas circunstancias desafiantes. Una vez, mientras sonreía y reflexionaba sobre varias cosas en un ascensor, alguien me preguntó si estaba drogado. Le respondí que sí y me bajé en mi piso.

Lo que este libro hará por ti y lo que no hará

A través de este libro, me esforzaré en ayudarte a crear tu libertad financiera. La libertad financiera es una meta a la que muchas personas aspiran, pero pocas logran alcanzar. El hecho de que hayas tomado este libro me dice que deseas la libertad tanto como yo. La libertad es la capacidad de vivir sin preocuparte por la inestabilidad financiera que nos rodea, donde el dinero ya no es un factor limitante. La riqueza es, en efecto, libertad. No se trata de una cifra específica en tu cuenta bancaria ni de la acumulación de posesiones materiales, sino de la sensación de seguridad y tranquilidad que viene al saber que tienes los recursos para vivir la vida que deseas porque lo mereces. Déjame repetir eso: lo mereces.

Muchas familias con un patrimonio neto modesto se sienten increíblemente ricas porque tienen seguridad y estabilidad financiera. Además, familias adineradas con millones de dólares viven con el constante temor de perder su fortuna y nunca experimentan la verdadera riqueza, ya que anhelan siempre más.

La riqueza trata sobre la libertad de tomar decisiones sin restricciones. Te permite perseguir tus pasiones y vivir la vida que sueñas. Te permitirá trabajar porque amas lo que haces, no porque necesites llegar a fin de mes. Te da el poder de crear la vida que deseas para ti y tu familia, sin estar limitado. Te permite aventurarte más allá de los límites de tu zona de confort.

Uno de los aspectos negativos de la riqueza es el miedo constante a no tener suficiente. Independientemente de la cantidad de dinero, puede persistir una sensación de insuficiencia. Este miedo puede impedirte disfrutar plenamente de los frutos de tu trabajo y llevarte a un ciclo interminable de acumulación e insatisfacción. La libertad financiera consiste en liberarte de este miedo y encontrar paz, sabiendo que tienes lo suficiente para vivir con satisfacción y perseguir tus sueños.

Una vez más, la riqueza es, de hecho, libertad. Es la capacidad de vivir según tus propios términos sin preocupaciones. Este libro te guiará en el camino para crear esta libertad, no solo enfocándose en la acumulación de dinero, sino también ayudándote a construir una base sólida de estabilidad financiera. Recuerda, la riqueza no se trata de la cantidad de dinero en tu cuenta bancaria, sino de la sensación de paz y libertad que conlleva saber que tienes los recursos para vivir la vida que deseas. Permite que este libro te guíe en el viaje hacia la libertad financiera, donde la riqueza es verdaderamente la puerta de entrada a una vida de abundancia y realización.

En este libro, discutiré dos verdades fundamentales que pueden guiarte en el camino hacia la riqueza. Crear riqueza es simple, aunque no necesariamente fácil. Los métodos y estrategias que detallaré pueden ser difíciles de seguir, pero con fe, paciencia y disciplina, puedes superar cualquier obstáculo que se presente en tu camino. La mayoría de los inversionistas carecen de estas cualidades, y es por eso que no pueden lograr la verdadera riqueza.

La segunda verdad fundamental es que, siguiendo los principios y reglas que describiré, asegurarás la riqueza a largo plazo. Si puedes confiar en estos principios y mantenerte dedicado a tus metas, eventualmente verás los frutos de tu trabajo y alcanzarás el éxito financiero.

Es importante recordar que, aunque estas verdades pueden parecer simples, requieren dedicación y esfuerzo para obtener resultados. Es posible que enfrentes contratiempos y desafíos en el camino, pero al mantenerte comprometido y creyendo, podrás superar cualquier obstáculo en tu camino hacia la riqueza.

En última instancia, depende de ti tomar el control de tu futuro financiero y seguir los principios que te llevarán al éxito. Al mantenerte enfocado y dedicado a tus metas, puedes crear un camino hacia la riqueza que sea tanto sostenible como satisfactorio. Confía, mantente fiel a los principios y la riqueza estará a tu alcance.

Una cosa más:

Ojalá pudiera afirmar que existen caminos rápidos y fáciles hacia el éxito, pero lamentablemente, no los hay. No existe una solución fácil. Si estás a tres años de jubilarte y solo tienes $250,000 en capital, y te das cuenta de que necesitas $1,000,000 para retirarte cómodamente, ni este libro ni nada más puede garantizarte que lo lograrás. No es que sea imposible, pero sí altamente improbable. Sin embargo, para aumentar la probabilidad de éxito, debes seguir fielmente las lecciones que encontrarás en este libro.

Además, considera esta aventura como plantar un árbol. Cavas en la tierra, plantas el retoño, añades fertilizante y agua, y lo dejas crecer. No lo desentierras cada 30 días para ver cómo va. Ese es un tiempo demasiado corto. Tampoco lo desentierras cuando llega el invierno para protegerlo en tu garaje durante el mal tiempo. Durante el invierno, dejará de crecer y las hojas morirán, pero la primavera llegará y volverá a crecer. Así es la inversión. Déjalo estar. Tienes un plan. Dale suficiente espacio, luz solar, tiempo, y poda cuando sea necesario. Proporcionará sombra y belleza para ti y tu familia a medida que crezca.

Crear riqueza es tan orgánico como hacer crecer un árbol. El crecimiento en los mercados de valores no es menos una fuerza de la naturaleza. Recuerda, la riqueza es libertad. Nos libera de las preocupaciones financieras que puedas tener ahora. La riqueza te brinda la libertad de vivir la vida como deseas. Es distinta del trabajo que haces con el sudor de tu frente. Aunque los principios y métodos de este libro son simples, habrá momentos en los que será difícil seguirlos. Dije que eran simples, no necesariamente fáciles. Requerirá fe, paciencia y disciplina. Tú puedes hacerlo.

Vamos a empezar a cavar. Ah, y sonríe.

"Nunca dejes que el ayer consuma demasiado del hoy."

Will Rogers

1. Tu viaje comienza.

Al embarcarte en tu viaje para mejorar en los mercados, recuerda que no estás solo. No solo estoy aquí contigo, soy tu compañero en este camino, alentándote y guiándote a través de las pruebas del mercado. Se necesita valor y determinación para tomar el control de tu futuro financiero, y creo profundamente en tu valentía y potencial. Aunque al principio pueda parecer intimidante, recuerda que nadie está más dedicado a tu éxito que tú mismo. Tienes el poder de moldear tu propio destino y crear la vida que deseas. Puede ser estresante adentrarse en lo desconocido, pero tengo plena fe en tu capacidad para prosperar en el mercado.

Recuerda, esto no es un esquema para hacerse rico rápidamente. Se necesita tiempo, esfuerzo y persistencia para ver el éxito en los mercados. Pero con dedicación y orientación, puedes alcanzar tus metas financieras y asegurar un futuro más brillante. Así que respira profundamente, confía en ti mismo y toma control de tu destino. Estoy aquí para apoyarte, ofrecerte consejo y ayudarte a navegar por las complejidades del mercado. Juntos podemos trabajar hacia tus objetivos y asegurar tu éxito en el mundo del trading y la inversión. Estoy comprometido con tu éxito y listo para ayudarte a alcanzar tus sueños. Hagamos esto juntos y hagamos realidad tu futuro financiero.

Como guía, mentor, entrenador o estudiante, creo que la intimidad y la confianza son los cimientos de cualquier relación exitosa. La ausencia de estos componentes cruciales hace que sea difícil establecer conexiones auténticas y apoyar el crecimiento y éxito mutuo. He pasado 45 años trabajando en la industria financiera, aprendiendo de mis propios errores y experiencias a lo largo del camino. Ahora estoy aquí para compartir mi conocimiento contigo, para ayudarte a navegar los mercados y evitar los costosos errores que he encontrado.

Construir una relación basada en la intimidad y la confianza es crucial para ambas partes involucradas. Como mentor, debo ser capaz de abrirme y compartir mis propias experiencias, éxitos y fracasos contigo. Este nivel de vulnerabilidad te permite ver que soy humano, al igual que tú, y que he cometido errores en el pasado. También crea un sentido de empatía y entendimiento entre nosotros, lo cual es esencial para una comunicación y aprendizaje efectivos. De manera similar, como estudiante, es importante que confíes en mi orientación y experiencia. Debes escuchar, aprender y asumir riesgos para crecer y tener éxito en el mundo financiero.

Al construir una base firme de confianza, puedes sentirte seguro en mis consejos y dirección, sabiendo que tengo tus mejores intereses en mente. La intimidad y la confianza también contribuyen a un sentido de responsabilidad en nuestra relación. Cuando confías en mi orientación, es más probable que sigas adelante con las acciones y estrategias que te recomiendo. Este nivel de responsabilidad es clave para alcanzar tus metas financieras y convertirte en un inversor exitoso.

Estos elementos son la base para establecer cualquier relación beneficiosa. Al fomentar estas cualidades en nuestra relación de mentor y estudiante, podemos crear una base sólida para el crecimiento, el aprendizaje y el éxito. Permíteme guiarte en este viaje, compartiendo mis conocimientos y experiencias, para que puedas evitar los errores costosos que cometí y alcanzar tu máximo potencial en el mercado.

En el mundo del trading y la inversión, descubrimos una gran variedad de estrategias y enfoques para generar riqueza. Cada trader o inversor tiene su propio estilo y filosofía únicos para tomar decisiones de inversión. Aunque algunos puedan no estar de acuerdo con mi enfoque y filosofía sobre el trading, me siento cómodo con las estrategias que he desarrollado a lo largo de los años.

He pasado incontables años estudiando los mercados, analizando tendencias y perfeccionando mis habilidades como trader. He desarrollado un método que funciona para mí y me ha permitido tener éxito en los mercados. Mi hermano y yo creamos una aplicación llamada *Beyond ETFs Pro*, que encarna el enfoque que uso y está disponible en la tienda de aplicaciones. Se puede encontrar más información en https://beyondetfspro.com. También uso este enfoque con mis clientes en nuestras actividades diarias.

Es esencial tener en cuenta que el trading no tiene un enfoque único para todos. Lo que funciona para una persona puede no funcionar para otra. Por eso, es fundamental encontrar una estrategia que se alinee con tus objetivos individuales, tolerancia al riesgo y estilo de inversión. Ya seas un trader de día, un trader de swing o un inversor a largo plazo, hay una estrategia que funcionará para ti.

Si mi enfoque del trading no resuena contigo, está completamente bien. Entiendo que cada persona tiene su propio enfoque único hacia los mercados. Espero que, aunque no estés de acuerdo con mis métodos, aún puedas llevarte algo valioso de mis experiencias. Quizás descubras una perla de sabiduría que puedas aplicar a tu propia estrategia de trading, o tal vez te sientas inspirado para desarrollar una estrategia que se adapte mejor a tus necesidades individuales. Lo más importante es mantener una mente abierta y estar dispuesto a aprender de los demás.

Los mercados financieros evolucionan constantemente, ofreciendo oportunidades interminables para aprender. Al mantener una mente abierta y estar dispuesto a explorar diferentes enfoques del trading, puedes seguir creciendo y desarrollándote como trader. Encuentra el enfoque que mejor funcione para ti y no tengas miedo de desafiarte a ti mismo y probar cosas nuevas. Quién sabe, quizás encuentres una estrategia que te lleve al éxito más allá de tus sueños más locos.

Una cita atribuida a Aristóteles dice:

"Somos lo que hacemos repetidamente. La excelencia, entonces, no es un acto, sino un hábito."

Juro que estaba hablando de invertir si no supiera lo contrario. Permíteme repetir eso.

"Somos lo que hacemos repetidamente. La excelencia, entonces, no es un acto, sino un hábito."

Sin embargo, es interesante notar que el verdadero origen de esta cita es Will Durant, quien estaba simplificando la contribución de Aristóteles a la filosofía. Independientemente de su fuente, la esencia permanece: **la excelencia se convierte en una costumbre cuando se practica de manera constante.**

Practicar y repetir cualquier actividad que emprendamos es necesario para nuestro éxito. Los mejores atletas no salen al campo y improvisan. Exelen porque se dedican a la disciplina de su oficio. En el béisbol, si fracasas el 70% de las veces al batear, te incluirán en el Salón de la Fama. Se dice que Michael Jordan falló 12,345 tiros en su carrera. Estuvo en casi 300 juegos perdidos y se le pidió que hiciera el tiro de la victoria, pero falló 26 veces.[1]

Invertir bien no es cuestión de suerte, un tiro al aire o actuar basado en un "tip". No es un evento único. Es un procedimiento repetible. Invertir bien es un proceso. La adaptabilidad es crucial para un enfoque disciplinado. Es posible aprender y, más importante aún, replicar este comportamiento. Comprender el proceso lo hace fácil; solo se necesita práctica y visión. No es complicado. Créeme. Quiero que tengas éxito; cuando logres tu éxito, todos a tu alrededor ganan, y todos ganamos. Una cosa interesante sobre el éxito es que es como un respiro; aunque tu último aliento es esencial, no es tan importante como el siguiente. Así que, ganemos juntos y repitamos el proceso. Puedes hacerlo, honestamente.

Debemos adaptarnos, crecer y aplicar lo que aprendemos de manera consistente para tener éxito en la inversión.

Encontré un artículo fascinante sobre nuestra percepción de las habilidades necesarias para aprender. En algún momento de nuestras vidas, todos hemos sentido que no podíamos hacer eso o aprender esto. Para mí, son los idiomas. Después de intentar francés de noveno grado por segunda vez, la hermana María y yo llegamos a un acuerdo. Si prometía no volver a cursarlo, ella me aprobaría. Mantuve mi palabra.

Sin embargo, años después, en el invierno de 2018, envié a mis hijos una foto de mi tarjeta de identificación de la Universidad La Salle en la Ciudad de México y les pregunté si podían adivinar qué estaba haciendo. Supusieron que estaba enseñando. Lamentablemente, no; estaba tomando un curso de español.

---

[1] Statmus, https://www.statmuse.com/nba/ask/how-many-missed-shots-did-michael-jordon. Consultado el 27 de mayo de 2024.

También me metí de lleno en este intento con el idioma. Tres días antes del examen final, se me ocurrió que se suponía que debía divertirme, y desde luego que no lo estaba haciendo. Me levanté y, en un español entrecortado, deseé éxito a todos y salí del aula.

Después de leer el artículo y revisar el documento, he cambiado mi enfoque de ser un destrozador del idioma a convertirme en un estudiante de español. Ya conozco tres frases esenciales y estoy aprendiendo más.

3.) ¿Dónde queda el baño?
2.) Una taza de café con leche, por favor.

Y la más importante:

1.) Lo siento, mi amor.

Tengo esto, en parte gracias al artículo de Koedinger et al. En su documento titulado "Una Regularidad Asombrosa en las Tasas de Aprendizaje de los Estudiantes," Koedinger et al. (2023) afirman:

"Encontramos que los estudiantes no están en un nivel de dominio al inicio de la práctica, y un aprendizaje sustancial ocurre a partir de la práctica misma, ya que los estudiantes reciben retroalimentación sobre su rendimiento y utilizan instrucciones y ejemplos verbales sensibles al contexto. Encontramos que un estudiante típico necesita aproximadamente siete oportunidades de aprendizaje para dominar un componente de conocimiento típico."

Ellos afirman además:

La pregunta sobre la tasa de aprendizaje es prácticamente importante porque aborda cuestiones fundamentales sobre la educación y la equidad. ¿Puede alguien aprender a ser bueno en cualquier cosa que desee? ¿O se requiere talento, como tener "habilidad para las matemáticas" o un "don para los idiomas"? Nuestra evidencia sugiere que, dado un entorno de aprendizaje favorable para la práctica deliberada y que el aprendiz invierta esfuerzo en suficientes oportunidades. **de aprendizaje, de hecho, cualquier persona puede aprender cualquier cosa que desee.** *(mi énfasis)*[2]

"Investigaciones sobre la experticia (Ericsson et al., 1993) indican que incluso los genios históricos necesitaban años de práctica para desarrollar su experiencia. Ericsson (Ericsson, 2008) estima que la experiencia de alto nivel toma alrededor de 10,000 horas de práctica para desarrollarse y afirma que no se han encontrado excepciones sustanciales. En otras palabras, no importa quién seas, necesitas muchas oportunidades de práctica repetida para desarrollar experiencia."

Entiendo que leíste la parte sobre las 10,000 horas de práctica y te sentiste tentado a dejar de leer y solicitar un reembolso, pero escucha mi explicación. No necesitas casi 10,000 horas. Yo ya lo he hecho, y más por ti. Sería mejor que hicieras un Henry Ford. Déjame explicar.

No necesitas saberlo todo para tener éxito.

Muchas personas sienten que deben tener todas las respuestas para tener éxito, creyendo que necesitan dominar cada aspecto. Si se les hace una pregunta a la que no saben la respuesta, pueden dar una respuesta, incluso si es incorrecta, para evitar parecer tontos.

La mayoría de las personas más prósperas del mundo entienden que no necesitan todas las respuestas para tener éxito. Pueden poseer conocimientos especializados en ciertos campos, pero lo que realmente importa es saber dónde encontrar las respuestas. Henry Ford demostró en su juicio por difamación después de la Primera

---

Guerra Mundial que tener un equipo sólido de personas en quienes confiar es mucho más importante que tener todas las respuestas.

Un "Pacifista Ignorante"

Después de la Primera Guerra Mundial, un periódico de Chicago publicó artículos que afirmaban que Henry Ford era un "pacifista ignorante". El Sr. Ford objetó a las declaraciones y presentó una demanda por difamación contra el periódico. Tomó la sorprendente decisión de ponerse en el estrado de los testigos para demostrar que, después de todo, no era ignorante.

Mientras estaba en el estrado, los abogados bombardearon a Henry Ford con preguntas que iban desde "¿Quién fue Benedict Arnold?" hasta "¿Cuántos soldados enviaron los británicos a América para sofocar la Rebelión de 1776?" A la última pregunta, respondió: "No sé el número exacto de soldados que enviaron los británicos, pero he oído que fue considerablemente mayor que el número que regresó."

A medida que avanzaba el interrogatorio, el Sr. Ford no conocía las respuestas y pronto se cansó y se sintió fatigado por lo que estaba sucediendo. A medida que las preguntas se volvían cada vez más absurdas, Henry Ford señaló al abogado que había preguntado y pronunció una simple frase que dejó atónito al tribunal y puso fin a la audiencia al instante:

"Si realmente QUIERO responder a la estúpida pregunta que acabas de hacer o a cualquiera de las otras preguntas que me has estado haciendo, permíteme recordarte que tengo una fila de botones eléctricos en mi escritorio, y al presionar el botón correcto, puedo convocar a mi lado a hombres que pueden responder CUALQUIER pregunta que desee hacer sobre el negocio al que estoy dedicando la mayor parte de mis esfuerzos. Ahora, ¿podrías decirme por qué debería atiborrar mi mente con conocimientos

generales para poder responder preguntas cuando tengo hombres a mi alrededor que pueden proporcionar cualquier conocimiento que necesite?"[3]

¿Cómo podríamos argumentar en contra de esta respuesta simple del fundador de la Ford Motor Company? Henry Ford no tenía todas las respuestas; podía obtener una respuesta con solo pulsar un botón y usar esto a su favor para ganar el día.

Tú también puedes ser como Henry Ford

Así que, déjame ayudarte a convertirte en como Henry Ford.

Otra cita fascinante que me gusta de Ford es la siguiente:

"El uso más alto del Capital no es ganar más dinero, sino hacer que el dinero haga más por el mejoramiento de la Vida." - Henry Ford

La pregunta es: ¿Qué mejoraría tu vida? ¿Puedes retirarte sin preocupaciones? ¿Tienes más vacaciones planeadas? ¿Es más tiempo para tu cónyuge, hijos y nietos? ¿Es más para tu organización benéfica favorita? No sé qué te pondrá una sonrisa en el rostro o te hará dar un salto extra en tu paso, pero apuesto a que lo más probable es que involucre más dinero. Me encantaría ayudarte a crear una vida en la que no agotes tus recursos. Tu saldo final de cuenta es más alto cada año que el saldo inicial después de todos tus retiros.

---

[3] McLachlen D, 2014, 'Cómo Henry Ford demuestra que no necesitas saberlo todo', Lean News, 10 de septiembre.

Utilicemos tu dinero "para el mejoramiento de tu vida," lo que sea que eso implique. Hagámoslo ahora, no mañana. Sonríe; puedes hacerlo, de verdad.

***** Alerta de Spoiler *****

A algunas personas les gusta saltar al final de la película o el libro para descubrir el desenlace.

Si no puedes esperar y deseas ver los resultados actualizados de mi trabajo, ve a:

2. Mi Historia.

Compartiré contigo lo que descubrí a lo largo de mis 45 años de carrera como vicepresidente y asesor de inversiones, primero en Merrill Lynch, luego en un gran banco minorista y, finalmente, como gerente de un fondo de cobertura privado. Mi carrera abarcó desde 1980 hasta 2015 en Merrill y en el banco, hasta que un ataque al corazón y un desacuerdo con la dirección del banco me hicieron darme cuenta de que separarme era lo mejor para mí.

Amo los mercados. Quería ayudar a las personas a ganar dinero y disfrutar comprando y vendiendo valores. La industria financiera ha cambiado tanto para mejor desde que comencé.

En mi vida, he encontrado que hay tres grupos de personas que no aprecian a los pensadores independientes: los directores de orquesta, los militares y las grandes empresas. Mi mayor crecimiento personal se produjo durante la Gran Recesión y después del colapso del mercado en 2008. A principios de 2009, en el punto más bajo de los mercados, tuve mi epifanía, mi descubrimiento personal en el evento de la ruta de Damasco. Pero primero, déjame contarte un poco sobre mí.

Siempre he tenido una pasión por los mercados. Honestamente. Esto quedó claro desde muy joven. Mi boleta de calificaciones de jardín de infantes de la Escuela Pública Reed en Arlington, Virginia, dice:

"Es constante en sus acciones y participación en proyectos grupales, y lidera muchos proyectos que involucran la creación de tiendas (panadería, farmacia, comida, etc.) y la compra y venta de materiales."

Para cuarto grado, ya tenía mi compañía de seguros. Proporcionaba seguro por enfermedad para mi familia y el vecindario. Por una prima de cinco centavos, pagaría un cuarto si te enfermabas y tenías que pasar el día en casa, y diez centavos por cualquier día posterior. Yo era el niño más rico del vecindario hasta el altercado.

Mi hermana Barbara se enfermó en la escuela, y mi madre la llevó al médico pero la devolvió a la escuela. Así es como lo recuerdo. Ella dijo que se quedó en casa todo el día. El tiempo tiene una forma de cambiar los recuerdos, y diré que es el suyo, no el mío. Ella malinterpretó el contrato y entró a mi tesorería para robar mi dinero. Después de una breve pelea, el gobierno intervino (mi padre) y me cerró. De todos modos, él había estado pagando las primas para la mayoría de mis hermanos.

Mi siguiente emprendimiento fue el Banco de Wilfred. Durante ese tiempo, la ley exigía que los bancos ofrecieran un 6% de retorno sobre todos los depósitos. Mi hermano Peter acaba de recibir $10 por una ocasión especial, y le sugerí que lo depositara en mi banco, y yo le pagaría un 1%. Él preguntó: "¿Qué es 1%?" Yo dije: "Si tuvieras $1,000, te pagaría $10." Miró su nuevo billete limpio y se convirtió en el próximo depositante en el Banco de Wilfred. Estaba jugando con el margen de interés. Poco después, nuevamente, el gobierno intervino con fuerza, obligándome a renunciar a todas las ganancias y a pagar una multa. Era algo sobre enseñarme una lección. Y vaya que sí. Los gobiernos deben mantenerse fuera del camino de los empresarios. Reguladores, maldición.

Avancemos 15 años, y después de obtener un par de títulos universitarios, Merrill Lynch me contrató el 20 de octubre de 1980. Mientras estaba en Nueva York, fui testigo de un desfile de cinta de papel que celebraba la liberación de los rehenes estadounidenses de Irán. Eso fue increíble. Pasé un tiempo entrenando y trabajando en la ciudad de Nueva York, y luego finalmente me establecí y monté mi negocio en Londres, Ontario, Canadá. En enero de 1990, Merrill Lynch vendió su división de venta al por menor canadiense a CIBC

Wood Gundy. Me mudé con los muebles, donde permanecí hasta mi infarto en agosto de 2015, y dejé la empresa poco después.

Amo los mercados. Es una de mis pasiones. Quiero ayudar a las personas a ganar dinero. Me encanta comprar y vender acciones. Durante los últimos 45 años, he estudiado, desarrollado y probado un método de inversión, ingeniosamente llamado 'Método Brockmann'. Este enfoque disciplinado para invertir ha funcionado para mí y también puede funcionar para ti.

Como mencioné, mi mayor crecimiento personal fue durante la Gran Recesión de 2008-2009. Este fue el momento de iluminación, mi epifanía personal, y las cosas comenzaron a encajar para mí.

El Despertar

Honestamente, no puedo recordar el momento exacto, pero la experiencia se ha grabado en mi memoria. La niebla se acercó gradualmente, dejando poco espacio para escapar. O esa sensación que tienes cuando estás conduciendo por la carretera, atendiendo tus propios asuntos, tarareando esa canción, cuando de repente, las luces intermitentes en el espejo retrovisor llaman tu atención. "¿No es para mí? Tiene que ser para alguien más." Luego miras hacia abajo a tu velocidad y ves que es para ti.

Esa sensación incómoda cuando alguien te atrapa con las manos en la galletera y no tienes excusa. Sabes que deberías saberlo mejor. Estabas pensando, claro, puedo salir de este mercado; veo las señales. Sí, el mercado se ve inestable. Tengo mucho tiempo. Solo un poco más, y esto dará la vuelta, ¡por favor! Es solo una corrección, ¿verdad?

INCORRECTO.

Esa familiar sensación de náusea en el fondo de tu estómago— la que experimenté en 2002 al final de la crisis de las .com. Las mismas palabras que te dijiste a ti mismo y a tus clientes: "No dejaré que esto nos vuelva a pasar." Incorrecto de nuevo. Qué decepción ahora. Decepcioné a mí mismo y a mis clientes por no prestar suficiente atención.

Dicen que la definición de locura es hacer lo mismo repetidamente, esperando resultados diferentes. Muchos inversionistas, incluyéndome a mí, siguieron un camino de escuchar atentamente las sugerencias y consejos de los "Mejores Expertos" del momento. Yo ya no lo hago. Como sabemos, 2008 no resultó tan bien para nosotros. Tampoco lo hicieron 2000-2002, 1998, 1994 y 1987. Muchos inversionistas leerán la investigación de analistas destacados, economistas y expertos del mercado o información clave en los comentarios de comentaristas de televisión y sus invitados. Su trabajo ya no forma parte de mi proceso.

¿Cómo pude permitir que esto sucediera de nuevo? ¿Cómo pude dejar que alguien me engañara otra vez? ¿Por qué no lo vi? ¿Por qué estaba ciego? El colapso de 2008 fue diferente para mí y fue la gota que colmó el vaso. Estaba envejeciendo y mis clientes también. Realmente no quería pasar por todo esto una vez más. ¡Pero aquí vamos de nuevo! ¿Por qué yo? ¿Por qué nosotros? Debo decir que estaba bastante arrogante.

Recuerdo haber leído un artículo sobre el problema de las hipotecas subprime en 2004 o 2005 y sentirme seguro de que era un problema de EE. UU. y que solo afectaba a ese mercado. Luego, Jérôme Kerviel, el operador francés rebelde, hizo titulares en enero de 2008 cuando derribó a Société Générale, uno de los principales bancos de Francia. Sus operaciones en el mercado negro resultaron en pérdidas asombrosas de 4.9 mil millones de euros. Para la primavera, había rumores de varios fondos del mercado monetario en dificultades.

Recuerdo haber leído sobre el colapso de Bear Stearns en la terminal después de regresar de un crucero en marzo de 2008 y escupí mi café. Luego, ocurrió lo impensable—la quiebra de Lehman Brothers el 15 de septiembre de 2008. Aún creía que nos veríamos afectados, pero nuevamente pensé que esto era un problema específico de EE. UU. y no algo que afectaría al mundo.

Entonces, al día siguiente, AIG recibe un rescate. *"No hay lugar como el hogar; no hay lugar como el hogar; no hay lugar como el hogar.[4]"* Hasta que mi banco anunció que tomaría una pérdida de $3 mil millones debido a las hipotecas subprime que tenía. Oh, oh. *"Bueno, tienes problemas, amigo, justo aquí. Digo, problemas justo aquí en River City.[5]"* y también resulta que está en todas partes.

Perdí clientes; simplemente se fueron. No podía culparlos. Yo también lo perdí todo. Todo. Los "expertos" nos habían decepcionado. Tenía que asumir la responsabilidad. Yo era el tipo que había hecho las recomendaciones repetidamente. Mantén el rumbo. Todo mejorará. Me sentí traicionado. Me sentí más bajo que el vientre de una serpiente. Estaba tan abajo que tenía que estirarme para tocar el fondo. La Gran Recesión me hizo perderlo todo. Sentía que no tenía credibilidad, y no la tenía. De hecho, en mi proceso de recuperación, preparé una diapositiva y la fijé en la pared de mi oficina en casa con el famoso grito de Scarlett O'Hara... *"Como Dios es mi testigo, nunca dejaré que esto vuelva a suceder."* Está bien, así que lo cambié para adaptarlo a mi situación, pero entiendes la idea.

---

[4] Vidor, K., Fleming, V., Cukor, G., Thorpe, R., Taurog, N., y LeRoy, M. (1939). El Mago de Oz. Metro-Goldwyn-Mayer (MGM). Segmento en el que Dorothy hace clic con sus talones en su intento de volver a casa en el rural Kansas.

[5] Willson, Meredith. "Ya Got Trouble." *The Music Man*, Asylum Records, 1957, pista 3.

En la primavera de 2009, después de que el mercado había tocado fondo, recuerdo haber leído un artículo de un escritor al que estaba suscrito. Presumía que los rendimientos de su cartera habían superado a los mercados y que solo habían bajado un -16% durante la Gran Recesión. Ten en cuenta que esto era mucho mejor que mi situación, ya que yo había bajado entre un 20% y un 30% o más.

No podía verme a mí mismo presumiendo de perder un -16%. Me hizo pensar, claro. Estaba hablando de un proceso que estaba utilizando llamado Fuerza Relativa—no el Indicador de Fuerza Relativa que todos tenemos en nuestros paquetes de gráficos, sino comparando cada valor en un universo con los demás.

Era como un partido de lucha de brazos. Me hizo pensar. Este tipo tenía una cartera solo de largos usando EFTs de EE. UU., pero yo estaba pensando en EFTs inversos. ¿Por qué no crear una cartera larga/corta? Usaba el mismo software que yo usaba entonces, así que dije, ¿por qué no? y comencé a crear mi recuperación personal. No tenía nada que perder.

Incertidumbre y el Dardo

Estaba sentado en mi oficina después del cierre del mercado y miré hacia mi televisor, que tenía en silencio, y noté que estaban entrevistando a un tipo. No fue la entrevista lo que llamó mi atención, sino el titular que corría por debajo en el ticker. Decía algo sobre la investigación del Dr. Phillip Tetlock. Me había topado con el trabajo de Tetlock antes, o debería decir que había oído hablar de él y me había dicho que algún día iría a buscarlo. Así que aquí estaba este tipo en la televisión hablando sobre esto. Qué suerte. Activé el sonido del televisor y capté la última parte de la entrevista con Dan Gardner, discutiendo su nuevo libro, *Future Babble*.

En él, Dan discute por qué los expertos hacen predicciones, por qué la gente los escucha y por qué estarías mejor con un chimpancé lanzando dardos. Vaya, esto fue un verdadero llamado de atención. El hecho es que los expertos son terribles en las predicciones: todos lo sentimos y lo sabemos, o quizás solo nosotros, los cínicos. De camino a casa, hice un ligero desvío y compré una copia.

En *Future Babble*, Gardner reconoce su deuda con el politólogo Philip Tetlock, quien estableció un experimento de 25 años para investigar las características de un buen pronosticador.

En el estudio de Tetlock, consideró cuatro factores.

1. Inscribió a 286 expertos que se ganaban la vida "comentando o ofreciendo consejos sobre tendencias políticas y económicas." Estas son las mismas personas que las firmas de inversión y las firmas de asesoramiento emplean para leer las hojas de té y producir informes de investigación que se envían a los clientes.

2. Tetlock firmó una declaración de no divulgación con la esperanza de obtener comentarios más abiertos y menos predicciones cautelosas o hedged.

3. Estructuró las preguntas de una manera que permitiera medir el resultado. Por ejemplo, podría decir que predigo que el petróleo subirá a $200. Sin embargo, no podría dejar la predicción abierta. Mi predicción tendría que ser que el petróleo suba a $200 por barril para 2026.

4. Los pronosticadores también tenían que asignar probabilidades al resultado. Así que, si hiciera una predicción sobre el petróleo, también tendría que decir cuándo y las posibilidades de que eso ocurriera. Podría predecir que el petróleo alcanzará $200 para 2026, con un 80% de probabilidad de que eso suceda.

Al final del estudio, Tetlock había cuantificado 82,631 predicciones diferentes y luego verificó cuán bien funcionaron. Para su sorpresa, Tetlock concluyó que "un chimpancé lanzando dardos" habría superado a la mayoría de sus expertos. No tan bien para los supuestos expertos.

Tetlock descubrió que los expertos que usaban gafas color de rosa "asignaron probabilidades del 65 por ciento a escenarios optimistas que se materializaron solo el 15 por ciento de las veces." Los pesimistas lo hicieron aún peor: "Asumieron probabilidades del 70 por ciento para escenarios sombríos que se materializaron solo el 12 por ciento de las veces."

Después de que Tetlock recopiló los datos, los fracasos predictivos de los comentaristas se hicieron obvios. A pesar de ser pagados por sus agudas percepciones sobre los asuntos mundiales, su desempeño fue peor que el azar. La mayoría de las preguntas de Tetlock tenían tres opciones de respuesta; los comentaristas, en promedio, seleccionaron la respuesta correcta menos del 33 por ciento de las veces. Un chimpancé lanzando dardos habría vencido a la gran mayoría de los profesionales. Tetlock también descubrió que los comentaristas menos precisos en su estudio eran los más famosos o conocidos, que consistentemente producían pronósticos exagerados y excesivamente seguros. La eminencia era una desventaja. Hmmm, suena algo familiar.

Después de leer su libro, contacté a Dan y establecí un diálogo con él sobre su libro y la investigación que había realizado. Le dije que estaba un poco decepcionado de que no hubiera una sección sobre el Sector de Servicios Financieros.

En mi correspondencia con Gardner, él me escribió:

"En mi plan original para el libro, tenía un capítulo sobre gurús financieros. La mayor parte ya estaba escrita, pero lo dejamos simplemente para mantener el libro corto, lo cual era

necesario, en un sentido práctico, pero también una pena. Algunos de los hombres del dinero que entrevisté — nombres muy importantes — eran las mejores ilustraciones del tipo de experto del que deberíamos huir. Pero estaban seguros de sí mismos. Oh, señor, estaban muy seguros. Absolutamente inquebrantables. No importaba lo que pasara, ellos tenían razón todo el tiempo. Verdaderamente asombroso."

Puedo pensar en varios de ellos a los que debió entrevistar. Entonces, ¿por qué la gente sigue escuchando?

Además de burlarse de los fracasos de la clase de pronosticadores, Gardner también explica por qué muchos de nosotros seguimos cayendo en la falsa profecía: los seres humanos odian la incertidumbre. Gardner ofrece innumerables ideas de la psicología cognitiva y la investigación en economía del comportamiento que explican cómo y por qué sucumbimos a nuestro deseo de certeza. "Ya sea soleado o sombrío, las convicciones sobre el futuro satisfacen el hambre de certeza," escribe Gardner. "Queremos creer. Y así lo hacemos."

Está bien, supongo, si escuchas pronósticos por entretenimiento, como el clima o tu horóscopo. Pero, conociendo el historial de los pronosticadores, ¿por qué demonios basarías tu política de inversión en un pronóstico? No estoy hablando solo de pronósticos extremos como el escenario optimista o el del desastre.

<u>Un gráfico de pastel que asigna activos en función de un pronóstico de retornos esperados y correlaciones esperadas no es menos un pronóstico—y no es más probable que sea preciso.</u>

Ese gráfico de la Frontera Eficiente es tan pronóstico como cualquier otra cosa que tu asesor pueda presentarte. Mi pregunta es: ¿de qué datos están usando, y qué marco temporal? La curva cambiará con el tiempo, lo cual no es bueno si tu plan de jubilación depende de estos datos.

No estoy en el negocio de hacer predicciones; más bien, estoy en el negocio de identificar el liderazgo del mercado y adaptarme a los cambios en el camino. Más adelante explicaré cómo.

"La predicción es muy difícil, especialmente sobre el futuro." Niels Bohr

Aquí hay una carta que encontré con fecha 12 de enero de 2013, la cual envié a los clientes. Habla sobre la clase de gurús de expertos y su historial. Los hechos siguen siendo válidos hoy en día:

Estimado/a:

No es de extrañar que el inversor promedio esté aturdido y confundido. Encontré un artículo en el Wall Street Journal del jueves, 27 de diciembre de 2012, titulado "<u>2012 fue bueno para las acciones, malo para los analistas de mercado</u>". El artículo revisaba el historial de algunos conocidos analistas de mercado. Después de detallar algunos de los errores en las predicciones de 2012 por parte de Jim Rogers y Jim Cramer, el artículo ofrece el siguiente desalentador resumen:

... Ni el Sr. Rogers ni el Sr. Cramer deben sentirse señalados. El negocio de la predicción de mercados está lleno de trampas.

De los 65 "gurús" del mercado rastreados durante los últimos años por el Grupo Asesor CXO, la precisión media en las predicciones del mercado es del 47%. Si esto te parece bajo, o te preguntas sobre la calidad de los expertos, considera que la lista incluye nombres tan conocidos como Bill Fleckenstein (37%), Jeremy Grantham (48%), Bill Gross (46%) y Louis Navellier (60%).

Los números hablan por sí mismos. La mayoría de los supuestos expertos no son más fiables que lanzar una moneda.

Después del error en 2011 con la predicción de que los rendimientos del Tesoro subirían, el Sr. Gross, fundador y codirector de inversiones de Pacific Investment Management Co., no hizo predicciones amplias para 2012, salvo decir que le preocupaba Europa."

Algo a tener en cuenta al revisar las previsiones para 2013. En este contexto, utilizo la Fortaleza Relativa como una guía para ayudarme a detectar fortalezas y evitar debilidades. No es una herramienta predictiva, pero sabemos que los valores fuertes continúan siendo fuertes, y los que son débiles siguen siendo débiles. Este año me esforzaré por seguir el consejo de Albert Einstein: **"Un hombre debe buscar lo que es, no lo que piensa que debería ser"**. ¿Quién sabía que estaba hablando de la Fortaleza Relativa?

Sinceramente,

Wilf

"¿No es extraño? Las mismas personas que se ríen de las adivinas gitanas toman en serio a los economistas." — Cincinnati Enquirer.

Hablaré sobre la Fortaleza Relativa y cómo la empleo junto con la cita de Einstein más adelante.

Aquí hay otro fragmento del pasado que encontré. Se encuentra una cantidad abrumadora de información al revisar tus archivos.

¿Haz lo que digo, no lo que hago?

10 de enero de 2011

Hmmm... parece que la mejor manera en los mercados financieros es prestar atención a lo que está haciendo el precio y ignorar lo que dicen los analistas. Según Bloomberg,

... seguir el consejo de los analistas de acciones puede ser peligroso para tus ganancias. Las empresas en el índice Standard & Poor's 500 que más amaban los analistas aumentaron un 73 por ciento en promedio desde que el índice de acciones de EE. UU. comenzó a recuperarse en marzo de 2009, mientras que aquellas con menos recomendaciones de "compra" ganaron un 165 por ciento, según datos compilados por Bloomberg. A pesar de esto, los inversores aún prestan atención a los informes de investigación y a CNBC. Creemos que tu tiempo se invierte mejor en un examen sistemático de la fortaleza relativa, que es lo que yo hago.

Me había olvidado por completo de estos hechos. Hace mucho tiempo que dejé de ver los canales de negocios porque me di cuenta de que no eran mis amigos. Están tratando de vender un producto. El producto es el espacio publicitario. Solo considera los canales de noticias ahora.

Wilf

"Un economista es un experto que mañana sabrá por qué las cosas que predijo ayer no sucedieron hoy." Laurence J. Peter.

Día de Juego

Veo la inversión de una manera similar al juego del fútbol. Cada domingo, verás al entrenador de tu equipo favorito caminando por la línea de banda, sosteniendo un "libro de jugadas" laminado, y a veces incluso lanzándolo. El equipo pasa toda la semana compilando un catálogo de jugadas para usar contra sus oponentes, basándose en variables como la posición en el campo y si están en ataque o defensa.

¿Por qué no deberíamos hacer lo mismo?

Como tu asesor, me has contratado para entrenar a tu equipo de inversión y ser el entrenador más eficaz posible; eso significa tener un libro de jugadas, un catálogo de jugadas que estamos cómodos implementando dependiendo de la situación—ya sea en ataque con una excelente posición en el campo, ataque con una mala posición en el campo, defensa, etc. Tener un libro de jugadas establecido de antemano nos permite enfocarnos de manera más objetiva cuando llega el momento, lo que esperemos nos ayude a combatir algunas emociones que podrían desviarnos en cualquier momento. No queremos reaccionar al ruido de la multitud o a los "expertos" en la televisión. Concentrémonos en el juego y en lo que está sucediendo en el campo.

Queremos jugar nuestro juego y actuar apropiadamente.

El Libro de Jugadas

Por supuesto, cualquier entrenador de fútbol debe conocer dos cosas importantes al decidir qué jugada particular ejecutar:

¿Debería estar en el campo el equipo ofensivo o el defensivo? ¿Y cuál es mi posición en el campo?

Esto es cierto para nosotros también, a medida que decidimos qué estrategia o jugada de inversión ejecutar. Así que esto nos lleva a la mejor manera de responder a esta pregunta inicial tan importante.

Pero antes de eso, queremos comenzar la discusión de hoy con una visión general del Plan de Juego de Cuatro Pasos para Invertir.

Este plan de juego es la columna vertebral de nuestro método de gestión de riesgos recomendado y permea la construcción de nuestro libro de jugadas. Es un enfoque de arriba hacia abajo, centrándose primero en analizar el mercado en general y luego en determinar las oportunidades sectoriales, porque aquí es donde vive la mayor parte del riesgo en cualquier acción (basado en un estudio de la Universidad de Chicago). A partir de ahí, construimos nuestro inventario fundamental de ideas y terminamos el proceso analizando técnicamente esta lista sólida de ideas. Para el programa Beyond ETFs Pro, utilizamos el universo del S&P 100 para elegir qué miembros del equipo poner en el equipo.

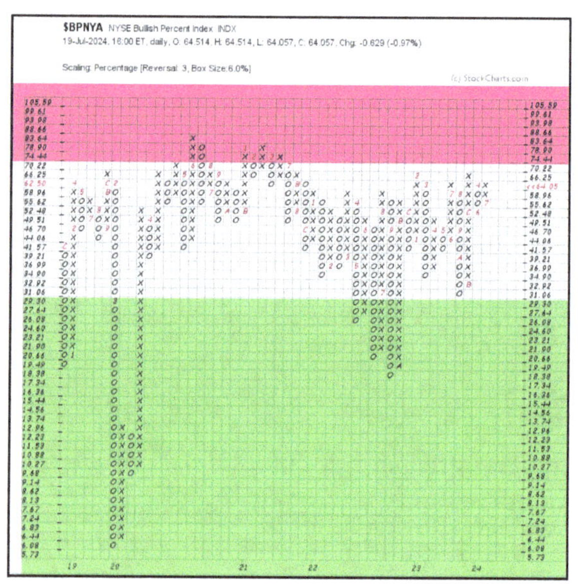

Básicamente, estamos tratando con el Paso Uno del Plan de Juego. Este paso responde a las dos preguntas que planteamos al principio: ¿Ofensiva o Defensa? ¿Y cuál es mi posición en el campo?

Al construir nuestro Libro de Jugadas, siempre debemos comenzar respondiendo esas dos preguntas, ya que eso determinará qué jugadas debemos implementar dependiendo de si estamos en Ofensiva o Defensa y si te encuentras en la Zona Verde (entorno de bajo riesgo), en el medio del campo o en la Zona Roja (territorio de mayor riesgo).

El proceso de seleccionar nuestra estrategia de inversión y gestionar nuestras operaciones depende de nuestra posición en el campo, así como de si estamos en ofensiva o defensa. Podemos aplicar diferentes estrategias tanto para la entrada como para la salida.

Entonces, ¿dónde estamos en el juego? Hoy estamos en el centro del campo, y acabamos de recuperar el balón y hemos llamado al equipo ofensivo al campo. El mercado nos ha dado el balón y estamos en modo de creación de riqueza. Nos enfocaremos en algunas jugadas que se encuentran en la parte superior amarilla del libro de jugadas. Más adelante explicaré cómo determinamos la posición en el campo, así que por ahora, siéntate y disfruta del juego. Tengo algunas jugadas para revisar. Para acceder a los datos más actuales, visita https://beyondetfspro.com y navega a las pestañas de nuestros números.

3. En la Encrucijada.

Nuestro deseo de certeza no garantiza su disponibilidad.

Lo único que puedo predecir con cierta certeza es que las cosas seguirán cambiando de manera impredecible. Tampoco sé qué hará el mercado a continuación, pero sé lo que haré.

Tras un examen más detenido y reflexiones sobre el estudio de Tetlock y otros, me di cuenta de que debería tener mucho cuidado con los consejos ofrecidos por los "Expertos". Dejé de leer todos los informes de investigación que me proporcionaban. A los novatos les encantaba cuando iba repartiendo todos los informes que se acumulaban en mi escritorio. Dejé de ver los canales de noticias de negocios. Esto liberó una enorme cantidad de tiempo y energía. Y se sintió increíblemente liberador. En el pasado, habría analizado las hojas de té ofrecidas por los analistas para obtener una ventaja en la comprensión de una situación. Me estresaba por cosas sobre las que no tenía control. Aún me estreso un poco, pero no tanto ahora.

Este próximo evento ocurrió en febrero. Sin sentirme bien, salí del trabajo alrededor del mediodía para descansar la mayor parte de la tarde. Alrededor de las 3:30, pensé que encendería la televisión en lugar de encender mi computadora para verificar los mercados. A medida que pasaban los minutos, me encontré cada vez más absorto en su conversación, como si tuviera gran importancia. Me hipnotizaba cada vez más el canto de las sirenas. Ah, esa melodía irresistible y persistente que atrae a marineros e inversores hacia las costas rocosas.

Finalmente, me levanté, apagué la televisión y salvé mi alma. Está bien, es un poco exagerado, pero son solo comentaristas con su propio mensaje basado en quién sabe qué. Realmente, ¿qué valor aportan si se dejan llevar por el viento? Olvidamos que estos comentaristas no son nuestros amigos. Tienen un producto que vender, y eso es generar ingresos publicitarios.

Las personas pasan demasiado tiempo viendo o leyendo a su último gurú para obtener su opinión sobre el entorno de inversión actual. Esta es su predicción más precisa de eventos futuros, aunque siga siendo puramente conjetural. Las complejidades de los mercados globales de hoy requieren una base construida sobre más que solo opiniones. La opinión es una herramienta demasiado primitiva para lidiar con los mercados globales de hoy, que están en constante cambio. Se requiere objetividad para navegar a través de los abrumadores fragmentos de datos y aislar la variable más importante en el proceso de inversión, que es la relación entre oferta y demanda.

En el complejo y acelerado mundo actual, la información nos llega a una velocidad cada vez mayor, lo que dificulta entenderlo todo. La principal falla en el paradigma de inversión tradicional utilizado por la gran mayoría de los inversores es su dependencia de "análisis subjetivos" de otras personas, "predicciones y pronósticos," y "opiniones personales."

Recuerdo una vez que estuve en una presentación para un cliente donde el orador principal era el Vicejefe Economista de nuestro banco. Contó una historia sobre cómo tomó un vuelo nocturno de regreso desde Regina, Saskatchewan, en medio del frío helado de febrero. Durante el vuelo, contempló si terminar el informe que planeaba publicar o tomar un descanso y completarlo a la mañana siguiente en la oficina. Se dio vueltas y finalmente lo hizo. Básicamente, completó los cálculos en la parte de atrás del proverbial sobre. Introdujo los resultados en la fórmula y descansó el resto del vuelo.

Unas semanas después, mientras leía un informe publicado por el Banco de Canadá (BOC), descubrió con alegría que su cifra coincidía con la del BOC. Bueno, ellos tenían muchos más recursos para dedicar a este tema que él, y él lo había hecho a 30,000 pies. Un poco más tarde, durante una discusión con uno de los Subdirectores del BOC, alrededor de 45 minutos después de comenzar la conversación, les preguntó cómo habían llegado a sus cifras. El Director dudó y, cuando se lo presionó, finalmente admitió que habían usado sus números. Dejé de asistir a estas funciones y ya no invité a clientes. No quería que se confundieran.

¿Píldora roja o píldora azul?

En *The Matrix*, el héroe, Neo, enfrenta una elección que cambia el rumbo de su vida cuando se le ofrece una píldora roja o azul. La píldora roja, que simboliza el viaje de autodescubrimiento y revelación de la verdad, rompe la ilusión del mundo simulado y lleva a Neo a la dura realidad existente, al estado de lo que es, sin importar cuán incómodo o desafiante pueda ser. La píldora azul representa permanecer en la ignorancia, vivir en la reconfortante ilusión y seguir el status quo. Creer lo que se te dice que creas.

Al contemplar mis experiencias, este concepto resonó en mí. Al igual que Neo, yo también acepté la metáfora de la píldora roja. Me desilusioné al seguir sin pensar los consejos de los llamados expertos y asesores que parecían tener todas las respuestas, pero nos presentaban resultados pobres. Vi a través de la fachada construida. Me negué a seguir a la multitud por un camino que no se alineaba con mis valores o creencias. Esta desconexión se amplió con el tiempo. Me di cuenta de que era capaz de pensar de manera independiente y tomar decisiones en lugar de depender únicamente de la guía de otros. Y, como en *El Mago de Oz*, descubrí que un simple mortal estaba manipulando los hilos detrás de la cortina.

Empecé a cuestionar sus motivos y agendas, dándome cuenta de que su orientación no siempre estaba en mi mejor interés ni en el de mis clientes. A medida que me distanciaba de su influencia, descubrí un nuevo sentido de independencia en mis pensamientos y decisiones. Sin embargo, esta nueva independencia y confianza me dejaron sintiéndome a la deriva, muy parecido a Neo en el desierto, sin una dirección clara.

Así comenzó la aventura. No podía confiar en los "expertos". Habían estado completamente equivocados y finalmente me di cuenta de que también estaban perdidos. No importaba lo que dijera el CEO de la compañía o los analistas; eran solo conjeturas en el mejor de los casos. Al menos en mi mente. Es posible que tengas sentimientos similares.

Así que aquí estoy, como un gestor de inversiones profesional, desafiando todo lo que me enseñaron y en lo que crecí creyendo. Estaba perdido. Estaba en una encrucijada y no sabía qué camino tomar.

Busqué fuentes alternativas de información y asesoramiento, mirando más allá de las narrativas convencionales y la sabiduría establecida. Abracé la incertidumbre y los desafíos que conlleva ser un pensador independiente en un mundo que a menudo recompensa la conformidad y la complacencia. A medida que continuaba por este camino de autodescubrimiento, vi los beneficios de pensar por mí mismo y tomar decisiones informadas basadas en mi investigación y análisis. Ya no sentía la necesidad de depender de otros para validación o guía, confiando en mi juicio e instintos en su lugar. Este nuevo sentido de empoderamiento y autonomía ha sido libcrador, permitiéndome navegar por el complejo mundo de las inversiones con confianza y claridad.

Tomar la píldora roja significaba salir dc mi zona de confort y enfrentar lo desconocido. Significaba cuestionar el status quo y explorar caminos alternativos. Significaba estar dispuesto a desafiar la sabiduría convencional y forjar mi propio camino. A medida que abrazaba esta nueva independencia, ya no estaba contento de seguir a la multitud; quería abrirme camino y tomar decisiones informadas basadas en mi investigación y análisis. Ya no estaba dispuesto a dejarme influir por las opiniones de otros, incluso si provenían de fuentes aparentemente reputadas.

Al abrazar la independencia en el pensamiento y la toma de decisiones, podemos descubrir la verdad y trazar nuestro propio rumbo hacia el éxito y la realización. Estoy agradecido por el momento de la píldora roja que abrió mis ojos a una nueva forma de pensar y vivir, y estoy comprometido a continuar este viaje de autodescubrimiento con valentía y convicción.

Tuve que asumir riesgos y cometer errores para poder crecer y aprender. Sin embargo, mi epifanía ocurrió en medio de este período de incertidumbre. Momentos de pánico puro me abrumaron, pero luego llegó la claridad. Me di cuenta de que si no podía confiar en los expertos, ¿en quién podía depender? Todo se redujo a una cosa: la oferta y la demanda. Se hizo evidente que necesitaba forjar mi propio camino para tomar control de mi futuro financiero y del proceso de toma de decisiones. Esta realización marcó un punto de inflexión en mi viaje hacia el autodescubrimiento. Me eduqué sobre diferentes estrategias de inversión y su impacto en los mercados financieros y las tendencias de la industria.

Al final, tomar la píldora roja fue la mejor decisión que pude haber tomado. Me abrió los ojos a nuevas posibilidades y me permitió descubrir mi verdad. Así que te insto a que tomes la píldora roja y abraces tu propio viaje de autodescubrimiento. Confía en ti mismo, cuestiona el status quo y está dispuesto a buscar la verdad, sin importar cuán incómoda pueda ser. Solo entonces podrás liberarte de las ilusiones del mundo y encontrar tu propio camino genuino.

¿Por qué siempre tenemos que complicar las cosas cuando lo simple es suficiente? Leonardo da Vinci lo dijo mejor.

"La simplicidad es la máxima sofisticación."

Leonardo da Vinci.

Economía 101 - Oferta y Demanda

La oferta y la demanda son conceptos económicos fundamentales que son cruciales para determinar los precios y las cantidades de bienes y servicios en cualquier mercado. Esta relación es la columna vertebral de la economía de mercado, influyendo en varias decisiones y resultados económicos. Decidimos sobre estas funciones todos los días sin conocerlo plenamente.

Durante la pandemia de COVID-19, la gente consideró que el papel higiénico tenía un valor adicional y salió corriendo a abastecerse del producto, lo que provocó escasez. Los gobiernos dijeron que combatirían la especulación de precios, por lo que las escaseces aparecieron por todas partes. De lo contrario, los precios habrían aumentado aún más. Los precios de la lechuga aumentan durante los meses de invierno en Canadá ya que no hay un mercado nacional. Un año, las condiciones de sequía en California redujeron la oferta, provocando que los precios se dispararan hasta que una nueva cosecha estacional de México llegó al mercado. Determinar qué ruta tomamos para regresar a casa desde el trabajo es una función de oferta y demanda. Podemos elegir otra ruta si una ruta en particular tiene mucho tráfico. Tenemos una opción.

Los políticos son tan tontos (¿puedo también decir, estúpidos?) La senadora Elizabeth Warren de Massachusetts una vez esbozó una política en la que proponía que, debido al aumento de los precios de los alimentos, haría que los ejecutivos de las tiendas de comestibles desfilasen frente a un panel del senado si un artículo en particular aumentaba un porcentaje específico para que se explicaran. El impacto de tal política sería que, si un artículo en particular alcanzara cerca del aumento porcentual declarado, la cadena de supermercados dejaría de llevar ese artículo. ¿Por qué soportar la ira de políticos desinformados y la consiguiente pesadilla de relaciones públicas? Lo mismo ocurre con el papel higiénico; dejemos que el mercado determine el precio y el valor. Si lo necesitas, lo pagarás. Si no, cambia a otro producto. En estos casos, tenemos una enorme mala asignación de recursos.

Entonces, ¿cómo medimos el valor de una acción en el mercado de valores?

El analista fundamental utilizará diversas medidas, como los ratios P/E, pronósticos de ventas, crecimiento de ganancias, crecimiento del precio a ganancias, valor contable por acción y ratios de deuda, por nombrar solo algunos. Las cifras del balance o del estado de resultados de una empresa pueden ser manipuladas; tenemos muchos ejemplos de esto. Enron (2001), WorldCom (2002), Lehman Brothers (2008), Waste Management y Bernie Madoff todos aparecen en la lista de los diez principales. Además, examinar las cifras financieras puede llevar a un juicio subjetivo sobre los asuntos de la empresa. Si son subjetivos, se vuelven sujetos a interpretación. Si están sujetos a interpretación, entonces ¿de quién son las cifras y por qué esas cifras?

¿Cómo determino el valor de una acción en el mercado de valores? Por el precio, así es. El precio es el árbitro final. No importa lo que diga el analista o la empresa. Todo lo que importa es el precio. El precio eventualmente incorporará todos los comentarios y reacciones de los participantes. Me di cuenta de que "el precio" representa la mejor suposición del mercado sobre lo que podría suceder en el futuro, ya sea acertada o errónea. El precio es una suposición informada; las personas están arriesgando dinero real. Es la sabiduría de la multitud. Y nuevamente, como dijo Da Vinci, la simplicidad es la máxima sofisticación. Además, es un poco más difícil manipular la acción del precio de IBM o Apple.

El precio deja al inversor con una imagen de la acción del gráfico, y discutiremos eso con mayor detalle más adelante en el libro.

El Desastre del Challenger

El martes 28 de enero de 1986 comenzó como cualquier otro día en Londres, Ontario. Como los otros días de ese mes, el clima tenía un cielo nublado. Frío, había bajado a 2 °F (-16 °C) a las 09:30 a.m. No había nada especial en el comienzo del día; terminaría de manera diferente.

El Promedio Industrial Dow Jones subió constantemente desde mediados de septiembre hasta 1,300 y abrió esa mañana en 1,537. Luego, a media mañana, ocurrió. Similar a la película de Star Wars, se produjo una perturbación en la fuerza. No sabíamos qué, pero algo estaba mal. Los márgenes de compra/venta se ampliaron y hubo una caída momentánea. Todo lo que teníamos era el cable del Dow Jones para contacto y noticias del mundo exterior.

El 28 de enero de 1986, a las 11:38 a.m., el transbordador espacial Challenger emprendió su viaje desde Cabo Cañaveral. Setenta y cuatro segundos después del vuelo, a diez millas de altura, ocurrió la tragedia. Las últimas palabras del piloto, "Challenger, acelera", y luego el transbordador explotó.

El lanzamiento televisado significó que las noticias del desastre se difundieron rápidamente, provocando confusión inicial. La noticia llegó al cable de noticias del Dow Jones a las 11:47 a.m.

La especulación giró durante semanas, atribuyendo el accidente a diversas causas, incluida una llama en el cohete propulsor sólido. El presidente Reagan nombró una comisión para investigar, compuesta por personalidades como Neil Armstrong y Richard Feynman.

Finalmente, el 6 de junio de 1986, después de más de cinco meses, la comisión determinó que la explosión resultó de la falla de los infames anillos de O del transbordador en el cohete propulsor de combustible sólido derecho, señalando a Morton Thiokol, uno de los contratistas de la NASA.

Sin embargo, la reacción del mercado de valores fue rápida y despiadada. En cuestión de minutos tras la explosión, los inversores comenzaron a deshacerse de las acciones de los cuatro principales contratistas involucrados: Rockwell International, Lockheed, Martin Marietta y Morton Thiokol, siendo Thiokol el más afectado, con su acción cayendo rápidamente debido a un abrumador número de órdenes de venta que obligaron a detener la negociación.

Al cierre del mercado, las acciones de Thiokol habían caído casi un 12 por ciento, mientras que los otros contratistas experimentaron menores descensos, con sus acciones rebotando gradualmente al final del día.

Esta respuesta inmediata del mercado culpó efectivamente a Morton Thiokol por el desastre a pesar de que no hubo comentarios públicos que los señalaran el día de la tragedia. Los anillos de O defectuosos, comprometidos por el frío en Florida, permitieron que los gases de escape calientes se escaparan, sellando el destino de Thiokol a los ojos del mercado. Sin embargo, el mercado aún no conocía esa información.

Un panel de expertos tardó 6 meses en determinar que Morton Thiokol era el culpable. El mercado llegó a la misma conclusión en menos de una hora.

Table 1
Daily stock market behavior around the challenger crash

Variable	Morton Thiokol	Lockheed	Martin Marietta	Rockwell International
Panel A. Daily stock returns				
January 28	− 11.86%	− 2.14%	− 3.25%	− 2.48%
3-Month average	0.21%	0.07%	0.14%	0.06%
3-Month standard deviation	1.86%	1.36%	1.79%	1.79%
Z statistic	6.49	1.63	1.89	1.42
Panel B. Daily trading volume				
January 28	1739.9	667.5	446.2	563.2
3-Month average	100.5	347.9	199.9	221.2
3-Month standard deviation	59.5	159.4	136.5	117.1
Z statistic	27.57	2.00	1.80	2.92

This table compares the stock returns and trading volume of the four major space-shuttle firms on January 28, 1986, the day of the Challenger crash, to averages of the same variables in the 3 months (October 28, 1985 to January 27, 1986) prior to the crash. Trading volume is in thousands of shares. Z statistics test the null that the observation on January 28 equals the average from the prior 3 months. Data are taken from the *S&P Daily Stock Price Record*.

456 *M.T. Maloney, J.H. Mulherin / Journal of Corporate Finance 9 (2003) 453–479*

Table 1
Daily stock market behavior around the challenger crash

Variable	Morton Thiokol	Lockheed	Martin Marietta	Rockwell International
Panel A. Daily stock returns				
January 28	− 11.86%	− 2.14%	− 3.25%	− 2.48%
3-Month average	0.21%	0.07%	0.14%	0.06%
3-Month standard deviation	1.86%	1.36%	1.79%	1.79%
Z statistic	6.49	1.63	1.89	1.42
Panel B. Daily trading volume				
January 28	1739.9	667.5	446.2	563.2
3-Month average	100.5	347.9	199.9	221.2
3-Month standard deviation	59.5	159.4	136.5	117.1
Z statistic	27.57	2.00	1.80	2.92

This table compares the stock returns and trading volume of the four major space-shuttle firms on January 28, 1986, the day of the Challenger crash, to averages of the same variables in the 3 months (October 28, 1985 to January 27, 1986) prior to the crash. Trading volume is in thousands of shares. Z statistics test the null that the observation on January 28 equals the average from the prior 3 months. Data are taken from the *S&P Daily Stock Price Record*.

Table 1.1.

Stock price movements and returns of the four major space-shuttle firms in the period immediately surrounding the 11:39 a.m. crash of the Space Shuttle *Challenger* on January 28, 1986

Time	Morton Thiokol	Lockheed	Martin Marietta	Rockwell International
Panel A. Stock price movements				
11:30 a.m.	US$37.25	US$47.25	US$35.38	US$34.75
Noon	Halt	US$44.50	US$34.25	US$32.75
12:36 p.m.	US$35.00	US$45.00	US$32.50	US$34.13
1:00 p.m.	US$34.38	US$45.00	US$33.00	US$33.25
Panel B. Stock returns				
11:30–Noon	Halt	−5.82%	−3.18%	−5.76%
Noon–12:36	−6.04%	1.12%	−5.11%	4.20%
12:36–1:00	−1.79%	0.00%	1.54%	−2.56%

Note: There is no reported price for Morton Thiokol at noon because of an NYSE trading halt in that stock from 11:52 a.m. to 12:44 p.m. The first postcrash trade in Morton Thiokol occurred at 12:36 p.m. on NASDAQ.

Source: Maloney and Mulherin (2003, table 2).

Sabiduría de la multitud

En su libro *Sabiduría de la multitud*, James Surowiecki describe la historia de Sir Francis Galton asistiendo a una feria del condado en el otoño de 1906[6]. El interés del sir Galton en la teoría de la eugenesia contribuyó a su fama. Creía que la crianza selectiva podría mejorar la especie humana. Los individuos heredan su intelecto desde el nacimiento. "Galton defendió la afirmación de que las habilidades y tendencias psicológicas eran heredadas junto con las características físicas y, por lo tanto, estaban sujetas a la selección nacional."[7] En ese momento, había un intenso debate en la Cámara de los Lores sobre si se debía ampliar el voto a la persona promedio. Dado lo que el Sr. Galton creía y había escrito, estaba completamente en contra. Eso estaba a punto de cambiar.

Entre los pasatiempos e intereses del Sr. Galton, además de la estadística, se encontraba la cría de animales. Le interesaba mejorar el ganado de las manadas en Inglaterra. Mientras paseaba entre los

---

[6] Surowiecki, James, 2004, *La sabiduría de las multitudes: Por qué los muchos son más inteligentes que los pocos y cómo la sabiduría colectiva da forma a los negocios, economías, sociedades y naciones*, Doubleday.

[7] Sweeney, G., 2001, 'Luchando por la Buena Causa: Reflexiones sobre el Legado de Francis Galton en la Psicología Hereditaria Americana'. Sociedad Americana de Filosofía, 2001. Páginas 136.

puestos de la feria ese día, se encontró con una competencia de juicio de peso.[8] Las personas se estaban alineando para apostar sobre el peso de un buey. Los participantes emitieron ochocentas boletas, de las cuales solo se presentaron 787, y 13 fueron descartadas como ilegibles. Supuso que muchos eran agricultores o carniceros, pero muchos eran no expertos.

Sir Galton se interesó de inmediato en este esfuerzo. Podía ver el paralelismo entre esto y los atributos de la democracia. Aquí había personas de diversos orígenes con habilidades, intereses e ideas únicas, cada una con un voto. En la revista científica Nature, escribiría más tarde: "como esos empleados y otros que no tienen conocimiento experto de caballos, pero que apuestan en las carreras, guiados por periódicos, amigos y sus propias fantasías." "El competidor promedio estaba probablemente tan capacitado para hacer una estimación justa del peso en canal del buey, como un votante promedio lo está para juzgar los méritos de la mayoría de los asuntos políticos sobre los que vota," escribió.[9]

Galton quería demostrar que el votante promedio no podía emitir un veredicto adecuado. Después de completar el concurso, reunió las boletas y las organizó de la estimación más baja a la más alta. Pensó que con una mezcla de muy pocos votantes inteligentes y conocedores, muchos tontos y muchos votantes mediocres, terminarías con una respuesta estúpida; sin embargo, se encontró fuera de lugar.

Después de sacrificar y despachar el buey, pesó 1,198 libras. El promedio de todas las conjeturas: 1,197.

---

[8] Surowiecki, pp. 5
[9] Surowiecki, pp.6

Sir Galton escribiría más tarde: *"El resultado parece ser más acreditable a la confiabilidad de un juicio democrático de lo que se podría haber esperado."*[10]

Así, tenemos el fenómeno de "La Sabiduría de las Multitudes."

---

[10] Surowiecki, pp.6

4. Piedra angular del rompecabezas -1.

No hay nada más difícil de asumir, más peligroso de conducir o más incierto en su éxito que tomar la delantera en la introducción de un nuevo orden de cosas.

- Niccolo Machiavelli

"La inversión exitosa exige la confianza y arrogancia para aventurarse de manera independiente, junto con la apertura y humildad para abrazar y adaptarse a ideas superiores de otros."
– Wilf Brockmann

Para mí, el antiguo orden estaba desapareciendo. Bienvenido al nuevo paraíso.

Recapitulando lo que hemos descubierto hasta ahora. Al llegar al fondo del mercado en la Gran Recesión de 2008, ya no podía, en buena conciencia, seguir el consejo de los "expertos." La industria de servicios financieros se estaba moviendo hacia una plataforma basada en comisiones. De esa manera, les pagaban en los buenos tiempos y también en los malos tiempos. Me recuerda un viejo dicho de la sala de operaciones sobre opciones: *"La firma de corretaje gana dinero, el corredor gana dinero; dos de tres no está mal."*

Imagino que bajo un régimen basado en comisiones, el asesor podría sentirse tentado a relajar su enfoque sobre el perfil de riesgo para evitar alterar el carro de manzanas. Aflojar el pedal del acelerador y dejar que las cosas fluyan como con los demás. Estoy seguro de que muchos asesores no sucumben a esta tentación. Yo no quería tener esa tentación presentada ante mí. Mi enfoque siempre ha sido que cuando el cliente tiene éxito, yo tengo éxito, y cuando el cliente sufre, yo sufro. Simplemente descubrí que la relación con el cliente funcionaría mucho mejor si estuviéramos sentados del mismo lado de la mesa.

Me recuerda un par de caricaturas financieras. En la primera, un asesor habla con el inversionista y dice: *"Veamos si podemos idear un plan para enviar a mis hijos a la universidad."* O en la otra, en la que el asesor le dice al inversionista: *"Por una tarifa anual del 1%, invertiré su dinero con un planificador financiero certificado. Él cobrará un 1% al año por colocar su dinero en fondos mutuos que cobran un 1% al año."* El inversionista luego dice: "¿Ganaré dinero?" a lo que el asesor responde: "No veo que estés haciendo ningún trabajo."

La tecnología y su crecimiento exponencial han cambiado para siempre cómo los individuos se relacionan e interactúan con los mercados financieros. La velocidad de acceso a la información de las personas es asombrosa. Los costos se han reducido para dar acceso a los inversionistas individuales a productos que anteriormente estaban restringidos.

Hablando de costos y comisiones, me recuerda una presentación hecha a la Asociación de Inversionistas Locales por un corredor de Merrill Lynch de Princeton a principios de la década de 1980. Teníamos alrededor de 14-16 pequeñas casas de corretaje en Londres, Ontario. Invitamos al corredor a que nos hablara sobre las comisiones negociadas, qué esperar y cómo lidiar con este nuevo entorno. Lo que me impactó no fue el discurso sobre comisiones, sino su advertencia sobre el futuro de la industria de valores financieros en sí. Nos advirtió sobre la eventual entrada de los bancos en el negocio de corretaje. Las diferencias culturales son profundas y tendrían un efecto transformador en todos nosotros. Dijo que sería como un pequeño refrigerador de cerveza colocado en una gran sala, esperando enfriar la habitación. El pequeño refrigerador puede tener éxito por un tiempo, pero con el tiempo no podrá cumplir con la tarea y se descompondrá. Eso es precisamente lo que ha sucedido.

¡EUREKA!!

Como ya no confiaba en los pronunciamientos de la comunidad de analistas, economistas, expertos del mercado, comentaristas de televisión y sus invitados, pronto descubrí que estaba solo. Sin embargo, una imagen tomada del descubrimiento de precios, las lecciones extraídas del desastre del Challenger y la inteligencia colectiva de las masas estaban en juego. Comencé a estudiar e investigar el momentum y otros aspectos relacionados con la oferta y la demanda y las fuerzas clave que impulsan los movimientos de precios.

En 2010, me encontré con un artículo de investigación que fue el momento EUREKA para mí. El Dr. Tobias J. Moskowitz publicó su artículo, "Momentum Investing: Finalmente Accesible para Inversores Individuales."[11] En él, afirma:

"El momentum es la tendencia de las inversiones a mostrar persistencia en su rendimiento relativo. Las inversiones que han tenido un rendimiento relativamente bueno continúan teniendo un rendimiento relativamente bueno; aquellas que han tenido un rendimiento relativamente pobre continúan teniendo un rendimiento relativamente pobre. Sin embargo, invertir en momentum implica más que comprar un puñado de acciones populares. Es un estilo de inversión disciplinado y sistemático que se aplica a través de diferentes clases de activos.

---

[11] Moskowitz, T.J., 2010, "Momentum Investing: Finalmente Accesible para Inversores Individuales", Investments & Wealth Monitor, Asociación de Consultores de Gestión de Inversiones.

Invertir en momentum implica identificar valores con buen rendimiento relativo en mercados en alza, neutrales y en caída, y trata de predecir cuáles de esos valores continuarán superando el rendimiento, independientemente de la tendencia del mercado. Sin embargo, el momentum no es una estrategia pura de seguimiento de tendencias. No realiza apuestas en mercados en alza o en caída; funciona tanto si los mercados están en tendencia ascendente como descendente."[12]

... Pero los activos que han tenido un buen rendimiento en los últimos 6-12 meses tienden a hacerlo mejor en los próximos 6-12 meses que los activos que han tenido un rendimiento deficiente en ese mismo período pasado. Este es el horizonte temporal en el que el momentum funciona mejor.[13]

Posibles explicaciones para el momentum

El momentum tiene varias explicaciones. Los mayores rendimientos del momentum pueden ser una compensación por un riesgo único asociado con inversiones que han superado recientemente el rendimiento, aunque no se ha identificado de manera convincente ningún factor de riesgo de este tipo. Si el momentum no es una compensación por el riesgo, su existencia parece desafiar incluso la forma más débil de la hipótesis del mercado eficiente, que sostiene que el rendimiento pasado de los precios no proporciona información sobre el rendimiento futuro. El momentum puede estar asociado con una ineficiencia del mercado, quizás debido al comportamiento de los inversores.

Se han propuesto varias explicaciones conductuales posibles, muchas de ellas basadas en el trabajo galardonado con el Premio Nobel de Daniel Kahneman y Amos Tversky. Una explicación postula que los inversores pueden ser lentos para reaccionar ante

---

[12] Moskowitz, pp. 1
[13] Moskowitz, pp. 3

nueva información. Diferentes inversores (por ejemplo, un comerciante frente a un inversor ocasional) reciben noticias de diferentes fuentes y reaccionan a las noticias en diferentes horizontes temporales y de diferentes maneras. Este "anclaje y ajuste" es un fenómeno conductual en el que los individuos actualizan sus opiniones solo parcialmente cuando se enfrentan a nueva información, aceptando lentamente su impacto total. Hay amplias evidencias que respaldan las teorías de la lenta reacción a la información, que van desde la respuesta del mercado a los anuncios de ganancias y dividendos hasta la renuencia de los analistas a actualizar sus pronósticos.

En segundo lugar, los seres humanos—y, por lo tanto, los inversores—son propensos a lo que los economistas conductuales y los psicólogos experimentales llaman el efecto de disposición. Los inversores tienden a vender inversiones ganadoras prematuramente para asegurar ganancias y a mantener inversiones perdedoras durante demasiado tiempo con la esperanza de recuperar su inversión. El efecto de disposición crea un viento en contra artificial: cuando se anuncia una buena noticia, el precio de un activo no sube inmediatamente a su verdadero valor debido a la venta prematura o la falta de compras. De manera similar, cuando se anuncia una mala noticia, el precio cae menos porque los inversores son reacios a vender. La investigación muestra una fuerte tendencia hacia el efecto de disposición entre los inversores individuales (Odean 1998, Grinblatt y Han 2005), los operadores de bonos del Tesoro (Coval y Shumway 2005) e incluso los gerentes de fondos mutuos (Frazzini 2006).

El debate sobre las causas raíz del momentum continúa. Un debate similar está en curso para la inversión en valor. Sin embargo, la evidencia de una variedad de mercados, clases de activos y períodos de tiempo respalda el argumento de que el momentum no es aleatorio.[14]

A lo largo de los años, he leído innumerables artículos, libros y ensayos sobre la fortaleza relativa/momentum (muchos usan estos términos de manera intercambiable, al igual que yo) y tanto material como ha sido posible sobre el tema, incluyendo combinaciones y permutaciones sin fin. Asumo que tal vez estés familiarizado con estos temas o puntos y puede que los pases por alto con poca o ninguna explicación, asumiendo que ya los entiendes. Lamento si eso es así, intentaré explicar lo más posible.

Antes de continuar, debo confesar: soy un fanático de la fortaleza relativa y el momentum. Mi pasión por este tema me impulsa a compartir este conocimiento contigo para salvarte de posibles errores. Pero no te preocupes, bajaré del púlpito y abordaré nuestra discusión con humildad. Ahora, volvamos al mundo de la fortaleza relativa y el momentum.

El término "relativa" es importante para efectos de la explicación. A veces, el momentum y el seguimiento de tendencias se confunden entre sí. Tienen una relación, pero no son lo mismo. El proceso de fortaleza relativa que utilizo clasifica los valores en relación con sus pares, mientras que el seguimiento de tendencias suele centrarse únicamente en los cambios absolutos de precios. Los sistemas de seguimiento de tendencias aumentan la exposición durante las alzas y la disminuyen durante las bajas. La fortaleza relativa no toma una postura sobre la dirección del mercado, ya sea al alza o a la baja. Reevalúa los valores nuevamente en relación unos con otros. Encontrarás ganadores y perdedores tanto en un mercado alcista como en uno bajista. Algunos dicen que el momentum es el

---

[14] Moskowitz, pág. 3

fenómeno donde los valores que están rindiendo bien en relación con sus pares (los ganadores) continuarán, en promedio, superando el rendimiento. Las acciones que han tenido un mal desempeño (los perdedores) probablemente continuarán haciéndolo.

En el prestigioso ensayo "Fact, Fiction, and Momentum Investing", los autores delinean metódicamente y luego desacreditan muchos de los mitos sobre el momentum. Este ensayo es considerado por muchos por su exhaustiva investigación y análisis. Es un hecho bien establecido, respaldado por evidencia empírica que abarca más de 212 años desde 1801 hasta 2012, que el momentum opera de manera consistente en varias clases de activos y países. A pesar de esto, algunos aún albergan dudas, así que aquí está su lista de mitos.

Mito #1. Los retornos del momentum son demasiado "pequeños e intermitentes."

Es difícil negar la existencia del momentum, y su presencia, lo que yo llamaría robustez, ha permanecido estable junto a otros factores que se están estudiando. No es que no tenga períodos de bajo rendimiento, como todo en la vida. Muchos estudios muestran que el momentum tiene mayores retornos brutos y ratios de Sharpe que tanto el valor como el tamaño.[15] (Perdón, el economista en mí está saliendo a flote. Trataré de contener estos arranques). Al igual que los autores, me quedo preguntando qué significa "pequeño", ya que el momentum exhibe números superiores al revisar los rendimientos ajustados al riesgo.

Con la creciente popularidad de las estrategias de momentum, puedo ver que la percepción de rendimientos menguantes disminuirá con el tiempo, pero ese no ha sido el caso. Los rendimientos continúan siendo robustos a lo largo del tiempo a pesar de esta

---

creciente popularidad. Más adelante entraré en detalle sobre por qué las personas pueden no adoptar esta fuerza relativa.

Mito #2. "El momentum solo se puede explotar en el lado corto", por lo que los inversionistas long-only no pueden capturarlo.

Si bien Jess Livermore y otros obtuvieron grandes ganancias en el lado corto del mercado, es crucial reconocer que también se pueden lograr ganancias sustanciales en el lado largo. El análisis exhaustivo de Israel y Moskowitz de 86 años de datos en EE. UU. reveló que los lados largo y corto del momentum son igualmente lucrativos.[16] Este hallazgo desmiente el mito de que el momentum solo se puede explotar en el lado corto. Mi experiencia también coincide con la de los autores.

Mito #3: El momentum es mucho más fuerte en acciones de pequeña capitalización que en acciones de gran capitalización.

Me tienta sacar la cláusula de "Mentiroso, mentiroso, se te queman los pantalones" en este caso. Los autores del artículo sospechan que este mito fue generado principalmente por los defensores de la inversión en valor. No soy fanático del valor. No tiene mucho sentido para mí. Un inversor en valor dirá que el valor intrínseco de una acción es de $150, pero el mercado la está valorando en $100. El inversor en valor la comprará a $100, sabiendo que eventualmente el mercado se dará cuenta del error en el precio y subirá a la zona de $150. Mi refutación a este pensamiento llegará más adelante.

Israel y Moskowitz (2013a) hacen un trabajo exhaustivo para desmentir este mito. Según mi experiencia, mientras ejecutaba un

---

[16] Israel, R., Moskowitz, T. "El papel de las ventas en corto, el tamaño de la empresa y el tiempo en las anomalías del mercado." Journal of Financial Economics, Vol. 108, No. 2 (2013a), pp. 275-301

programa con acciones de pequeña capitalización, tuvo un rendimiento muy inferior a un programa de grandes capitalizaciones ejecutado en paralelo. Para todo hay una temporada.

Mito #4: El momentum no sobrevive o está severamente limitado por los costos de transacción.

Surge la pregunta: ¿Los costos de transacción reducen la prima del momentum? Cierto es que el momentum es una estrategia de mayor rotación que otras estrategias, como el valor; sin embargo, los costos de transacción se han reducido, lo que convierte este argumento en irrelevante. Puede que haya sido cierto hace años, pero no ahora. En su artículo "Costos de Transacción de Anomalías en la Valoración de Activos"[17], los autores analizaron más de un billón de dólares en operaciones en vivo en 19 mercados de acciones desarrollados desde 1998 hasta 2013. Desde entonces, los costos de transacción han continuado disminuyendo. Concluyeron que el costo de transacción por operación era bajo, refutando así este mito.

Mito #5: El momentum no funciona para un inversor sujeto a impuestos.

Esto no significa que conducirá a impuestos más altos a pesar de las perspectivas de una tasa de rotación más alta que otras estrategias. Una consideración es que parte de la estrategia de momentum es fiscalmente efectiva. Sí, puede parecer contradictorio, pero considere esto: Estas estrategias venderán las pérdidas más rápido y mantendrán las ganancias, llevándolas a una posición fiscal más favorable. Termina creando pérdidas a corto plazo y obteniendo ganancias de capital a largo plazo. Por otro lado, las estrategias de valor, incluso mientras mantienen ganancias de capital a largo plazo, tienen más ingresos por dividendos en sus carteras, lo cual en muchos regímenes fiscales es ineficiente desde el punto de vista

---

[17] Frazzini, A., R. Israel y T.J. Moskowitz. "Costos de Transacción de Anomalías en la Valoración de Activos." Documento de trabajo, Universidad de Chicago, 2013.

fiscal. Todo esto no considera estrategias específicamente optimizadas para su posición fiscal. El momentum sobrevive a la carga fiscal, que es comparable a una estrategia de menor rotación y menor volumen como la de valor.

Buen intento, difusor de mitos, pero te han atrapado en este caso.

MITO N.º 6: EL MOMENTUM SE UTILIZA MEJOR CON FILTROS EN VEZ DE COMO UN FACTOR DIRECTO.

Encuentro extraño este mito, ya que si desprecias o menosprecias una estrategia, ¿por qué la emplearías para crear otra? Cuando alguien utiliza el momentum como un escudo, lo percibe como un factor comparable al valor o al tamaño. O es un factor o no lo es. No se puede tener de ambas maneras. No puedes exhalar e inhalar simultáneamente. Frazzini et al., en su artículo, muestran que un enfoque basado en factores es significativamente superior a un enfoque basado en filtros.

En mi caso, utilizo diversas listas de valores, índices o universos de valores para crear una lista de los más fuertes y los más débiles. Conocer la lista de los más fuertes es tan importante como tener una lista de los más débiles que hay que evitar. Por ejemplo, digamos que quiero revisar el sector energético. Tomaría una lista de todos los valores en ese índice o ETF y los clasificaría utilizando la fuerza relativa.

Aquí hay otro ejemplo de cómo utilizo la fuerza relativa para filtrar y clasificar una lista de valores. En su artículo, George y Hwang[18] discuten su hallazgo de rendimientos superiores al emplear valores en o cerca de su máximo de 52 semanas. Basándose en el

---

[18] George, T., Hwang, C.Y., "El Máximo de 52 Semanas y la Inversión en Momentum", The Journal of Finance, Vol. LIX, No. 5, octubre de 2004.

estudio de Liu, Liu y Ma, los investigadores descubrieron los siguientes resultados.

Conclusión:

"George y Hwang (2004) encuentran que una estrategia de inversión basada en la proximidad al máximo de 52 semanas genera ganancias comparables a la estrategia de momentum propuesta por Jegadeesh y Titman (1993) y la estrategia de momentum industrial de Moskowitz y Grinblatt (1999) en el mercado estadounidense, y estas ganancias no revierten a largo plazo. En este documento, realizamos un estudio exhaustivo sobre esta estrategia de momentum de máximo de 52 semanas en 20 importantes mercados de acciones. Nuestros principales hallazgos son los siguientes.

Primero, encontramos que las ganancias del momentum del máximo de 52 semanas son robustas en los mercados de acciones internacionales. Dieciocho de los veinte mercados en nuestra muestra presentan evidencia de una estrategia de momentum de máximo de 52 semanas rentable, con diez que tienen ganancias significativamente positivas.

...Consistente con George y Hwang (2004), encontramos que el máximo de 52 semanas como nivel de precio es un mejor predictor de los futuros rendimientos de las acciones que los factores de riesgo macroeconómicos o el precio de adquisición. Tiene poder predictivo, independientemente de si las acciones han tenido rendimientos extremos en el pasado o pertenecen a industrias extremas."

Mostraré un ejemplo de un modelo utilizando una lista de máximos de 52 semanas y luego clasificándolos utilizando la fuerza relativa más adelante en el capítulo titulado "poniéndolo todo junto".

MITO N.º 7: La desaparición de los rendimientos del momentum debería ser una gran preocupación.

Curiosamente, esta afirmación se aplica a todas las estrategias y factores. Durante la burbuja de las punto com, los inversores de valor vieron sus rendimientos golpeados, con algunos expertos diciendo que nunca volverían a estar de moda. Sin embargo, así fue. En cada ciclo, las cosas entran en favor y luego salen de él. Cuando se analizan los datos sobre el momentum, este mito desaparece rápidamente. Además, no hay pruebas de una pérdida en el momentum, ya que los inversores institucionales han mostrado un interés creciente y los costos han disminuido.

Debo decir que, según mi experiencia, en tiempos de mercados planos y oscilantes, es más difícil asegurar ganancias. Es como un pez fuera del agua que se agita. Además, en un mercado que sube rápidamente, los movimientos son violentos, pasando de arriba a abajo o viceversa.

MITO N.º 8: EL MOMENTUM ES DEMASIADO VOLÁTIL PARA CONFIAR EN ÉL

En tiempos de incertidumbre, todo se vuelve demasiado volátil. La primavera de 2009 y el comienzo de la COVID-19 fueron momentos de extrema volatilidad. El momentum no genera ganancias cada vez, pero lo hará con el tiempo. No ganaste dinero con las estrategias de momentum en 2008-2009, y tampoco lo hiciste con las estrategias de valor en 1999-2000. 1930 fue malo para los inversores de valor, al igual que 1932 fue un año feo para los inversores de momentum.

Mito número 9: Diversas mediciones de momentum pueden arrojar diferentes resultados dentro de un período específico.

Bueno, sí, no lo dirás. Voy a ignorar este. Esto es cierto para cualquier estrategia.

MITO N.º 10: NO HAY TEORÍA DETRÁS DEL MOMENTUM

Podemos clasificar la mayoría de las teorías en dos categorías. Una es basada en el riesgo, y la otra es conductual. En las teorías conductuales, se puede explicar el momentum por una sobre-reacción, una sub-reacción o una combinación de ambas ante nuevos flujos. Aquí se puede decir que, mientras los sesgos y comportamientos sean estables, la prima recibida también será estable.

La teoría del riesgo establece que asumir riesgos más altos conduce a rendimientos superiores. Sin embargo, mientras los riesgos y el gusto por el riesgo no cambien, la prima también será estable y a largo plazo.

En conclusión, por más que intenten, los difusores de mitos no pueden igualar los hechos, y no me importa. Desde mi experiencia, el momentum funciona, y lo he visto. Seguiré predicando que funciona.

"No intentes comprar en el fondo y vender en la cima. No se puede hacer, excepto por mentirosos." —Bernard Baruch, financista estadounidense.

5. Piedra Angular 2 - Fuerza Relativa.

En mi opinión, la Fuerza Relativa es la herramienta imprescindible en la caja de herramientas de cada asesor e inversionista. No salgas de casa sin ella, como nos dicen los anuncios de American Express. Lo mismo ocurre con la fuerza relativa. La necesitas absolutamente y debes usarla para una gestión de activos eficaz y control de riesgos.

"Los académicos han estado estudiando la inversión en momentum durante la mayor parte de dos décadas. Como una estrategia de inversión independiente, entrega rendimientos anormales positivos (alfa) por encima de los rendimientos del mercado, produciendo un rendimiento anormal aún mejor que los estilos de tamaño o valor... El efecto del momentum existe en casi todos los valores, sectores, mercados internacionales y diferentes clases de activos. Funciona en acciones de gran capitalización, mediana capitalización y pequeña capitalización, así como entre acciones de valor y de crecimiento también."[19]

Los investigadores han realizado innumerables estudios desde que se escribió este informe hace 25 años para averiguar por qué funciona la Fuerza Relativa. He leído muchos de esos documentos porque también quiero saber.

Los teóricos del mercado eficiente se contentaban con decir que los retornos adicionales resultaban de que las estrategias asumían un riesgo adicional. Muchos estudios refutaron este punto. Abandonemos esa idea.

---

[19] Moskowitz, pp. 1

Luego, los conductistas intentaron explicarlo. Basándose en el trabajo galardonado con el Premio Nobel de Daniel Kahneman y Amos Tversky, los conductistas propusieron varias razones. Una explicación era que las personas reaccionaban a la nueva información a diferentes ritmos y en diferentes momentos. Un trader actuaría de manera diferente ante nueva información que un inversor, y así sucesivamente. Creían que las ganancias adicionales resultantes de la fuerza relativa podrían atribuirse a los inversores que reaccionaban tarde a los anuncios de noticias de una empresa. Los inversores descontarían las primeras noticias negativas y solo reaccionarían después de varios anuncios negativos.

Sin embargo, hemos visto en el caso de Challenger que los inversores actuaron rápidamente, tanto con las implicaciones negativas sobre Morton Thiokol como con el gesto positivo de inocencia de Lockheed, Martin Marietta y Rockwell.

Las causas fundamentales del momentum o la fuerza relativa continúan siendo debatidas. La evidencia respaldada por muchos mercados, clases de activos y períodos de tiempo muestra que no es un evento aleatorio. Suficiente dich.

Selección del Equipo Olímpico

En el ámbito del deporte, los Juegos Olímpicos se erigen como la plataforma más grandiosa. Atletas de todos los rincones del mundo se unen para defender a sus naciones y desafiar a los mejores de los mejores. Entre los eventos más estimados en los Juegos Olímpicos se encuentra el Atletismo, un dominio que abarca una diversa gama de disciplinas, desde carreras de velocidad hasta lanzamiento y salto. Pero, ¿alguna vez te has preguntado sobre el proceso que sigue nuestra nación para seleccionar su equipo olímpico de atletismo?

El camino para asegurar un lugar en nuestro equipo olímpico de atletismo es feroz y exigente. Los atletas deben cumplir con estándares de calificación específicos establecidos por el organismo rector del atletismo en nuestra nación. Este organismo elabora estos estándares, basados en actuaciones pasadas, para garantizar que solo la crème de la crème obtenga el honor olímpico. Una vez que los atletas cumplen con los estándares de calificación, compiten en una serie de pruebas o campeonatos para ganar su lugar legítimo en el equipo olímpico.

Estas pruebas son ferozmente competitivas, ya que los atletas luchan por unos pocos puestos en el equipo. El comité de selección solo elige a los mejores clasificados en cada evento para representar a nuestro país en los Juegos Olímpicos. Pero más allá de cumplir con los estándares de calificación y desempeñarse bien en las pruebas, los atletas también deben demostrar su dedicación a su deporte y a su país. Deben mostrar que están dispuestos a trabajar duro y hacer los sacrificios necesarios para competir al más alto nivel. Deben encarnar los valores del juego limpio, la integridad y la equidad.

Entonces, ¿por qué nuestra nación selecciona cuidadosamente y de manera exhaustiva su equipo olímpico de atletismo? Es porque los Juegos Olímpicos sirven como un espejo que refleja a nuestra nación en el escenario global. Los atletas que deslumbran en los Juegos Olímpicos no solo representan a sí mismos, sino a sus compañeros, sus mentores y a toda su nación. Son los enviados de nuestra nación y, como tales, deben encarnar los valores y principios que valoramos.

Seleccionar nuestro equipo olímpico de atletismo de manera justa y transparente garantiza que estamos enviando a los mejores atletas para competir en los Juegos Olímpicos. Asegura que nuestro país sea competitivo y tenga éxito a nivel global. También inspira a la próxima generación de atletas a esforzarse por la excelencia y perseguir sus sueños de competir en los Juegos Olímpicos. La selección de nuestro equipo olímpico de atletismo es rigurosa y competitiva. Asegura que solo los mejores atletas representen a nuestro país en los Juegos Olímpicos. También enfatiza los valores de dedicación, juego limpio y equidad. Al seleccionar meticulosamente nuestro equipo olímpico de atletismo, estamos preparando a nuestros atletas para el éxito e inspirando a las generaciones futuras a perseguir sus sueños olímpicos.

Imagina si el proceso de selección para el equipo olímpico de atletismo fuera completamente diferente. ¿Qué pasaría si un grupo de supuestos "expertos" se sentara en una sala y decidiera qué atletas deberían representar a nuestro país en los Juegos Olímpicos? Suena absurdo, ¿no? Eso es porque lo es. Las Pruebas Olímpicas son la forma más justa y efectiva de seleccionar a los mejores atletas para representar a nuestro país en el escenario mundial. Los ganadores de las Pruebas han demostrado ser los más fuertes y competitivos en sus respectivos eventos, y merecen la oportunidad de competir contra los mejores atletas de todo el mundo.

Entonces, ¿qué tiene esto que ver con invertir, puedes preguntar? Bueno, es simple. Al igual que en el deporte, la mejor manera de seleccionar futuros ganadores en el mercado de valores es elegir a los ganadores actuales. Nuestros modelos de fuerza relativa identifican a los líderes del mercado y los mantienen mientras sigan siendo fuertes. Al construir un portafolio de estos líderes del mercado, puedes aumentar tus posibilidades de lograr rendimientos superiores.

Mereces tener un proceso de selección de portafolios que sea tan riguroso y efectivo como el proceso de selección del equipo olímpico. Mereces un portafolio de medalla de oro que te ayude a alcanzar tus metas financieras y asegurar tu futuro. No te conformes con inversiones mediocres o estrategias obsoletas. Elige un enfoque ganador que pueda ayudarte a tener éxito en el mercado.

Las Pruebas Olímpicas ejemplifican cómo seleccionar ganadores en función del rendimiento actual puede conducir al éxito. Al incorporar el mismo principio en tu estrategia de inversión, puedes aumentar tus posibilidades de construir un portafolio exitoso que pueda resistir las fluctuaciones del mercado y ofrecer rendimientos consistentes. Así que, apunta a la medalla de oro y elige una estrategia de inversión ganadora para ayudarte a alcanzar tus sueños financieros.

Usamos la misma dedicación y rigor al seleccionar nuestros portafolios para decidir quién está en el equipo y quién no. Consulta más detalles en los Capítulos 12-15. Además, quizás desees visitar https://beyondetfspro.com.

Why Relative Strength?

With each passing year, global financial markets offer more and more choices to investors. More options can be offered if investors have a logical framework to analyze this broad universe of securities. We all know that the financial markets offer ample quantities of both risks and returns. Indeed, the possibility of a return exists precisely because of the inherent risk. Financial markets continue to provide the best opportunities for investors to build and preserve long-term wealth. However, an investor needs to have a **systematic investment strategy** to capitalize on the opportunities in the financial markets.

Further in the book, I will describe and show you the successful programs we put together at BAT—Brockmann Analytics & Trading using a method aptly named THE BROCKMANN METHOD. Our Relative Strength portfolios offer a systematic approach to investing. We build each of our portfolios based on the investment factor known as relative strength.

Confiamos en la fuerza relativa para gestionar portafolios debido a su naturaleza adaptativa y su historial de éxito a largo plazo. La fuerza relativa es simple en concepto pero poderosa en su aplicación. Es simplemente la comparación del rendimiento de precios dentro de un universo de valores. Analizar valores por su fuerza relativa proporciona una forma de identificar a los líderes del resto del grupo. Queremos poseer esos líderes del mercado.

La fuerza relativa también nos permite identificar a los rezagados. Invertir con éxito requiere evitar a los perdedores. La fuerza relativa es igualmente efectiva para identificar ganadores y perdedores a largo plazo. Encontramos que el análisis de fuerza relativa no se limita solo a los mercados financieros; lo encontramos en nuestra vida diaria, en el supermercado y a nuestro alrededor.

Mi proceso de selección es simple pero muy robusto y, lo más importante, adaptativo. La imagen a continuación proporciona una breve representación pictórica de mi proceso. Comenzamos con un universo seleccionado de valores. Luego, clasificamos cada uno en base al rendimiento de precios hasta que tengamos una lista de los de mejor rendimiento clasificados de mayor a menor. Este proceso no solo nos da los más fuertes a considerar, sino también los más débiles a evitar.

Este proceso se presta bien al estudio de diferentes clases de activos. ¿Están los bonos liderando o las acciones? ¿Cómo se clasifican las acciones internacionales frente a las nacionales? ¿Es Apple más fuerte que Google? ¿Cómo se clasifica Goldman Sachs frente a sus pares? ¿Debería mirar el sector del oro o el de la salud? ¿Debería estar en efectivo?

Con el tiempo, a medida que cambian los precios, también cambia la clasificación.

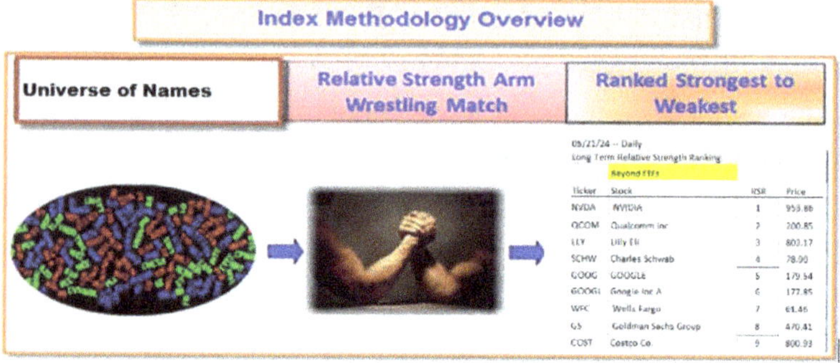

Desestimamos el adagio de Comprar Bajo y Vender Alto. En su lugar, Compramos Alto y Vendemos Más Alto. La historia está llena de ejemplos de valores que han flaqueado mientras los analistas continuaban emitiendo recomendaciones de compra. Los inversores habrían vendido nombres como Nortel, Enron y Research in Motion mucho antes de tocar fondo porque estaban bajo rendimiento y otros los superaban.

Queremos eliminar la emoción de la ecuación de inversión. Justo lo que diría el sargento Joe Friday del viejo programa de televisión Dragnet… "solo los hechos, señora, solo los hechos". Los hechos se reflejan en el precio.

El gráfico a continuación, cortesía de Bespoke Investment Group, cuenta una historia de éxito. El gráfico muestra dos líneas: una representa el precio y la otra representa las estimaciones de

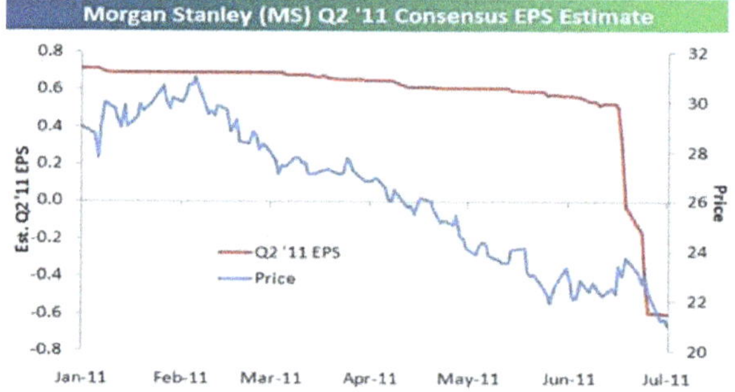

ganancias consensuadas de los analistas. Ha habido una caída dramática en los precios. El consenso estimado disminuye gradualmente, pero cae drásticamente una vez que se reportan las ganancias. Ahora, los analistas han descubierto lo que el precio sabía desde el principio. El ejemplo particular aquí muestra un fallo en las ganancias, pero el precio también suele anticiparse al alza.

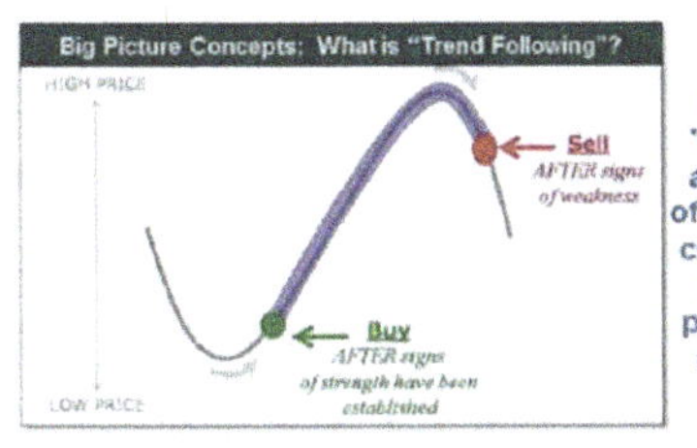

Cuando ordenas las acciones por fuerza relativa, queda claro que son fuertes porque tienen fundamentos superiores.

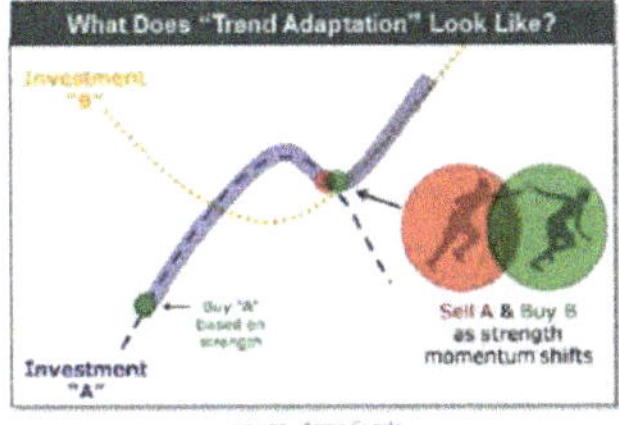

A disciplined implementation strategy of adapting consistently to trends over time as they change, can provide for robust returns without a need for pinpointing tops and bottoms.

Sigo la tendencia, ya sea al alza o a la baja. Soy un mercenario financiero. Cambiaré al lado ganador según lo requiera la situación.

Lo que Moskowitz señaló una vez más en su artículo fue que el horizonte temporal del momentum es un fenómeno que existe en el período de 6 a 12 meses. Más allá de los 12 meses, el momentum disminuye, y en un horizonte de 3 a 5 años, vemos inversiones contrarias (por ejemplo, los ganadores pierden y los perdedores ganan). Sin embargo, los activos que han tenido un buen rendimiento en los últimos 6-12 meses tienden a hacerlo mejor en los próximos 6-12 meses que los activos que han tenido un rendimiento deficiente en el mismo período anterior.

Me tomó un tiempo asimilar esta realidad y pasar de la fase de estudio teórico a mi entorno de trading. Una de las primeras acciones que compré bajo este proceso fue una empresa llamada Constellation Software. Su precio de negociación alcanzó los $170, lo que representó un fuerte aumento desde el rango de $60 solo un año antes. Debo decirte que mis manos estaban sudorosas y mis dedos flotaban sobre la tecla de entrada. Me enfrenté a un dilema: ¿debería presionar la tecla o no? Eso me causó mucho drama. Pasé 15 minutos reuniendo el valor para pulsar la tecla de compra mientras mi dedo flotaba sobre ella. Pensé que iba a tener un ataque al corazón. Estaba tan nervioso. Allí estaba yo, comprando en la cima. Iba a parecer un total idiota si caía de nuevo. Una vez que finalmente pulsé el botón de entrada, tuve que descansar otros 10 minutos antes de repetir todo el procedimiento para otro cliente. Mis nervios y mi corazón solo me permitieron ingresar 3 posiciones ese día. Me fui a casa para recuperarme y reflexionar sobre lo que acababa de hacer. Para repasar la estrategia una vez más.

Lo maravilloso de mi proceso es que te dirá las dos cosas más importantes que todo inversor necesita saber: qué comprar y cuándo vender. La mayoría de las personas son buenas en la parte de compra de la ecuación, pero horribles en la parte de venta.

A medida que me sentí más cómodo con esta nueva forma de hacer negocios para mí y mis clientes, me convertí en una máquina. No tenía emociones. Simplemente seguía las reglas. He pegado los siguientes dos comentarios al lado de mi escritorio para poder verlos. Tengo una pared de comentarios, pero estos dos están al lado de mi escritorio.

"¿Cuál es la peor cosa que le puede pasar a un mariscal de campo?"
"Pierde su confianza." Tom Bradshaw.

Soy el mariscal de campo de las cuentas de mis clientes y no podía permitirme más tropiezos, como los que tuve durante la Gran Recesión.

Algunos inversores dirán, por ejemplo, que desean tener exposición a, digamos, los sectores de bienes raíces o salud. Dado que no conocen los mejores nombres en estas áreas, querrán comprar el ETF y darlo por hecho. O, ¿cómo seleccionas a los ganadores en el sector tecnológico o energético?

A partir del 21 de mayo de 2024, el SPDR Sector Technology ETF (XLK) tenía 65 acciones en su cartera, y el SPDR Real Estate Sector ETF (XLRE) tenía 31 acciones. Mientras que el Sector Healthcare (XLV) tiene 64 nombres. Si decides exponerte a estos sectores, podrías simplemente salir y comprar cada uno de los ETFs. Tres tickets y habrás terminado, PERO. Aquí está el problema: cuando compras una canasta así, obtienes nombres de alto rendimiento y de bajo rendimiento, todos incluidos. ¿Por qué comprar los de bajo rendimiento? Recuerda lo que dijo Warren Buffett: te concentras en acumular riqueza y en tu diversidad si no sabes lo que estás haciendo. Haz un ranking de fuerza relativa en la lista, selecciona los mejores y deja atrás a los rezagados.

Como dijo Yogi Berra: **"En teoría no hay diferencia entre la teoría y la práctica, en la práctica sí la hay."** En este caso, la diversificación parece buena en teoría, pero no tanto en la práctica. También descubrí que cuanto más nombres agregas, más débil se vuelve la cartera porque cada nuevo nombre está más bajo en la lista de clasificación de fuerza.

Cartas desde la Cripta

Estas son cartas que envié a clientes hace 10-15 años. Son tan relevantes hoy como lo eran en ese entonces.

La Seguimiento de Tendencias Supera el Timing del Mercado.

Mark Hulbert ha estado siguiendo boletines de asesoría durante más de 20 años. Muchos de estos boletines realizan un timing activo del mercado, así que en una columna reciente, planteó una pregunta obvia:

La primera pregunta: ¿Cuántos temporizadores del mercado de valores, de los varios cientos monitoreados por el Hulbert Financial Digest, llamaron al fondo del mercado bajista hace un año?
Y una pregunta de seguimiento: De aquellos que lo hicieron, ¿cuántos también llamaron al pico del mercado alcista en marzo de 2000 —o, para el caso, a los puntos de inflexión del mercado en octubre de 2002 y octubre de 2007?

Si estás confiando en algún tipo de timing del mercado para evitar los mercados bajistas y entrar en los mercados alcistas, esto es exactamente lo que quieres saber. Aunque hay comentaristas que afirman haber llamado el fondo hasta el día exacto, el Sr. Hulbert permitió una ventana mucho más generosa para etiquetar una llamada de timing del mercado como correcta… *Mi análisis realmente se basó en una definición mucho más relajada: en lugar de mover el 100% del efectivo a las acciones con un fondo, o el 100% en la otra dirección con un pico, permití cambios de exposición de solo diez puntos porcentuales para calificar.*

Además, en lugar de requerir que el cambio de exposición ocurriera en el día exacto del pico o del fondo del mercado, observé una ventana de negociación de un mes que comenzaba antes de la coyuntura del mercado y se extendía un par de semanas después.

Esa es una definición bastante liberal: el temporizador del mercado tiene una ventana de cuatro semanas y solo tiene que cambiar las asignaciones en un 10% para ser considerado como que "llamó" el giro. Y aquí está la conclusión:

Sin embargo, incluso con estos criterios relajados, **ninguno de los temporizadores del mercado que el Hulbert Financial Digest**

**ha monitoreado en la última década pudo llamar los picos y
fondos del mercado desde** marzo de 2000.

Sí, cero. [El énfasis en negrita y subrayado es mío.] No es que
los asesores no lo intenten; **es solo que nadie puede hacerlo con
éxito**, incluso con una ventana de un mes y un cambio muy modesto
en las asignaciones. Obviamente, hay mucho sesgo retrospectivo en
el que los asesores afirman haber detectado puntos de inflexión del
mercado, pero cuando el Sr. Hulbert revisa los boletines reales,
¡ninguno lo acertó! Puedes asumir con seguridad que cualquiera que
afirme cronometrar el mercado está mintiendo. Al menos, la carga
de la prueba recae en ellos.

No nos molestamos en tratar de averiguar lo que el mercado
hará en el futuro. Simplemente seguimos las tendencias a medida
que se presentan. Usamos la fuerza relativa de manera sistemática
para identificar las tendencias que queremos seguir: las más fuertes.
Nos mantenemos con la tendencia mientras continúe, ya sea por un
corto tiempo o por un período prolongado. Cuando una tendencia se
debilita, como lo evidencia su clasificación de fuerza relativa,
sacamos ese activo de la cartera y lo reemplazamos con un activo
más fuerte. Hay muchos trabajos de investigación que muestran
claramente que es posible tener resultados de inversión muy
favorables a lo largo del tiempo sin recurrir en absoluto al timing del
mercado. Se necesita disciplina y paciencia, por supuesto, pero no
tienes que tener una bola de cristal.

*—Este artículo apareció originalmente el 17 de marzo de 2010
(reemitido el 30 de mayo de 2014). Es especialmente apropiado
ahora que muchos expertos del mercado están ocupados
prediciendo un pico. Es ciertamente posible que tengan razón,
pero la proposición de que simplemente están adivinando es
probablemente igualmente probable. A largo plazo, hay pocas
pruebas de que el timing del mercado sea efectivo.*

¡El Banco de Inglaterra respalda el seguimiento de tendencias!20
(¡Que es lo que hacemos!)

Confieso que he exagerado drásticamente el caso para captar su atención. Pero Andrew Haldane es un economista del Banco de Inglaterra. Recientemente dio un discurso sobre la Paciencia y las Finanzas, que fue comentado por Gavyn Davies en el Financial Times. El Sr. Haldane hizo algunos comentarios sobre el desconcertante éxito de las estrategias de seguimiento de tendencias en comparación con el uso del valor, resumidos por el Sr. Davies:

Andy Haldane lleva a cabo el siguiente experimento. Estima los resultados de una estrategia de inversión en acciones estadounidenses, que se basa completamente en la dirección pasada del mercado de valores. Si el mercado sube en el período que acaba de finalizar, la estrategia compra acciones para el siguiente período, y viceversa. La estrategia simplemente extrapola la tendencia reciente en el mercado. ¿El resultado? Según Andy, si hubieras tenido la sabiduría suficiente para iniciar este procedimiento con $1 en 1880, habrías cambiado de manera constante dentro y fuera de las acciones en los momentos adecuados, y ahora poseerías más de $50,000. No está mal para una estrategia que podría haber sido diseñada en un jardín de infantes.

A continuación, Andy prueba una estrategia alternativa basada en el valor. Esta calcula si el mercado de valores está sobrevalorado o subvalorado y compra el mercado solo cuando el valor da una señal positiva. El criterio para medir el valor es el

----

modelo de descuento de dividendos, ideado por primera vez por Robert Shiller. Si hubieras sido lo suficientemente inteligente como para idear esta medida de inversión en valor en 1880 y hubieras invertido $1, el procedimiento te habría dejado con una cartera que ahora vale la respetable suma de 11 centavos.

Estoy seguro de que los fundamentalistas argumentarán que esta estrategia de valor es demasiado simple y que otras formas de usar el p/e de Shiller o medidas alternativas de valor producirían resultados mucho mejores. Puede que sea cierto, pero eso no resta valor al hecho de que una técnica muy básica basada en el momentum parece funcionar muy bien. Y eso no debería ser cierto si crees en la eficiencia de los mercados de capital.

No me sorprende demasiado el buen rendimiento de la estrategia de seguimiento de tendencias (pero me sorprende la terrible, terrible actuación del modelo de descuento de dividendos). Claramente, el factor momentum captura algunas características universales. Tal vez sea algo psicológico como la confianza del inversor, o quizás esté estrechamente relacionado con los fundamentos subyacentes y el ciclo económico.

Como señala el Sr. Davies, esta observación es muy problemática para los mercados eficientes y la Teoría Moderna de Carteras. Todo el auge de la inversión pasiva—usar fondos indexados y renunciar a seleccionar acciones—se basa en la suposición de que los mercados son eficientes. Veo que este enfoque de indexación se exalta para los inversores individuales todo el tiempo ahora. Sin embargo, si los mercados no son eficientes, por cualquier razón, la inversión pasiva es una tontería.

Debo inclinarme hacia el lado de la tontería. La anomalía del momentum está demasiado bien establecida para hacer afirmaciones de que la inversión pasiva es lo único que tiene sentido. Cualquiera que sea el proceso subyacente, ha funcionado desde 1880—y continúa funcionando hoy. (Parte de nuestra investigación publicada muestra que modelos escritos hace casi 40 años todavía generan un nivel similar de retorno excesivo en los mercados actuales, así que no es simplemente un caso de que la anomalía sea desconocida.)

En lugar de eso, ¿por qué no aprovechar la fuerza relativa como un factor de retorno? Tal vez la tendencia seguida por la fuerza relativa finalmente esté encontrando su lugar.

Atentamente.

6. El Primer Principio.

"Los precios nunca son demasiado altos para empezar a comprar ni demasiado bajos para empezar a vender."

- Jesse Livermore

"Compra alto y vende más alto."

El adagio "Compra bajo y vende alto" puede estar equivocado. Desde entonces he aprendido que debería ser "Compra alto y vende más alto." Esta perla de sabiduría surgió de la investigación sobre la vida e historia de Jesse Livermore, el mayor operador de acciones del mundo.

Jesse Livermore fue, sin duda, el mayor operador de acciones del mundo. Creía que el mercado era un estudio de ciclos, al igual que la vida. La nueva tendencia continuará hasta que el impulso se debilite. Como dijo Sir Isaac Newton: "Un cuerpo en movimiento tiende a mantenerse en movimiento hasta que encuentra una fuerza igual o mayor." Livermore era un operador que solo se interesaba por el precio y la tendencia. Veía la inversión en acciones como el comercio de un pedazo de papel basado en el comportamiento de otros participantes del mercado.

Nunca he entendido por qué la gente atribuye características especiales a los valores, como si fueran diferentes de cualquier otro activo que uno pueda poseer. Si compro un coche que resulta ser un limón, no lo mantendré con la esperanza de que mejore. Lo reemplazaría y seguiría adelante. Sin embargo, la gente siente que debe "empatar" en una operación antes de continuar. No, si cumple con un criterio de venta, véndelo. En el capítulo 14 se cubrirá más información sobre mis requisitos para comprar y vender.

Livermore era increíblemente único y estaba significativamente adelantado a su tiempo. A lo largo de su vida, siempre estaba aprendiendo y adaptándose. Siempre se consideraba a sí mismo un estudiante del mercado que ocasionalmente operaba correctamente[21]. ¿Qué hace a un buen especulador de acciones, preguntas? Él diría que necesitas tener aptitud para el juego, un estómago fuerte para soportar los altibajos, y la capacidad de ver lo que está sucediendo sin dejarte llevar por las emociones.[22]

En una conversación en Palm Beach, supuestamente dijo: "No aceptes consejos de ningún tipo, sin importar de dónde vengan." No te preocupes por atrapar los máximos o los mínimos, eso es cosa de tontos. Mantén el número de acciones que posees en una cantidad controlable. Es difícil pastorear gatos, y es difícil seguir muchas acciones. Acepta tus pérdidas rápidamente y no te obsesiones con ellas. Intenta aprender de ellas… Finalmente, como en los mercados, tienes que hacer y amar las matemáticas. Así que mientras otros hablan y hablan y hablan, como siempre lo hacen, tú puedes estar pensando y pensando y pensando, calculando los porcentajes y las probabilidades.[23]

Una vez que salgo de una posición, la elimino de mis monitores. No me importa la acción una vez que estoy fuera de ella. Es fácilmente olvidada cuando no está a la vista. Cuando un valor necesita irse, se va. Si vuelve a desempeñarse bien, regresa. No tiene buenos ni malos recuerdos. Son solo números.

Las reglas de Livermore a menudo se basan en pensar y actuar en contra de la corriente:[24]

---

[21] Smitten, pág. 128

[22] Smitten, pág. 128. Livermore en conversación con Bradley's Beach Club en Palm Beach.

[23] Smitten, págs. 130-132. Continuación de la conversación en el Beach Club.

[24] Smitten, R., 2001, 'Jesse LIVERMORE El Mejor Operador de Bolsa del Mundo, John Wiley & Sons, Nueva York

✓ Corta tus pérdidas rápidamente.

✓ Asegúrate de confirmar tu juicio antes de tomar tu posición completa.

✓ Deja correr tus ganancias si no hay razón para cerrar la posición.

✓ La acción está en las acciones líderes, que cambian con cada nuevo mercado.

✓ Mantén limitado el número de acciones que sigues para poder enfocarte.

✓ Los máximos históricos deben comprarse en rupturas.

✓ Las acciones baratas a menudo parecen gangas después de una gran caída. A menudo siguen cayendo o tienen poco potencial para subir de precio. ¡Déjalas en paz!

✓ Usa puntos de inflexión para identificar cambios y confirmaciones de tendencias.

✓ ¡No vayas en contra de la tendencia!

✓ Sonríe; esa es mi regla.

Está bien equivocarse, pero nunca está bien quedarse equivocado

Tengo muchos ejemplos de tendencias que se capturaron de manera hermosa, pero también otros tantos que no resultaron tan bien. Está bien, siempre y cuando abandonemos las tendencias fallidas antes de que se conviertan en desastres. Las carteras basadas en seguir tendencias no siempre proporcionarán rendimientos excedentes, pero si te preocupa mucho más "a lo largo del tiempo" que "en cada ocasión", hay un lugar para estas estrategias en tu cartera.

Siempre he creído que una operación exitosa es aquella en la que te **odias por haber vendido antes de que te odies por no haberlo hecho.** Si estás en una operación perdedora, ciérrala, sacúdete el polvo de los zapatos y sigue adelante. Dicen que tu último aliento es importante, pero no tanto como tu próximo aliento. Lo mismo ocurre con el trading.

Beyond ETFs Pro

		Winners	Losers
Start date:	01/02/07		
End date:	06/30/24		
Number of trades:	493	245	248
Average periods per trade:	119.46	175.64	63.96
Maximum Profit/Loss:		468.70 %	(38.22)%
Average Drawdown:	(5.91)%	(3.32)%	(8.46)%
Average Profit/Loss:	8.05 %	22.54 %	(6.27)%
Probability:		49.70 %	50.30 %
Average Annual ROI:	24.59 %	46.85 %	(35.80)%
Reward/Risk Ratio:	3.55		

Portfolio:

Starting Balance:	100000.00		
Ending Balance:	2510844.62		
Gain/Loss:	2410844.62		
Gain/Loss (IRR) %:	2410.84 %	Annualized:	20.21 %

		From	To
Drawdown:			
Maximum Continuous:	(15.16)%	06/07/22	06/17/22
Portfolio High:	(4.44)%	06/18/24	06/24/24
Peak/Valley:	(30.47)%	02/19/20	03/23/20

En la cartera utilizada en la aplicación Beyond ETFs Pro, ha habido 245 operaciones ganadoras y 248 operaciones perdedoras. Ha habido más perdedoras que ganadoras, sin embargo, el rendimiento generado del 2 de enero de 2007 al 30 de junio de 2024 ha sido del 20.21% anualizado. El período promedio de tenencia para las operaciones ganadoras fue de 175.64 días, mientras que el de las perdedoras fue de 63.96 días.

Así, el modelo generó un rendimiento anual del 20.21% en comparación con el 8.25% del índice S&P 100.

Puedes ver que nuestras reglas de trading capturan la comprensión a la que llegó Livermore. Cortamos las pérdidas rápidamente y dejamos que las ganancias corran. Para ver los resultados actuales y actualizados, puedes consultarlos en https://beyondetfspro.com en la sección "our numbers".

Una vez que comprendes y entiendes el concepto y las implicaciones del momentum, las cosas caen en su lugar. Usamos muchos de los conceptos del momentum en nuestra vida diaria. Por ejemplo, si te preguntara quién crees que estará en el ranking de los 10 mejores del PGA el próximo año, lo más probable es que mires el top 10 de este año y elijas de esa lista. Alguien podría saltar de la nada para reclamar uno de esos lugares, pero es muy poco probable. Hablando de golf, quiero enviar un saludo a mis dos sobrinas, Maddie y Ellie Szeryk, quienes un día estarán en el top 10 de la LPGA. Aún no están allí, pero están construyendo el momentum detrás de ellas.

Lo mismo ocurre con el momentum en las acciones. Hay una alta probabilidad de que el liderazgo de hoy sea el liderazgo de mañana hasta que el momentum cambie y alguien tome esos lugares. Regreso al artículo de Moskowitz; las acciones que han tenido un buen rendimiento en los últimos 6-12 meses probablemente continuarán teniendo un buen rendimiento en los próximos 6-12 meses. Los valores que han tenido un mal rendimiento en los últimos 6-12 meses continuarán teniendo un mal rendimiento en los próximos 6-12 meses. Las reglas de Livermore se centran en el momentum. Cortar tus pérdidas rápidamente, dice, porque el momentum no está contigo. Deja que tus ganancias sigan si no hay razón para vender. Nuevamente, aquí, el mercado te dirá cuándo salir. Cuando habla sobre comprar el breakout de acciones que han alcanzado su máximo de 52 semanas, es porque el momentum es fuerte.

Me parece interesante cuando habla sobre mantener una lista pequeña y manejable de valores. Incluso Warren Buffet cree en mantener una lista pequeña y manejable de valores. Buffet dijo: "Te concentras para acumular riqueza; te diversificas si no sabes lo que estás haciendo". Aquí no estamos hablando de una o dos posiciones y, nuevamente, no de 50 a 100 posiciones.

"Quizás el paradigma de inversión más conocido es comprar bajo y vender alto. Creo que se puede ganar más dinero comprando alto y vendiendo a precios aún más altos. Intento comprar acciones que ya han tenido buenos movimientos de precios, que a menudo están alcanzando nuevos máximos y que tienen una fuerza relativa positiva. Estas son acciones que están en demanda por otros inversores. ¿Cuál es el riesgo? Obviamente, el riesgo es que estoy comprando cerca de la cima. Pero, preferiría estar invertido en una acción que está aumentando de precio y asumir el riesgo de que pueda comenzar a declinar, que invertir en una acción que ya está en declive y tratar de adivinar cuándo se revertirá." - Richard Driehaus — Driehaus Capital Management

En 2000, Barron lo incluyó en su equipo "All-Century", que presentaba a 25 individuos que habían influido enormemente en la industria de los fondos mutuos en los últimos 100 años. Recuerdo haberlo conocido y escuchado dar una presentación en los años 80. Fue excepcional y uno de los primeros gerentes que me hizo pensar sobre este estilo de gestión de dinero. Driehaus tenía una respuesta sorprendentemente rápida al salir de posiciones. Me río cuando pienso en ello. Parecía que su idea de largo plazo era mantener hasta el día siguiente. La tasa de rotación era muy alta, pero era muy rentable.

Entonces, descartamos el adagio de Comprar Bajo y Vender Alto. En su lugar, Compramos Alto y Vendemos Más Alto. Como he mencionado, la historia está llena de ejemplos de valores que han flaqueado mientras los analistas continúan emitiendo recomendaciones de compra. Se aferran a sus convicciones, intentando forzar al mercado a aceptar su punto de vista. Para mí, los inversores de valor adoptan la misma postura.

Me recuerda a una historia sobre uno de los analistas de la firma. Un cliente me preguntó qué pensaba de una acción en particular. No estaba familiarizado con ella, así que la anoté en mi lista A para ver cómo se clasificaba frente a otras en el universo. Tenía una clasificación aceptable, pero no destacaba como otras. Le dije que la observaría y, si subía en el ranking, la agregaríamos a su cartera. A lo largo de un par de meses, subió y la agregamos a su cartera cuando alcanzó el rango de $18. Continuó clasificándose bien, y el precio alcanzó un pico de alrededor de $31-32. Comenzó a caer y, a $28.50, dio una señal de venta, así que la vendimos. Venderla dejó al cliente decepcionado, ya que había investigado extensamente y creía firmemente en su valor y potencial. Sí, dominaba una nueva categoría de industria, pero estaba perdiendo terreno en el ranking. Le expliqué que había caído y que otras posiciones mostraban un potencial más fuerte en ese momento. Alcanzó nuestra señal de venta y, cuando la acción tuviera un mejor rendimiento y clasificación, la volveríamos a comprar. Actualmente, estaba en la zona de venta.

Como se mencionó, desestimé la publicación de investigación de la firma debido a su irrelevancia para mi estilo de inversión y falta de significado. Iba por ahí con los principiantes, entregando las copias impresas que llegaban a mi escritorio. Tengo que reírme de este recuerdo. Mientras tomaba un café, un grupo de principiantes se había reunido y hablaban entre ellos, así que me uní a la conversación. A medida que avanzaba la discusión, uno me dijo que la dirección les había instruido no hablar conmigo. Me reí y me reí.

Cada mañana, había una publicación que resumía en pocas palabras lo que el análisis pensaba sobre sus acciones en particular. Esa mañana, lo que llamó mi atención no solo fue la mención de la acción que habíamos vendido, sino también que el mensaje estaba en mayúsculas. Leí que el analista estaba golpeando la mesa para comprar esta acción hoy porque informarían sus ganancias mañana y superarían las estimaciones de Wall Street.

La agresividad del informe me dejó en shock. Me causó un momento de duda y me obligó a revisar mi análisis de la acción nuevamente, a verificar las clasificaciones y a mirar otra vez el gráfico. Reflexioné durante unos minutos y mantuve mi postura. Sentía que el analista estaba equivocado. Las ganancias podrían ser buenas, pero la acción no era una compra. Estaba tan seguro de mi posición que envié el informe ampliado y más detallado al cliente, diciendo que el analista se había equivocado y que lo vigilaríamos sin comprar nada. Simplemente estaba demasiado seguro de mí mismo. Puedes esforzarte por ser humilde, pero a veces es difícil permanecer así.

Así que esperé la mañana siguiente el anuncio de ganancias. Había cerrado a $23.25 la noche anterior. Tengo que decirte que estaba un poco nervioso. Está bien, estaba muy nervioso. ¿Por qué fui tan arrogante y tan confiado al enviar el informe al cliente para burlarme de la predicción del analista?

El anuncio de ganancias llegó antes de la apertura del mercado, y superó las estimaciones de Wall Street, una gran superación. Mi corazón se hundió... hasta que el mercado abrió. La primera operación fue a $18.75. Me sentí aliviado y nunca volví a hacer eso.

Mi proceso es correcto a lo largo del tiempo, no cada vez.

GTAT

A mediados de 2013, GT Advanced Technologies (GTAT) llamó mi atención, así que lo agregué a mi lista de seguimiento "A". Presto atención a varias listas de seguimiento. Tengo mi lista A y algunas listas B y C. Las trato como si estuviera dirigiendo una franquicia de béisbol. Si una acción muestra promesas, la firmo para las ligas menores. Si continúan mejorando, podrían recibir una llamada para el "show". GTAT recibe la llamada y es elevado al estatus de jugador para ser colocado en el campamento de compra del portafolio. (Explicaré y revisaré mi disciplina de compra y venta más adelante en el libro.)

Compré la acción para varios clientes. Ascendió en clasificaciones y precio, pero tuvo un rendimiento inferior en el otoño de ese año. Se mantuvo lateral durante un tiempo y luego cumplió con mis condiciones de venta, así que la vendí. Para mí, una acción puede recibir una señal de venta incluso si continúa subiendo o manteniéndose lateral. Aquí, otras acciones estaban subiendo más rápido que GTAT.

Comenzó a tener un mejor rendimiento en enero de 2014, y la volví a agregar a mi lista de compra, así que la compré por alrededor de $8 en enero y continué comprando hasta abril. Alcanzó un pico de aproximadamente $19 en abril y luego comenzó a bajar. Tomé algunas ganancias en mayo en el rango de $17, y luego se desplomó a $14.76. Miré las clasificaciones y me dio una señal de venta, así que llamé de inmediato a los clientes restantes, y vendimos ese día.

La dirección y el cumplimiento estaban sobre mí como un pato sobre un escarabajo de junio. Exigieron ver mis razones para el cambio rápido. Sentían que estaba girando las cuentas y querían que rindiera cuentas. "Churning" es cuando el corredor compra y vende para generar comisiones en beneficio del corredor y no del cliente. Dijeron que era un tonto y un idiota (sus palabras) porque GTAT había asegurado un préstamo de $500 millones de Apple. GTAT proporcionó a Apple las cubiertas de vidrio para sus iPhones.

La dirección exigió saber cuán exitosas eran las cuentas. Les expliqué que una operación exitosa implicaba adherirse a mi proceso, independientemente del resultado.

Reuní la información solicitada y mostré en los gráficos que la acción había caído y me había dado una señal de venta. De las 23 posiciones que vendí ese día, 21 fueron rentables, con la menor ganancia siendo del +34%, la mayor ganancia del +84%, y dos pérdidas del -12% y -18%. Mantuve mi postura, pero comencé a pensar que podría haber reaccionado de manera exagerada durante unos meses ese verano, hasta que GTAT se declaró en quiebra el 6 de octubre de 2014.

¿Tenía información privilegiada? No. ¿Se equivocaron los analistas? Sí. Tenía la misma información que cada inversor tenía a mi disposición: la acción del precio. No importaba lo que dijera la empresa, lo que dijera el analista o lo que dijera mi dirección.

La acción del precio no era satisfactoria incluso con un financista grande y estable y clientes como Apple respaldándolos. Aquí, la sabiduría de la multitud vio a esta empresa por lo que era: una acción en declive. Y yo también. Para ser honesto, la quiebra me sacudió. Pensé al principio que tal vez un ángel había venido y me había dado un toque en el hombro ese día, pero después de revisar mis registros, recibí una señal de venta y la seguí.

Desearía haber tenido este conocimiento hace años y haberlo utilizado con Nortel, Blackberry, Enron y otros muchos nombres que decepcionaron y cayeron desde grandes alturas.

Pintando la Tapa

Quiero compartir una historia de mi pasado que, en retrospectiva, me parece divertida ahora. En los viejos tiempos, que se sienten como ayer, no teníamos acceso a la tecnología que tenemos hoy. La tecnología ha democratizado enormemente la inversión. Los costos de todo lo relacionado con la industria de servicios financieros han disminuido y continúan haciéndolo hoy. Recuerda que solo podíamos confiar en el Dow Jones News Wire y nuestras cajas de ruido, que permitían a los gerentes y analistas transmitir desde la sede y a los periódicos impresos para acceder a la información.

Así que aquí está la escena: es a principios de la década de 1980 en la oficina de Merrill Lynch Canadá en Londres, Ontario. Nosotros, los corredores, estamos organizados en parejas, con los más nuevos posicionados al frente cerca del ticker, y los corredores más experimentados más atrás. Los corredores de materias primas están en la parte trasera. El ambiente del bullpen no permitía privacidad, y compartías una máquina de cotizaciones con tu compañero de escritorio.

Dale, la recepcionista, llama: "Llamada en la línea 1. Llamada en la línea 2." Mi compañero de escritorio, John, que se sentaba a mi derecha y estaba en llamadas ese día, me miró. Él toma la línea 1, y luego yo tomo la línea 2. Mi interlocutor era un caballero con un acento escocés pronunciado que me dijo que quería comprar $100,000 de Dome Petroleum; ¿qué debía hacer? Le dije que necesitaba venir a la oficina, abrir una cuenta y escribir el cheque frente a mí. Le di mi nombre y número directo, y me dijo que estaría allí la próxima semana. La llamada no duró mucho, y cuando terminé, miré a John, y me preguntó qué había conseguido. Le dije que alguien estaba pidiendo una cotización de Dome; él dijo que alguien estaba pidiendo una cotización de Bell. Continuamos nuestro día y no pensamos más en la llamada.

Una semana después, el caballero apareció en la oficina, para mi sorpresa y deleite. Charlamos sobre su experiencia en la industria del petróleo, cómo ha trabajado en todo el mundo en varios países y entornos, y que ama Dome Petroleum. Abrimos la cuenta, él escribió el cheque, y le hablé de las maravillas del margen. Con una cuenta de margen, podemos comprar aún más de Dome. Él acepta y se va. Estoy esperando que se abra la cuenta.

Más tarde, la cuenta es aprobada y abierta. Llamo al cliente para confirmar la orden. "Compra XXX acciones de Dome Petroleum al mercado." Corrí hacia la jaula de valores, sellé la orden, regresé a mi escritorio y esperé la ejecución.

Mientras me siento, Mark W grita: "¡Hay una adquisición de Dome!" Todos saltamos y corremos hacia el Dow Wire. Alguien está desenrollando frenéticamente la cinta, buscando cualquier indicio de noticias. Ahora estoy en la segunda fila, tratando de mirar por encima de los hombros de mis colegas para ver el alambre también. Murmuro: "Estoy seguro de que tengo suerte de haber comprado Dome." Alguien se vuelve hacia mí y pregunta cuánto, así que se lo digo. Todos se detienen, se vuelven y me miran. "Eres un idiota, se supone que debes pasar por el escritorio de bloque para no interrumpir los mercados." Con eso, todos regresaron melancólicamente a sus escritorios. La emoción se había acabado esta vez, y soy un poco más sabio.

Cuando lees el ticker, buscas patrones. ¿Cuál es el tamaño de las operaciones? ¿Qué símbolo se está negociando? ¿Se están negociando empresas de la misma industria junto a otras? ¿Las operaciones se realizan en alzas, o la acción se está moviendo a la baja? Lo que vimos con mi operación de Dome fue solo a Dome moviéndose a través del ticker. No había otras operaciones reportadas—solo Dome. Yo pinté la cinta. Más historias sobre leer el ticker más adelante.

Aquí hay una carta para los clientes enviada en marzo de 2014. Describe cómo alguien debería elegir los brackets del torneo de baloncesto universitario de March Madness. También nos dice cómo deberíamos ver nuestra cartera de inversiones.

Estimado:

Esta es una época maravillosa del año para cualquiera que siga el baloncesto universitario. Esto se debe a que los torneos de baloncesto masculino y femenino de la División I de la NCAA están en marcha en una serie de juegos que abarca un período de dos semanas y media, que se refiere de manera eufemística como la locura de marzo.

Ese apodo está entre los mejores en el deporte porque, efectivamente, ocurren cosas locas cuando comienzan estos torneos. Hay tiros sobre la bocina; hay sorpresas (también conocidas como "rompedoras de llenado de brackets"); hay dominación total; y casi siempre hay al menos un equipo que lleva la bandera de Cenicienta más allá de las primeras dos rondas hacia el Sweet 16.

El *Wall Street* Journal, el 18 de marzo de 2014, publicó un artículo sobre cómo ganar en tu pool de oficinas de la NCAA:

"Elige a los favoritos. Esta es la única manera infalible de garantizar que no te avergüences. A pesar de toda la atención prestada a los desvalidos, ¿hay alguna otra razón por la que sepas que existe la Universidad de Florida Gulf Coast?—el mejor equipo aún gana la mayoría de los juegos de la primera ronda. En las últimas 10 temporadas, el número promedio de semillas de dos dígitos que vencieron a los favoritos fue de seis por torneo. Mientras tanto, una portavoz de la empresa dijo que un bracket con favoritos ganando cada juego el año pasado habría quedado en el percentil 91 de las entradas al concurso de ESPN. Tu bracket solo puede ser tan contrario hasta que se vuelva loco".

Parte de la diversión de los pools de oficinas de la NCAA es la posibilidad de presumir al elegir a los desvalidos (incluso si es una improbabilidad estadística). Sin embargo, este mismo principio se aplica a la inversión. Cuando se trata de los mercados financieros, **¡en lugar de buscar derechos de presumir, ve por el dinero!**

Algo que también destaca sobre los torneos es que muchos de los mismos programas de baloncesto son considerados contendientes al campeonato nacional año tras año. Estos son programas de élite. También hay otras escuelas en esa mezcla de élite. El punto es que la etiqueta de élite se ha ganado gracias a una larga historia de éxito competitivo que ha otorgado al programa un reconocimiento nacional, una gran base de aficionados y el respeto de sus oponentes. Se dice que el éxito genera éxito. Eso es cierto en el baloncesto universitario, al igual que en el seguimiento de un enfoque de inversión.

Nadie es Perfecto

La locura de marzo no se limita solo a los torneos de la NCAA. También ha habido un poco de locura de marzo este año en el mercado de valores, la economía global, la arena geopolítica y el clima.

Esa locura ha creado cierta volatilidad, algún exceso especulativo en ciertas situaciones, algunas reservas sobre las perspectivas de crecimiento y un montón de llamados por la cabeza de Punxsutawney Phil y Wharton Willy.

Es precisamente en momentos tan desconcertantes como estos que los inversores deben tener una renovada apreciación por un proceso y un enfoque disciplinados. La estrategia de inversión que utilizo, que emplea la fuerza relativa, no es perfecta. Experimenta decepciones operativas de vez en cuando, y su rendimiento sufre como resultado.

Incluso Duke, que tiene uno de los programas más respetados en el baloncesto masculino universitario, no ha llegado al Torneo de la NCAA todos los años. Se perdió el Torneo de la NCAA en 1995, pero ha vuelto cada año desde entonces. Solo los aficionados de Duke (y probablemente los aficionados de Carolina del Norte) pueden recordar esa mancha de 1995. Lo que el resto del mundo del baloncesto universitario sabe y respeta es que Duke ha participado en 37...

La Reputación se Precede a Sí Misma

No es un misterio por qué Duke, en la mayoría de los años, es elegido en las brackets de la NCAA como un equipo que se espera que llegue lejos en el torneo. Duke, por supuesto, ha sido un "bracket buster" antes, lo cual es similar a una empresa de élite que tiene una decepción de ganancias única. El punto principal es que la larga historia de éxito de Duke hace que sea una selección segura más a menudo de lo que no, para generar buenos retornos en las brackets.

No es realmente tan diferente para los enfoques de inversión también. Se espera que lo hagan bien año tras año. Tropiezan ocasionalmente, pero la gestión de calidad, la disciplina, el deseo continuo de mejorar en sus prácticas y la adherencia a un modelo de negocio que les ha servido de manera confiable durante décadas generalmente les ayuda a recuperar las cosas relativamente rápido y producir buenos retornos para los inversores.

Al llenar una bracket de torneo, es fácil sobrepensar las cosas porque hay tanto ruido en la cámara de eco. No faltan opiniones sobre qué equipos lo harán bien y cuáles no. Se publican hojas de trucos de expertos en sitios deportivos y se analizan en un intento de predecir las sorpresas de la primera ronda y de identificar a la Cenicienta. Esto ocurre porque suceden cosas locas en las primeras rondas, y predecir esas sorpresas tempranas puede ser la diferencia para ganar una oficina.

Sin embargo, cuando se trata de ganar todo, la Cenicienta no es la apuesta segura. Los programas de élite son la apuesta segura y hay mucha historia de torneos que lo respalda.

El mismo proceso de sobrepensar las cosas ocurre con la misma facilidad en el mercado de valores. Se presentan innumerables opiniones sobre qué acciones lo harán bien y cuáles no. Es por eso que uso la fuerza relativa. Tiene un historial comprobado de éxito. No tiene razón cada vez, pero a lo largo del tiempo.

De nuevo, cuando se trata de los mercados financieros, en lugar de buscar derechos de fanfarronear, ¡vayamos por el dinero!

Seleccionamos entre las opciones que están ahí, no entre las opciones que solían estar, y especialmente no entre las opciones que pensamos que "deberían estar" allí en un sentido moral. Por eso utilizamos nuestros procesos de fuerza relativa en nuestros modelos y vamos por el dinero.

Atentamente,

Wilf

----

7. El Segundo Principio

"Cuando los hechos cambian, cambio de opinión. ¿Qué haces tú, señor?" – John M. Keynes

Me encontré con la siguiente nota que envié a mis clientes hace más de 20 años. Sigue siendo tan relevante ahora como lo era entonces. Describe bien mi segundo principio: cambiar de opinión o dirección cuando sea necesario. Recuerda las observaciones en el artículo de investigación de Tetlock y las entrevistas de Dan Gardner, que sugieren que cuanto más famoso eres, menos probable es que cambies de opinión. Verás, deseamos y necesitamos ser mercenarios financieros. Queremos luchar del lado ganador, sea cual sea. Nuestra lealtad está contigo y con tus resultados, no con alguna idea abstracta. A lo largo de los años, la gente me ha preguntado con frecuencia por qué no invierto en empresas en mi área. ¿Por qué soy tan antipatriótico? Explico que puedo invertir allá, pero gastar las ganancias aquí.

Como mencioné antes, cuando un valor necesita irse, se va. Si vuelve a tener un buen rendimiento, vuelve a entrar. No tiene buenos ni malos recuerdos; solo son números. Cambiar de dirección o curso de acción es un desafío para muchas personas. A la gente no le gusta admitir que puede haber cometido un error. Asume la responsabilidad de cualquier error y sigue adelante.

----

8 de agosto de 2010

"Cuando los hechos cambian, cambio de opinión. ¿Qué haces tú, señor?" —John Maynard Keynes

Aunque sus teorías parecen ser ni más ni menos precisas, los economistas británicos siempre parecen tener mejores comentarios que otros economistas. Keynes plantea un punto importante. ¿Qué haces cuando los hechos cambian, y cómo sabes si los hechos han cambiado?

CSS Analytics tiene una publicación interesante sobre este tema del 5 de agosto de 2010. El autor señala un problema con la previsión:

Lo más extraño del mundo de las previsiones no es que sea una ciencia desalentadora (que lo es), sino que los pronosticadores comparten algunos sesgos notablemente primitivos. Ya sea que se analicen pronósticos puramente cuantitativos o pronósticos de "expertos/gurús", todos tienen algo en común: rara vez cambian sus opiniones o métodos a la luz de nueva información. De hecho, lo que he notado es que cuanto más inteligente es la persona y más información parece poseer, menos probable es que cambie de opinión. Sin duda, esta es la razón por la que muchos expertos verdaderamente inteligentes y conocedores han hecho estallar grandes fondos o cuentas de trading personal.

No sería tan triste si no fuera cierto. Esta falta de adaptabilidad eliminó incluso a un par de ganadores del Premio Nobel en Long Term Capital Management. El verdadero problema radica en estructurar adecuadamente el marco de decisión de uno. CSS Analytics observa:

Pídale a una persona que le dé su opinión sobre hacia dónde se dirige un mercado, y luego observe lo que sucede cuando el mercado se mueve drásticamente en la dirección opuesta, junto con anuncios de noticias que parecen contradecir su tesis. La mayoría de las veces, esta persona le dirá que no ha cambiado de opinión, y de hecho, que es un precio aún mejor para comprar (o vender en corto). Los modelos o sistemas sufren del mismo problema: rara vez se ajustan a medida que cambian las condiciones o los regímenes...

Aquí, el marco de decisión es fijo. Dado que los humanos están naturalmente predispuestos a buscar evidencia que confirme sus creencias e ignorar la evidencia que las contradiga, eso es exactamente lo que sucede. Toda la evidencia comienza a ser manipulada para respaldar la opinión, que se asume como correcta. La historia de CSS Analytics a continuación es tristemente familiar para la mayoría de los inversionistas, casi todos los cuales comienzan como inversionistas de valor:

Pasé mis primeras experiencias de inversión como "inversionista de valor", y déjame decirte que aprendí de la manera difícil muchas veces que el mercado tenía razón más a menudo que no. Era asombroso cuán bien a veces se "predecían" los fundamentos futuros por el precio. No tenía conocimiento de análisis técnico y carecía del marco intelectual para sintetizar un método de toma de decisiones superior. Por supuesto, sostendría esa acción "subvaluada" con un ratio precio/valor contable de menos de 1 hasta que se convirtiera en una acción de centavo antes de rendirme. También vendí muchas de mis ganadoras demasiado pronto porque sus razones P/E indicaban que ya no estaban subvaluadas. Algunas de estas acciones llegaron a subir un 400% o más, mientras que yo estaba contento de obtener una ganancia del 25%. Hice exactamente lo contrario con acciones sobrevaluadas o acciones con fundamentos débiles. ¡Estuve muy vendido en Fannie Mae, Freddie Mac y General Motors a principios de 2007! Por supuesto, me limpiaron y recibí llamados de margen mucho antes de que cayeran casi a cero. Este fue un caso de tener razón pero ser demasiado temprano para luchar contra el sentimiento de la multitud.

Como dijo un sabio una vez: **"Ser temprano es indistinguible de estar equivocado"**. Sin embargo, incluso saber que debemos evitar un marco de decisión fijo no nos acerca realmente a saber cómo manejar el problema de la previsión. CSS Analytics describe su epifanía:

Un día me di cuenta de que una buena previsión (o toma de decisiones) era un proceso dinámico que involucraba retroalimentación. De hecho, la información real utilizada para tomar las decisiones iniciales no necesita ser compleja, siempre que estés dispuesto a ajustar después del hecho.

Puse todo esto en negrita porque creo que es muy importante, aunque no creo que mi proceso sistemático de fortaleza relativa sea una previsión en absoluto. Es simplemente un marco de toma de decisiones que incorpora un tipo específico de retroalimentación: la retroalimentación más importante para un inversionista, que es el precio. El cambio de precio te dice si tu decisión está funcionando o no. Si algo no está funcionando, lo sacas de la cartera; eso es ajustar después del hecho. El precio no es complejo en absoluto, pero es la única pieza crítica de retroalimentación que se necesita porque así es como se mide cada inversión.

Invertir es uno de esos campos extraños donde las opiniones ingeniosas a menudo se valoran más que los resultados. Ciertos gurús aún reciben exposición en los medios y venden hordas de suscripciones a boletines porque los suscriptores están de acuerdo con sus opiniones alcistas o bajistas, aunque un servicio externo como Hulbert puede demostrar que su rendimiento real es abismal. En los deportes profesionales, si eres malo, te despiden o te sientan en el banco. Si realmente eres malo, no haces parte del equipo. A veces, en el campo de la inversión, si realmente eres malo, tienes la oportunidad de estar en CNBC y tener anfitriones bien arreglados y educados que toman tus opiniones en serio.

Creo que la descripción de la buena toma de decisiones como un proceso dinámico que involucra retroalimentación es muy concisa. Incorporar retroalimentación es lo que hace que un modelo sea adaptativo. Los modelos que se basan en datos históricos suelen fracasar por esta misma razón: están optimizados para los datos históricos, pero no siempre pueden incorporar retroalimentación. La medición continua de la fortaleza relativa no es diferente del saludo del exalcalde de Nueva York, Ed Koch: "¿Cómo lo estoy haciendo?" Si la respuesta es "no bien", entonces es momento de deshacerse de ese activo y reemplazarlo por otro que tenga perspectivas de mejor rendimiento. La belleza de los modelos de fortaleza relativa que utilizo es que cuando los hechos cambian, cambian de opinión.

Que disfrutes la tarde.

Wilf

Gestión de Capital a Largo Plazo

Muchas personas han olvidado la historia de Long Term Capital Management, una historia de advertencia sobre la arrogancia que llevó a la eventual caída de uno de los fondos de cobertura más renombrados de la historia. Fundado en 1994 por el excomerciante de bonos de Salomon Brothers, John Meriwether, Long Term Capital Management (LTCM) ascendió rápidamente a la prominencia debido a sus impresionantes rendimientos y un elenco estelar de inversionistas y miembros de la junta.

En su punto máximo, LTCM administraba más de 100 mil millones de dólares en activos y era considerado uno de los fondos de cobertura más exitosos del mundo. LTCM contaba con dos premios Nobel, Myron Scholes y Robert C. Merton, quienes compartieron el Premio Nobel de Economía en 1997 por su trabajo en el modelo Black-Scholes como parte de su talento. Ellos formaban parte de la junta directiva y proporcionaron la base teórica para las estrategias de comercio del fondo. El fondo rápidamente ganó una reputación por sus sofisticados modelos matemáticos y su talentoso equipo de comerciantes, que incluía a académicos y profesionales de las principales firmas de Wall Street.

La desregulación financiera de finales del siglo XX, que permitió la creación de instrumentos financieros complejos como los derivados, se remonta al contexto histórico del ascenso a la fama de LTCM. Estos instrumentos proporcionaron el escenario perfecto para las altamente cuantitativas estrategias de comercio de LTCM, que se basaban en modelos matemáticos que intentaban predecir con precisión los movimientos del mercado. Warren Buffett llamó a los derivados *"armas financieras de destrucción masiva"*.

Bajo el liderazgo de Meriwether, LTCM creció y acumuló miles de millones de dólares en activos bajo gestión. El éxito del fondo atrajo a algunos de los nombres más grandes de las finanzas, incluidos bancos, fondos de pensiones y personas adineradas que estaban ansiosas por invertir en lo que parecía una apuesta segura. Los inversionistas y los bancos quedaron encantados y enamorados de la gestión, permitiendo ratios de apalancamiento significativamente más altos que los que nosotros, simples mortales, podríamos manejar.

La perdición de LTCM llegó cuando la crisis financiera asiática de 1997 y el default de la deuda rusa de 1998 enviaron ondas de choque a través de los mercados financieros globales. El fondo, que había perseguido rendimientos aún mayores al asumir un apalancamiento masivo, se encontró del lado equivocado de estos eventos y sufrió pérdidas catastróficas. En lugar de reducir sus posiciones, continuaron aumentando sus apuestas. No hicieron caso a mi segundo pilar: *"cuando los hechos cambian, cambio de opinión. ¿Qué hace usted, señor?"*

A pesar de la intervención de la Reserva Federal y un consorcio de bancos de Wall Street, LTCM finalmente tuvo que liquidar sus posiciones y cerrar. El colapso del fondo tuvo consecuencias de gran alcance, provocando una crisis de liquidez en los mercados financieros y exponiendo los peligros de asumir riesgos excesivos en la búsqueda de beneficios a corto plazo. Este es un hecho que muchas personas han olvidado.

Las agresivas estrategias de inversión de LTCM, destinadas a explotar discrepancias de precios en los mercados globales, eventualmente condujeron a su espectacular colapso en 1998. Este evento, a menudo pasado por alto, fue una antesala a la Gran Recesión de 2008-2009. LTCM se erige como una contundente historia de advertencia, destacando los riesgos asociados con el apalancamiento excesivo, la interconexión de los mercados financieros y la renuencia a alterar la postura.

El debacle de LTCM tuvo un impacto no solo en el mundo financiero, sino también en la comunidad académica, donde economistas y académicos debatieron las implicaciones del fracaso del fondo para la economía en general. Algunos afirmaron que la caída de LTCM fue un evento único sin riesgo sistémico, mientras que otros advirtieron sobre la posibilidad de recurrencia sin aprender de la historia.

Llegó el desastre de las hipotecas subprime.

A pesar de su éxito inicial y su impresionante lista de talentos, la caída de LTCM resultó de una gestión de riesgos defectuosa, un apalancamiento excesivo y una falta de adaptación al entorno cambiante y al flujo de noticias. No lograron tener en cuenta mi segundo y tercer principio.

[25]Me encontré con Ed Borgato mientras navegaba por X (anteriormente Twitter) y me gustaron sus comentarios. Son perspicaces y pertinentes para invertir, los mercados y la vida.

---

[25] Borgato, E, X (anteriormente conocido como Twitter), 19 de diciembre de 2017 y 21 de julio de 2020.

Estos tres son especialmente importantes para resaltar. Cuando uno está lidiando con una decisión, se necesita valentía para tomar la iniciativa y avanzar. Sin embargo, cuando uno descubre que los hechos que llevaron a la decisión han cambiado, se necesita aún más valentía y, lo que es más importante,

humildad para corregirla. No te cuestiones. Solo desperdiciarás tu tiempo y energía.

Antes de tomarla, ya deberías haber determinado los factores que te harían cambiar de opinión. Si sucede A, entonces mi curso de acción es B. Siguiente. Sigue adelante. Después, puedes evaluar tu proceso de toma de decisiones para descubrir cualquier factor que hayas pasado por alto.

He descubierto que el pastel de humildad te mantiene enfocado y con los pies en la tierra.

8. El Tercer Principio –

"Un hombre debe buscar lo que es, y no lo que piensa que debería ser." - Albert Einstein

La famosa cita de Albert Einstein no solo tiene sabiduría para la vida, sino que también proporciona, aunque de manera involuntaria, valiosos consejos de inversión. Esta cita encapsula la esencia de la toma de decisiones racional y la importancia de basar las elecciones de inversión en la realidad en lugar de en la especulación. Tiene una relevancia significativa porque enfatiza la importancia de la racionalidad y la objetividad en la toma de decisiones, instando a las personas a centrarse en la realidad en lugar de en sus propias creencias o deseos subjetivos. En el ámbito de la inversión, este principio es crucial para tomar decisiones informadas y estratégicas que maximicen los rendimientos y mitiguen los riesgos.

La importancia aquí es centrarse en tu plan, que debe basarse en reglas y tener un historial de éxito. Esto es algo que podemos proporcionarte. Me veo a mí mismo como un fanático financiero que busca lo mejor para ti y mis clientes. Soy un cyborg financiero que sigue las reglas de compromiso con la misma despasión con la que un escalpelo de cirujano corta a través de los tejidos. Si las reglas dicen comprar, compramos. Si vendemos, vendemos. No hay espacio para dudar. No hay pensamientos, solo acciones.

Este pilar es el más difícil de los tres de implementar. Se trata de estar en el ahora, no en el pasado o el futuro, sino en este momento—estar en el presente. Esta es la misma postura que uno debe adoptar para meditar. Te vuelves simple y dejas todo ir. He dicho a muchas personas que orar es bueno para salvar el alma, pero no es tan bueno para salvar tu cartera. Créeme, he hecho mi parte de oraciones.

El mundo de las finanzas y la inversión está lleno de especulación, y muchas personas son impulsadas por emociones, sesgos y pensamientos ilusorios al tomar decisiones de inversión. Soñar no conduce a buenos resultados financieros. Invertir con éxito requiere un enfoque racional y objetivo, centrado en hechos, datos y análisis en lugar de creencias infundadas, consejos o esperanzas. Al centrarse en lo que es, los inversores pueden evaluar las condiciones del mercado, analizar datos financieros y tomar decisiones bien informadas que estén fundamentadas en la realidad. Este enfoque ayuda a minimizar el impacto de las emociones, los sesgos y el comportamiento irracional que pueden llevar a malas decisiones de inversión.

Hay innumerables ejemplos de inversores que han caído en la trampa de la especulación y el pensamiento ilusorio, ignorando la realidad de las condiciones del mercado y haciendo apuestas arriesgadas basadas en creencias infundadas. La burbuja de las punto-com a finales de los años 90 y la crisis de las hipotecas subprime de 2008 son recordatorios contundentes de los peligros de ignorar lo que es en favor de lo que uno piensa que debería ser.

El Sir Isaac Newton, el estimado científico, se vio atrapado en una de las primeras "burbujas" de inversión del mundo relacionadas con el mercado de valores. Durante la burbuja de la South Sea Company en 1720, cuando las acciones de la compañía se dispararon y luego colapsaron, las inversiones de Newton se evaporaron. Frustrado por el comportamiento irracional del mercado, se dice que comentó: "Puedo calcular los movimientos de los cuerpos celestes, pero no la locura de la gente."[26] Es un recordatorio de que las dinámicas del mercado, al igual que en el caso de Long Term Capital Management, pueden desconcertar incluso a las mentes más brillantes.

---

[26] Eschner, K, 'El colapso del mercado que le costó a Newton una fortuna, 6 de enero de 2017, Smithsonian Magazine

A medida que la tecnología avanza y surgen nuevas oportunidades y riesgos, será esencial que los inversores mantengan un enfoque claro y objetivo, centrándose en lo que es real y tangible en lugar de sucumbir a la atracción de la especulación.

En este contexto, es importante explorar las diversas perspectivas y realizar un análisis bien razonado. Por el lado positivo, adoptar un enfoque realista y objetivo para invertir puede llevar a mejores resultados, un mayor rendimiento de la cartera y una mayor resiliencia frente a la volatilidad del mercado. Al centrarse en lo que es, los inversores pueden tomar decisiones más informadas, identificar oportunidades y gestionar riesgos. Equilibrar un compromiso con la realidad con la disposición para explorar nuevas posibilidades es clave para lograr el éxito en la inversión. Aquí es donde BAT – Brockmann Analytics & Trading puede ayudarte a alcanzar tus objetivos en https://beyondetfspro.com.

Los inversores que abrazan los principios incorporados en la cita de Einstein pueden navegar las complejidades del mercado con mayor confianza, adaptabilidad y resiliencia. Al buscar lo que es en lugar de lo que creen que debería ser, los inversores pueden tomar decisiones informadas, capitalizar oportunidades y enfrentar desafíos de manera efectiva. Siguiendo esta filosofía, los inversores pueden aumentar sus posibilidades de éxito y navegar por las turbulentas aguas de los mercados financieros con confianza y claridad.

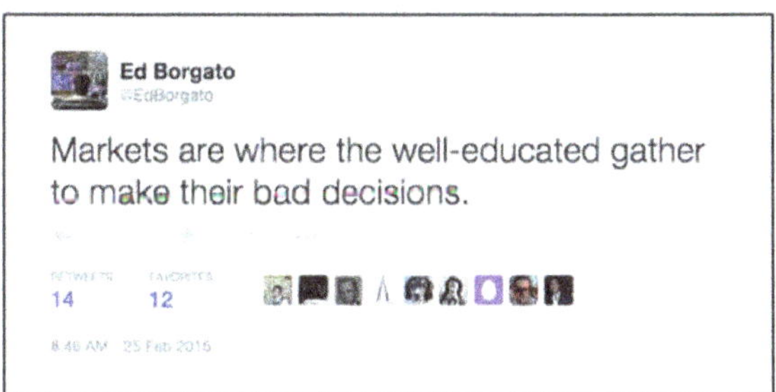

Aquí hay otro comentario de Ed Borgato. Es cierto porque todos nos percibimos como inteligentes, astutos y atractivos. Hacemos todo el trabajo para elaborar un plan de acción y luego las circunstancias cambian. Puede que hayamos sido tan audaces como para realmente contarle a alguien nuestro plan. Ahora, ¿hemos hecho un cambio? ¿Hemos invertido todo este capital emocional en este comercio, todo por nada?

9. Principios Fundamentales – para vivir e invertir

Me adhiero a esos principios. Son sencillos y son el tapiz tejido en la base de mi proceso de inversión.

1. "Los precios nunca son demasiado altos para comenzar a comprar y nunca son demasiado bajos para comenzar a vender." - Jess Livermore

2. "Cuando los hechos cambian, cambio de opinión. ¿Y usted, señor?" - John Maynard Keynes

3. "Un hombre debe buscar lo que es, y no lo que piensa que debería ser." - Albert Einstein

Estos principios ofrecen una valiosa guía a los inversores, enfatizando la importancia de mantenerse flexible, ser objetivo y centrarse en la realidad en lugar de en la especulación. Cada principio tiene su propia perspectiva y significado únicos, contribuyendo a la comprensión y práctica general de las estrategias de inversión.

Jess Livermore, un legendario trader de acciones de principios del siglo XX, ganó renombre por su enfoque audaz y poco convencional hacia la inversión. El principio de Livermore sugiere que el sentimiento del mercado o la sabiduría convencional no deben influir en los inversores al tomar decisiones de inversión. En cambio, deben centrarse en la tendencia. Livermore creía que las oportunidades prosperan en todas las condiciones del mercado y es responsabilidad del inversor reconocerlas y aprovecharlas. Era un verdadero mercenario financiero, determinando quién estaba ganando y cambiando de lado si era necesario. Me enseñó a tener paciencia y confianza, sabiendo que las decisiones consistentes y calculadas darían sus frutos al final.

John Maynard Keynes, un renombrado economista y una de las figuras más influyentes en la teoría económica moderna, enfatizó la importancia de adaptarse a nueva información y circunstancias cambiantes en la toma de decisiones de inversión. Keynes creía que los inversores debían estar abiertos a revisar sus opiniones y estrategias cuando se les presentaran hechos o evidencia adicionales. Este principio refleja la naturaleza dinámica de los mercados financieros y la necesidad de que los inversores evalúen y ajusten constantemente sus posiciones para mantenerse al frente de las condiciones cambiantes del mercado.

Cambiar un punto de vista o perspectiva es un problema para muchas personas. Tomar una decisión fue lo suficientemente difícil, pero revertirla y admitir que cometiste un error también se convierte en un problema de ego. Muchas personas se aferrarán a su postura en este punto y emplearán la táctica de la oración que mencioné antes.

El principio de Keynes fomenta un enfoque proactivo y receptivo en la gestión de carteras, permitiendo a los inversores aprovechar las oportunidades emergentes y mitigar eficazmente los riesgos. Al mantenerse adaptables y de mente abierta, los inversores pueden navegar más exitosamente las complejidades de los mercados financieros y lograr objetivos de inversión a largo plazo.

Albert Einstein, un legendario físico y laureado con el Nobel, ofreció una perspectiva única sobre los principios de inversión que enfatiza la importancia de la objetividad y la racionalidad en la toma de decisiones. El principio de Einstein subraya la necesidad de que los inversores basen sus juicios en evidencia empírica y razonamiento lógico, en lugar de nociones preconcebidas, sesgos o consejos. Al centrarse en la realidad de la situación y evitar el pensamiento ilusorio, los inversores pueden tomar decisiones de inversión más informadas y efectivas.

El principio de Einstein resalta el aspecto psicológico de invertir, reconociendo el impacto de las emociones y los sesgos cognitivos en la toma de decisiones. Al adoptar un enfoque disciplinado y racional hacia la inversión, los inversores pueden superar sesgos, como el sesgo de confirmación, el anclaje y la mentalidad de manada, que pueden nublar el juicio y llevar a resultados subóptimos. Este principio refuerza la importancia de la objetividad y el pensamiento crítico en el proceso de inversión, permitiendo a los inversores lograr mayor claridad y confianza en sus decisiones.

Los principios de inversión de Jess Livermore, John Maynard Keynes y Albert Einstein, que utilizo, ofrecen valiosas ideas y orientaciones para los inversores que buscan navegar por las complejidades de los mercados financieros. Sirven como hitos para nuestras decisiones en el cambiante paisaje financiero. Al integrar estos principios en sus estrategias de inversión, los inversores pueden mejorar sus procesos de toma de decisiones, gestionar riesgos de manera más efectiva y alcanzar sus objetivos financieros a largo plazo. Si bien cada principio tiene su propia perspectiva y relevancia únicas, en conjunto contribuyen a un enfoque holístico y equilibrado hacia la inversión que prioriza la flexibilidad, la adaptabilidad y la objetividad.

Al adoptar estos principios e incorporarlos en su filosofía de inversión, los inversores pueden y deben cultivar un enfoque más resistente y sostenible hacia la gestión de la riqueza y lograr el éxito en el mundo financiero en constante evolución. Este enfoque enfatiza la importancia de la flexibilidad, el pensamiento crítico y la capacidad de pivotar cuando sea necesario. Los inversores pueden aumentar sus posibilidades de éxito y alcanzar sus objetivos financieros. La sabiduría de estas figuras influyentes sigue resonando con inversores en todo el mundo, recordándonos los principios atemporales que sustentan una inversión exitosa.

Un ejemplo de dónde los mantras podrían haber sido útiles y dónde debería haber seguido mis reglas fue una operación que hice para mi hermano, Greg.

Había estado observando los sectores de materiales y metales preciosos aumentar gradualmente su valor y escalar en los rankings de mis listas. El sector de metales preciosos, incluyendo los mineros y exploradores de oro, plata y metales básicos, había tenido un desempeño impresionante y estaba a punto de darme una señal de compra. Quería "adelantarme" a la posición. Adelantarse es cuando entras en una posición antes de que muchas otras personas lo hagan. Quería ser el primero en lo que sentía que sería una gran fiesta.

Debería haber esperado, pero estaba impaciente y tal vez un poco codicioso. Quería ayudar a mi hermano. Debería haber permitido que avanzara más en los rankings. Rompí mis reglas al comprarle un fondo de metales preciosos en octubre de 2012 a alrededor de $19.80. La seguridad nunca alcanzó un precio más alto y fue cayendo, así que lo vendí en enero de 2013 a alrededor de $16.30. Ups. Pero al menos reconocí mi error y salí de ello. El fondo, el 18 de mayo de 2017, estaba en $11.33 y no ha vuelto a ver $19.80 desde entonces, ni $16.30 para ese caso.

Por cierto, logré que Greg participara en la operación de GTAT, y ganó bastante dinero.

Puedes ver cómo cada uno de estos tres mantras jugó un papel interconectado en mi decisión de salir de la posición en GTAT. La acción de la acción ya había caído un 22% desde el máximo. El deseo de dejar que subiera de nuevo a los máximos no me influyó. Incluso con un cliente grande y estable como Apple, la acción del precio no se comportaba así. Vi lo que era: una acción que estaba en declive, así que cambié de opinión.

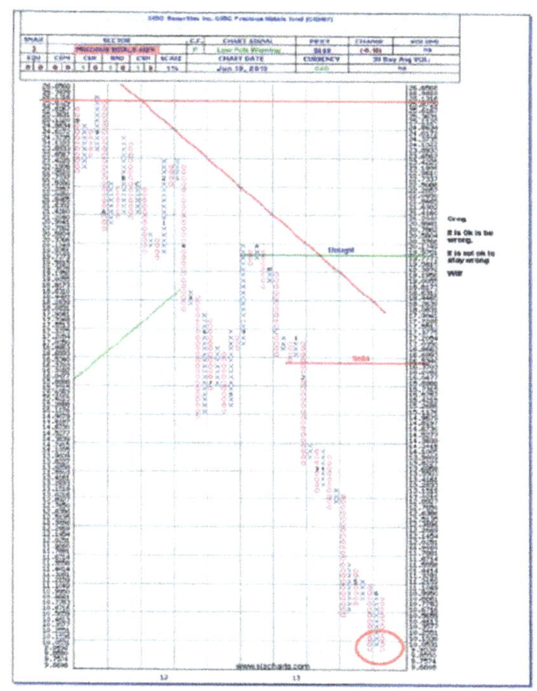

Durante décadas, los investigadores han estado estudiando la fuerza relativa y el momentum para entender por qué funcionan y las condiciones bajo las cuales lo hacen. Concluyeron que funcionan en casi todas las circunstancias.

Creo

***** Estas no son solo creencias, son la esencia misma de quién soy. Forman la base de mi proceso y filosofía de inversión. La firma puede no compartir estas creencias si eres un asesor financiero o trabajas con uno. Te disuadirán con sus propias narrativas. Pero te insto a que tengas el valor de mirar más allá y comprender por qué estas creencias son cruciales. Sigue leyendo. *****

1. **Creo que el verdadero riesgo en la inversión no radica en perder dinero, sino en la posibilidad de sobrevivir a tu dinero.** El riesgo ha cambiado porque la vida ha cambiado. Las personas esperan 30 años o más de jubilación, y durante esos 30 años, los precios al consumidor se triplicarán. Por lo tanto, el riesgo no es la pérdida de capital; es el agotamiento de tu poder adquisitivo mientras aún estás vivo. Discutimos este concepto de riesgo en el Capítulo 12.

Esto significa que la noción tradicional de riesgo en la inversión ha cambiado. En el pasado, el enfoque estaba en evitar pérdidas y preservar el capital. Aunque estas siguen siendo consideraciones importantes, el mayor riesgo radica en la erosión del poder adquisitivo. La inflación puede erosionar el valor de tus ahorros, dificultando el mantenimiento de tu nivel de vida en la jubilación. Debes estar preparado para este riesgo real y tangible.

Por lo tanto, tener una estrategia de inversión a largo plazo que considere los posibles impactos de la inflación es crucial. Una parte clave de esta estrategia es invertir en activos que históricamente han superado la inflación y los impuestos. Las acciones son el único activo que cumple con este papel.

En el Capítulo 12, profundizamos en este concepto de riesgo y proporcionamos estrategias para gestionarlo y minimizarlo. Es crucial que tú, como potencial inversionista o alguien que planea su jubilación, seas consciente del paisaje cambiante del riesgo en la inversión y tomes medidas proactivas para abordarlo. Al hacerlo, puedes asegurarte mejor un futuro financiero seguro para ti y tus seres queridos. Recuerda, el verdadero riesgo no está en perder dinero, sino en la posibilidad de sobrevivir a él. Trabajemos juntos para navegar estos desafíos y construir un plan de inversión sostenible que resista la prueba del tiempo.

El concepto de riesgo en la inversión no es solo una construcción teórica, sino un aspecto crucial que puede alterar profundamente tu cartera de inversiones. En el mundo acelerado de hoy, los inversionistas se enfrentan a una diversa gama de riesgos, desde disturbios geopolíticos hasta disrupciones tecnológicas. Es imperativo que los inversionistas no solo comprendan estos riesgos, sino que también tengan un plan sólido para mitigarlos. Este entendimiento del riesgo es la piedra angular de una inversión exitosa. No solo debemos ser conscientes de los riesgos, sino también de nuestras reacciones emocionales a sus implicaciones. Más sobre esto en el Capítulo 11. Pero antes de que saltes hacia adelante, sigue leyendo.

Mirando hacia adelante, el futuro del riesgo en la inversión probablemente estará moldeado por los avances tecnológicos, cambios regulatorios y tendencias económicas globales en evolución. Es crucial que los inversionistas se adapten a estos cambios y continúen evolucionando sus estrategias de gestión de riesgos para seguir siendo exitosos en el mundo en constante cambio de la inversión. Esta naturaleza dinámica del riesgo subraya la necesidad de una vigilancia y adaptación constantes en el panorama de inversiones.

El concepto de riesgo en la inversión no es una noción fija, sino que ha evolucionado con el tiempo en respuesta a nuestro mundo cambiante. Ya no se trata únicamente de la posible pérdida de capital, sino de la capacidad de preservar y aumentar tu poder adquisitivo ante las condiciones económicas cambiantes.

2. **Creo firmemente que la verdadera seguridad de las inversiones financieras radica en la continua acumulación de poder adquisitivo.** Si el riesgo es la erosión implacable del poder adquisitivo debido a la inflación y los impuestos, entonces defino la acumulación de poder adquisitivo como un rendimiento positivo de mi inversión. Las inversiones que ofrecen este tipo de rendimiento

son seguras. Aquellas que no lo hacen no son seguras. Por esta definición, las acciones comunes son el instrumento financiero más seguro a largo plazo.

Como individuos, todos nos esforzamos por tomar decisiones inteligentes sobre nuestras finanzas para asegurar nuestro futuro. Nos esforzamos por ganar nuestro dinero a través del trabajo duro y queremos asegurarnos de invertirlo sabiamente para un crecimiento a largo plazo. En esta búsqueda, es crucial considerar cómo podemos proteger nuestras inversiones de la erosión implacable del poder adquisitivo causada por la inflación y los impuestos. Estas inversiones aseguran que nuestro dinero mantenga su valor con el tiempo y continúe creciendo en términos reales. Este tipo de rendimiento es la verdadera medida de la seguridad financiera.

Al considerar la seguridad de diferentes instrumentos financieros, las acciones comunes se destacan como una de las inversiones más seguras a largo plazo. Si bien las acciones pueden estar sujetas a fluctuaciones del mercado y volatilidad en el corto plazo, históricamente han proporcionado rendimientos fuertes que han superado la inflación y los impuestos a largo plazo. Esto las convierte en un excelente vehículo para construir riqueza y preservar el poder adquisitivo.

Además, invertir en acciones diversificadas permite el crecimiento y la protección contra la inflación, ya que los valores de las empresas tienden a aumentar con el tiempo. Invertir en una amplia gama de empresas de diversas industrias puede mitigar el riesgo y mejorar las posibilidades de aprovechar los beneficios del crecimiento económico a largo plazo. Más sobre esto en los Capítulos 14 y 15.

No puedo enfatizar lo suficiente que la verdadera seguridad de las inversiones financieras radica en la acumulación de poder adquisitivo. Podemos salvaguardar nuestra riqueza y asegurar nuestro futuro financiero al garantizar que nuestras inversiones proporcionen un rendimiento positivo que supere la inflación y los impuestos. Con su historial de generar fuertes rendimientos a largo plazo, las acciones comunes siguen siendo una de las opciones más seguras para aquellos que buscan preservar y aumentar su poder adquisitivo. A través de este enfoque prudente hacia la inversión, podemos lograr una verdadera seguridad financiera.

3. Creo firmemente que el gran riesgo a largo plazo de las acciones es no poseerlas. Cuando miramos hacia atrás en los eventos históricos que han moldeado nuestro mundo, vemos el increíble poder de las acciones para generar riqueza y oportunidades de crecimiento. Desde las profundidades de la Gran Depresión hasta los máximos del mercado de valores moderno, la trayectoria del Promedio Industrial Dow Jones nos recuerda el potencial de éxito a largo plazo en el mercado de valores.

Tomemos, por ejemplo, el mínimo intradía del Promedio Industrial Dow Jones el 8 de julio de 1932, que fue de solo 40 puntos. Este fue un momento de inmensa dificultad económica e incertidumbre, con millones de estadounidenses luchando por llegar a fin de mes. Pero aquellos con el valor y los medios para invertir en acciones durante ese tiempo tumultuoso fueron recompensados con increíbles retornos a medida que el mercado comenzó a recuperarse.

Avancemos hasta el 5 de mayo de 2024, cuando el Promedio Industrial Dow Jones alcanzó un máximo histórico de 40,077 puntos. A pesar de enfrentar grandes desafíos como la Segunda Guerra Mundial, la Guerra Fría, los ataques terroristas del 11 de septiembre y la pandemia de COVID-19, el mercado de valores ha seguido ascendiendo a nuevas alturas. Esto es un testimonio de la resiliencia y el potencial de crecimiento que las acciones pueden ofrecer a los inversores dispuestos a asumir el riesgo.

En una nota personal, tuve un asiento en primera fila para el Lunes Negro, el 19 de octubre de 1987. El Promedio Industrial Dow Jones abrió ese día en 2,246 y cerró en 1,738, perdiendo 508 puntos o el 23% en un solo día. Me senté y observé con horror mientras la carnicería devastaba las cuentas de todos. No había lugar donde esconderse. Sin embargo, el 24 de enero de 1989, el Dow cerró por encima de la apertura del Lunes Negro y continuó su ascenso.

Creo que el momento adecuado para comprar acciones es ahora, si tienes los medios. Si bien puede haber fluctuaciones a corto plazo en el mercado, la historia nos ha demostrado que las acciones tienen el potencial de generar retornos significativos a largo plazo. Al invertir en una cartera diversificada de acciones, puedes posicionarte para beneficiarte del crecimiento de la economía global y la innovación de las empresas líderes. En los capítulos 12 y 13, discutiremos esto.

Por otro lado, también creo que el momento adecuado para vender acciones nunca es a menos que tengas una necesidad urgente de dinero. Sin embargo, tratar de cronometrar el mercado para vender acciones en el momento perfecto es una tarea arriesgada y a menudo fútil. Al mantener tus inversiones a largo plazo, puedes resistir las fluctuaciones del mercado y beneficiarte del poder del interés compuesto para aumentar tu riqueza con el tiempo.

Para resumir esta creencia, el mayor riesgo de las acciones es no poseerlas. Al invertir en acciones y mantenerlas a largo plazo, puedes beneficiarte potencialmente del crecimiento del mercado y asegurar tu futuro financiero. Entonces, si tienes los medios para invertir en acciones, ahora es el momento de aprovechar las oportunidades que el mercado tiene para ofrecer. No dejes que el miedo o la incertidumbre te impidan alcanzar tus objetivos financieros.

Tenemos una elección que hacer. Podemos tener la seguridad asumida hoy en vehículos como bonos o Certificados de Depósito Garantizados, que tienen poca volatilidad, y la incertidumbre de mañana de tener suficiente en el futuro debido a la inflación y los impuestos. O podemos tener la volatilidad de las acciones hoy y vivir con la certeza de tener suficientes activos que superarán la inflación y los impuestos en el futuro. Yo elijo acciones hoy.

4. Creo que todo lo que necesitas saber sobre los movimientos de los precios de las acciones se puede resumir en estas ocho palabras: "Las bajas son temporales; las altas son permanentes." Nunca veo un cambio o fluctuación como una pérdida. Los precios de las acciones caen todo el tiempo, aproximadamente un 25% cada cinco años en promedio, pero no importa porque nunca permanecen abajo. El mercado fluctúa pero no genera pérdidas. Solo los humanos pueden crear una pérdida permanente al confundir una caída temporal con una recesión permanente y entrar en pánico. **Sin pánico, sin venta.** Sin venta, sin pérdida. El enemigo del éxito en la inversión no es la ignorancia; es el miedo. Así que mi fe y no mi conocimiento salvan mi vida financiera, infundiendo confianza ante la volatilidad del mercado.

La fluctuación del mercado de valores es un hecho de la vida en el mundo de las inversiones. Muchas personas pueden temer los altibajos del mercado, viéndolo como un viaje en montaña rusa del que quieren bajarse lo antes posible. Pueden desear montar el carrusel. Parece más seguro, pero al final no avanzas mucho. Es crucial entender que el mercado de valores inevitablemente caerá en algún momento. Sin embargo, en lugar de ver esto como una pérdida, es importante verlo como una parte natural del ciclo del mercado. El mercado de valores siempre se recuperará de cualquier caída temporal, así como el sol sale cada día.

El verdadero peligro radica en nuestras propias reacciones a las fluctuaciones del mercado. Cuando se produce el pánico, puede

llevar a decisiones apresuradas que resultan en pérdidas
permanentes. Vender acciones en un momento de pánico solo
asegura cualquier pérdida que pueda haber ocurrido y te impide
disfrutar de las ganancias a largo plazo que inevitablemente vienen
con la recuperación del mercado.

La clave para una inversión exitosa es la fe en el mercado y tu
capacidad para resistir cualquier tormenta. El conocimiento es
importante, pero tu confianza y resiliencia ante la incertidumbre
determinarán en última instancia tu éxito financiero. Al recordar que
las bajas son temporales y las altas son permanentes, puedes evitar
la trampa del miedo y tomar decisiones impulsadas por la razón y la
lógica en lugar de por las emociones.

En conclusión, para esta creencia, creer en el mantra "Las bajas
son temporales; las altas son permanentes" no es solo una filosofía,
es una estrategia para el éxito financiero en el mercado de valores.
Al mantener la fe en la resiliencia del mercado y evitar las trampas
del miedo y el pánico, puedes y navegarás las fluctuaciones del
mercado con confianza y salir adelante a largo plazo. Así que, la
próxima vez que veas una caída en los precios de las acciones,
recuerda mantener la calma, seguir invertido y confiar en que las
altas siempre superarán a las bajas al final.

**5. Procuro la experiencia, que la mayoría de la gente
describe como un "mercado bajista", en dos palabras
diferentes: "gran venta".** Dado que todas las caídas son
temporales, considero todas las caídas de precios de acciones
generalizadas como una oportunidad para acumular más inversiones
verdaderamente seguras antes de que la venta termine. Al
aprovechar los precios más bajos durante las caídas del mercado, los
inversores pueden adquirir activos a precios de descuento y
potencialmente disfrutar de mayores rendimientos cuando el
mercado eventualmente se recupere.

En tiempos de agitación económica, como en un mercado bajista, es natural que las personas se sientan ansiosas e inciertas sobre sus inversiones. Reenfocar la experiencia del mercado bajista como una "gran venta" ofrece una oportunidad única para adquirir activos de alta calidad a un precio reducido.

Si bien puede ser tentador entrar en pánico y vender inversiones durante una caída del mercado, creer que puedes reacquistar tus activos a niveles más bajos rara vez sucede. Terminas teniendo que tomar dos decisiones: cuándo vender y cuándo volver a comprar. Creo que esta reacción es contraproducente. En lugar de ver un mercado bajista como una amenaza, lo veo como una oportunidad para capitalizar sobre valores subestimados y asegurar una posición financiera más sólida a largo plazo. Esta es la manera del mercado de deshacerse de los jugadores más débiles. No dejes que las emociones del día guíen tus decisiones de inversión.

Un mercado bajista presenta una excelente oportunidad para fortalecer una cartera con inversiones seguras y confiables que pueden haber estado fuera de alcance durante condiciones de mercado más alcistas. Al mantener una perspectiva a largo plazo y mantenerse disciplinado en tiempos de volatilidad, los inversores pueden posicionarse para el éxito y potencialmente superar al mercado a largo plazo.

Insto a los inversores a resistir la tentación de liquidar sus activos durante estos tiempos difíciles y, en su lugar, considerar aprovechar esta oportunidad única para adquirir activos de alta calidad a un precio de ganga. Al reenfocar la narrativa de un mercado bajista como una "gran venta", podemos convertir un entorno de mercado desafiante en una prometedora oportunidad de inversión que tiene el potencial de crear riqueza a largo plazo y seguridad financiera.

6. No creo en las acciones individuales; creo en una cartera gestionada de acciones. Puedo romper un lápiz; no puedo romper 15 lápices atados juntos. Eso es diversificación. Así, una acción puede caer a cero, pero las acciones, como clase de activos, no pueden caer a cero.

El mercado de valores ha ganado una reputación por su volatilidad e imprevisibilidad a lo largo de la historia. Algunas acciones individuales han disparado a nuevas alturas un día y se han desplomado al fondo al día siguiente. Utilizamos nuestras técnicas de fuerza relativa para evitar estos tipos, aunque este fenómeno ha ocurrido en nuestra experiencia. Esta incertidumbre ha llevado a muchos inversores, incluido yo mismo, a creer en el poder de la diversificación a través de una cartera gestionada de acciones.

Cuando compras solo una acción, esencialmente estás poniendo todos tus huevos en una sola canasta. Si esa acción toma un giro desfavorable, podrías perder una parte significativa de tu inversión. Sin embargo, al diversificar tu cartera en varias acciones y emplear las estrategias que recomendamos, estás distribuyendo el riesgo. Así como romper un lápiz es fácil, romper quince lápices atados juntos es mucho más difícil. Este concepto de diversificación es lo que puede proteger tus inversiones del impacto de que una sola acción caiga a cero.

Es importante reconocer que, aunque las acciones individuales pueden fracasar, las acciones como clase de activos son poco probables que caigan a cero. El mercado de valores ha tendido históricamente a subir a largo plazo a pesar de las fluctuaciones a corto plazo. Al invertir en una cartera gestionada de acciones, te estás posicionando para beneficiarte del crecimiento general del mercado mientras minimizas el riesgo de que cualquier acción arrastre hacia abajo toda tu inversión.

Una cartera gestionada de acciones puede reducir el riesgo, proporcionar mayor estabilidad y potencialmente crecer a largo plazo. Tendrás la experiencia y los recursos para seleccionar y monitorear cuidadosamente una amplia gama de acciones, optimizando tus posibilidades de éxito en el mercado. Este nivel de conocimiento profesional puede brindarte tranquilidad.

Creo firmemente que la clave para una inversión exitosa radica en la diversificación a través de una cartera gestionada de acciones. Si bien las acciones individuales pueden tener altibajos, una cartera similar a la que recomendamos puede ayudarte a capear la tormenta y alcanzar tus objetivos financieros a largo plazo. Entonces, ¿por qué asumir riesgos innecesarios con tu dinero ganado con tanto esfuerzo cuando puedes confiar en el poder de la diversificación? Toma la decisión inteligente e invierte hoy en una cartera gestionada de acciones, utilizando lo que estás aprendiendo aquí. Tu futuro yo te lo agradecerá.

Más sobre cómo logramos esta tarea en los capítulos 12 y 13. O puedes ir directamente a https://beyondetfspro.com

7. Amo la volatilidad. La volatilidad no puede hacerme daño porque soy inmune al pánico. Pero puede ayudar. Primero, una mayor volatilidad significa (y es el precio de) mayores rendimientos en un mercado eficiente. Los mayores rendimientos son buenos. Confía en mí en esto.

La volatilidad es un término que a menudo infunde miedo en el corazón de los inversores. La idea de mercados impredecibles y fluctuantes puede inquietar a aquellos que prefieren la estabilidad y la previsibilidad. Sin embargo, estoy aquí para decirte que la volatilidad no es algo a temer. De hecho, amo la volatilidad.

Verás, la volatilidad no puede hacerme daño porque soy inmune al pánico. He aprendido a abrazar los altibajos del mercado con una mentalidad calmada y racional. Mientras otros pueden correr hacia las salidas cuando las cosas se complican, yo puedo ver a través del ruido y mantener una perspectiva a largo plazo sobre mis inversiones.

Pero no se trata solo de mantener la calma ante la turbulencia del mercado. La volatilidad puede ser en realidad algo bueno para los inversores. En un mercado eficiente, una mayor volatilidad a menudo se asocia con mayores rendimientos. Esto significa que aquellos que están dispuestos a soportar los altibajos del mercado tienen la oportunidad de beneficiarse de potenciales mayores ganancias a largo plazo.

Los mayores rendimientos son el objetivo final de la inversión, y la volatilidad es simplemente el precio que pagamos por la oportunidad de lograrlos. Es como asumir un poco de riesgo para potencialmente obtener mayores recompensas. Y créeme cuando te digo que las posibles recompensas superan con creces los riesgos.

Así que la próxima vez que veas que el mercado comienza a oscilar salvajemente, no entres en pánico. Abraza la volatilidad y mantente enfocado en el panorama general. Recuerda que la volatilidad puede ser tu amiga, no tu enemiga. Mantén la cabeza fría, adhiérete a tu estrategia de inversión y confía en que mayores rendimientos están en el horizonte.

Te insto a que abraces la volatilidad y todas las oportunidades que presenta. Mantén la calma, mantente enfocado y confía en el poder de una estrategia de inversión bien pensada. Con un poco de coraje y mucha paciencia, puedes navegar por los altibajos del mercado con confianza y ver cómo crecen tus inversiones con el tiempo.

8. No tengo miedo de estar en la próxima caída del 25%. Tengo miedo de perderme la próxima subida del 100%. He intentado, y me he dado cuenta de que no puedo cronometrar los mercados. Aun así, he reducido a cero el riesgo de perderme la próxima subida del 100%. Se llama estar completamente invertido todo el tiempo. Esto me funciona.

Como inversores, todos conocemos esa sensación de incertidumbre con respecto al mercado de valores. Hay altibajos, subidas y bajadas, y predecir qué sucederá a continuación puede ser difícil. Pero hay una cosa que es segura: si no estás en el mercado, te estás perdiendo las posibles ganancias.

Es natural temer la posibilidad de estar en la próxima caída del 25%. Nadie quiere ver que sus inversiones disminuyan de valor. Pero ¿qué pasaría si te dijera que el miedo a perderte la próxima subida del 100% debería preocuparte aún más? Cronometrar los mercados es casi imposible. Incluso los inversores más experimentados no pueden predecir con precisión cuándo sucederá el próximo gran salto.

Entonces, en lugar de intentar cronometrar el mercado, ¿por qué no mantenerse completamente invertido todo el tiempo? Al estar completamente invertido, eliminas el riesgo de perderte posibles ganancias. Claro, podrías experimentar algunas caídas en el camino, pero el mercado ha demostrado una historia de crecimiento a largo plazo. Y al mantenerte invertido, te aseguras de estar presente cuando llegue esa próxima subida del 100%.

Es fácil dejar que el miedo dicte tus decisiones de inversión, pero estar completamente invertido puede proporcionarte una sensación de seguridad y tranquilidad. Ya no estarás preocupado por perder oportunidades o intentar cronometrar el mercado a la perfección. En su lugar, dejas que tus inversiones trabajen para ti, aumentando tu riqueza con el tiempo.

Entonces, ¿por qué no quitar el miedo a la inversión y mantenerse completamente invertido todo el tiempo? Podría ser la clave para lograr tus objetivos financieros y asegurar tu futuro económico. Recuerda, no se trata de cronometrar los mercados, sino del tiempo que pasas en ellos. Mantente invertido, mantente confiado y observa cómo crece tu riqueza.

9. No creo en el rebalanceo de carteras. Creo en dejar que los mercados determinen eso. Escuchamos y actuamos en función de los mercados mediante la implementación de una estrategia de fortaleza relativa, no basándonos en algún objetivo arbitrario en el tiempo. Sería como decir que vas a cortar el césped cuando está nevando. Tiene poco sentido; el meteorólogo se equivoca, y lo mismo ocurre con el rebalanceo para mí. El rebalanceo, una práctica recomendada por asesores financieros, tiene como objetivo mantener tu cartera alineada con tus metas de inversión y niveles de tolerancia al riesgo. Yo digo que tu nivel de tolerancia al riesgo es tu respuesta emocional al nivel de volatilidad. En un mercado alcista, desearíamos tener más; en un mercado bajista, desearíamos no tener tanto. Entendemos que estos sentimientos son parte del viaje de inversión, y nuestra estrategia considera este aspecto emocional.

Tu tolerancia al riesgo se determina mediante una serie de preguntas para ubicarte en la frontera eficiente. Esa es una fórmula matemática que utiliza datos históricos y las respuestas que proporcionaste para determinar la mezcla de diferentes activos. En el capítulo sobre el riesgo, iluminaré las falacias encontradas en este enfoque, proporcionándote una comprensión más profunda de los defectos en el método tradicional. De hecho, Harry Markowitz recibió el Premio Nobel por su revolucionaria teoría de inversión al desarrollar la Teoría Moderna de Carteras, con la frontera eficiente como piedra angular de su trabajo. Más adelante en su vida, admitió que no sigue su propio trabajo, sino que tiene una asignación del 50% en acciones y 50% en bonos. Aquí tenemos al creador de la fórmula matemática para asignar tus activos, optimizando la mezcla de activos para la tolerancia al riesgo y factores emocionales, que ni él mismo sigue.

Para un pequeño subconjunto de inversores, principalmente institucionales, las implicaciones relacionadas con el riesgo proporcionan una justificación adecuada para el rebalanceo de carteras. Las únicas consideraciones restantes para este grupo tienen que ver con la implementación que minimiza los costos. Rebalancear para mantener pesos constantes constituye una estrategia contraria activa, especialmente cuando se involucran detalles como la frecuencia de rebalanceo, bandas de tolerancia y otros factores relacionados.

Pero, ¿qué significa "rebalancear para pesos constantes"? Es una estrategia que implica vender ganadores y comprar perdedores para mantener una composición de cartera consistente. Ya hemos mostrado la alta probabilidad de que, en un marco temporal particular de 3 a 12 meses, el ganador seguirá ganando mientras que las acciones perdedoras seguirán perdiendo. No quiero limitarme con este tipo de estrategia, y tú tampoco deberías hacerlo.

Ajustar constantemente tu cartera podría llevar a costos innecesarios y dificultar tu capacidad para aprovechar las tendencias del mercado. Comprar y vender acciones constantemente puede generar impuestos sobre las ganancias de capital, reduciendo aún más tus beneficios totales.

10. Creo que, antes de la jubilación, las personas deberían poseer la mayor cantidad de acciones (equities) que emocionalmente puedan soportar. Luego, después de la jubilación, creo que deberían seguir manteniendo la mayor cantidad de acciones que emocionalmente puedan soportar. La "idoneidad" es un gran tema, pero es un tema emocional, no financiero. El atractivo emocional de los bonos en la jubilación es muy fuerte, pero la retirada sistemática de una cartera de acciones tiene más sentido financiero. Olvídate por un momento de la renta vs. el capital, y piensa en términos de rentabilidad total. ¿Preferirías obtener un 4% al año de una cartera con bonos al 4%? ¿O preferirías tomar un 8% de una cartera de acciones (en dividendos y capital, digamos) cuyo rendimiento del índice es superior al 10%? De esta última manera, tus ingresos tienen espacio para crecer, y tu capital tiene mucho margen para aumentar. Mi creencia es que, incluso en la jubilación, los bonos no son una opción viable.

A medida que nos acercamos a la jubilación, suele haber un cambio en la mentalidad hacia inversiones más conservadoras, como los bonos. Los inversores creen que los bonos proporcionan una fuente de ingresos estable mientras preservan el capital. Sin embargo, este enfoque puede no ser el más efectivo para maximizar los rendimientos y garantizar la seguridad financiera en la jubilación.

Defiendo la idea de tener la mayor cantidad de acciones posible, tanto antes como después de la jubilación, según lo que emocionalmente se pueda soportar. Aunque esto pueda parecer una estrategia arriesgada debido a la volatilidad del mercado de valores, el potencial de mayores rendimientos supera los riesgos, especialmente a largo plazo.

Cuando se trata de planificación para la jubilación, las emociones suelen nublar la toma de decisiones racionales. El miedo a perder dinero puede llevar a las personas a optar por inversiones conservadoras como los bonos, incluso si no son la opción más prudente desde el punto de vista financiero. Sin embargo, es importante considerar el impacto de la inflación en el poder adquisitivo de tus ahorros a lo largo del tiempo.

Al mantener una cartera de acciones, te estás posicionando para un mayor crecimiento potencial y mayores rendimientos totales. Históricamente, el mercado de valores ha superado a los bonos en términos de rendimientos a largo plazo. Por lo tanto, al invertir en acciones, te das la oportunidad de hacer crecer tu fondo de ahorros y generar potencialmente mayores ingresos durante la jubilación.

La retirada sistemática de una cartera de acciones tiene más sentido financiero. Si bien los bonos pueden ofrecer una fuente de ingresos constante, es posible que no mantengan el ritmo del aumento del costo de vida. Las acciones tienen el potencial de proporcionar tanto ingresos como crecimiento de capital, lo que permite obtener una renta más sostenible en la jubilación.

Recordando que la jubilación puede abarcar varias décadas, se vuelve crucial evaluar inversiones que ofrezcan crecimiento y estabilidad a largo plazo. Al mantener una cartera de acciones, te estás posicionando para una jubilación más segura financieramente.

Creo que los bonos no son una opción viable en la planificación de la jubilación. Aunque pueden ofrecer una sensación de seguridad, es posible que no sean la forma más efectiva de garantizar la estabilidad financiera a largo plazo. Al mantener la mayor cantidad de acciones posible, tanto antes como después de la jubilación, las personas pueden maximizar su potencial de crecimiento e ingresos, lo que finalmente les llevará a una jubilación más cómoda y segura.

Mi negocio y mi vida deben basarse en mi sistema de creencias y en los principios de inversión que se encuentran en los capítulos 6-9. De ahí viene mi fortaleza, por lo que no puedo ayudar de manera efectiva a las personas que quieren invertir principalmente en valores de deuda (ver números 2 y 9). No puedo ayudar de manera efectiva a las personas que quieren comprar acciones individuales (ver número 6; quiero gestionar carteras de acciones). No puedo ayudar de manera efectiva a las personas que quieren entrar y salir del mercado (ver número 8); es imposible que los individuos lo hagan bien, y pierde el objetivo (ver números 3 y 4).

Esto no es difícil. Tú puedes hacerlo. Sigamos adelante.

Wilf Brockmann

10.   Creando una Mentalidad de Inversor

¿Alguna vez te has preguntado cuáles son las claves del éxito en la vida? ¿Qué camino debemos recorrer? ¿Cómo lo conseguimos? ¿Cuándo llegamos allí? Todos buscamos la fórmula secreta, la píldora dorada, el elixir, esa salsa especial. La buena noticia es que no es un sueño lejano. El éxito es, de hecho, alcanzable y está a nuestro alcance. Simplemente no lo hemos reconocido aún. Sí, muchos sucumbirán al síndrome del objeto brillante o al pensamiento de que "el césped es más verde en el otro lado". Profundizo en estos conceptos más adelante en el libro. Podemos aprender y modelar los atributos del éxito, lo cual nos inspirará a avanzar en nuestro viaje de crecimiento personal y a tomar control de nuestro futuro financiero. Sin embargo, requerirá algo de trabajo que cada uno de nosotros debe hacer. No podemos pagarle a alguien para que lo haga por nosotros. Es una experiencia individual que podemos compartir con otros, pero en última instancia, depende de nosotros tomar las riendas.

En los próximos dos capítulos, entrelazo la mentalidad y las emociones sin dudarlo, por si alguien lleva la cuenta. A veces, la diferencia es sutil, y no quiero entrar en tecnicismos.

Defino la mentalidad del inversor como el diálogo interno y la relación que tenemos entre nosotros mismos y nuestro entorno externo. Sí, hablo conmigo mismo, y tú también deberías hacerlo. También hay un diálogo entre los dos "yoes": mi verdadero yo, y mi ego, que piensa que es yo. Estos dos están constantemente en batalla o conflicto por el control. Necesitamos que estén equilibrados para poder presentarnos como un frente unido ante nuestro entorno externo. Comprender esta mentalidad es crucial, ya que nos permite navegar las complejidades de nuestras experiencias en el trading.

Profundizaré más sobre el ego en el próximo capítulo, donde discutiremos las emociones y su impacto en nuestras vidas y experiencias de trading.

Nuestro objetivo y propósito es comprendernos a nosotros mismos, si es posible, y volvernos más conscientes para relacionarnos mejor con nuestro entorno y adaptarnos cuando sea necesario. ¿Empezamos, te parece? Ah, por cierto, sonríe.

Cuando piensas en tus errores más recurrentes y costosos en el trading, probablemente estén relacionados con errores comunes, como perseguir precios, cortar ganancias demasiado rápido, aferrarse a perdedores, forzar operaciones mediocres y sobreoperar. Quizás hayas intentado corregir estos errores mejorando tus habilidades técnicas, y aun así persisten. Eso es porque la fuente real de estos errores no es técnica, en realidad provienen de la codicia, el miedo, la ira o problemas de confianza y falta de disciplina. Si eres como la mayoría de los inversores, probablemente pasas por alto o malinterpretas los obstáculos mentales y emocionales. O peor aún, podrías pensar que sabes cómo manejarlos, pero en realidad no lo haces y pierdes el control en el peor momento posible.

El Poder de la Atención Plena en la Inversión

Es fácil dejarse llevar por el caos de los mercados. Sin embargo, al incorporar la atención plena, los inversores pueden aprovechar el poder del momento presente para tomar decisiones más informadas y estratégicas. La atención plena no es solo un concepto filosófico; es una herramienta práctica para entender nuestros pensamientos y emociones, y para estar plenamente presentes en cada momento sin juicios ni apego a los resultados. Exploraremos este enfoque práctico en el próximo capítulo, ya que es un punto de partida crucial para la toma de decisiones.

Al incorporar la atención plena en nuestro programa de inversión, podemos cultivar una sensación de calma y claridad que nos ayudará a navegar los altibajos del mercado con gracia y resiliencia. En lugar de reaccionar impulsivamente ante las fluctuaciones del mercado, la atención plena nos permite hacer una pausa, respirar y evaluar la situación antes de tomar una decisión. Este enfoque sereno puede llevar a elecciones de inversión más reflexivas y deliberadas, lo que, en última instancia, conducirá a un mayor éxito a largo plazo. Es una estrategia que te tranquilizará y aumentará tu confianza en tus decisiones.

¿Qué es ese sonido? ¿Lo escuchas? No, en serio, ¿qué es ese sonido? A menos que sea una alarma de incendio, alguien llorando o un peligro, lo ignoramos. Necesitamos hacer lo mismo en nuestro entorno de inversión. Ignorarlo a menos que sea específico para mí, mi cartera o mi estrategia. ¡XYZ ha subido un 10 por ciento hoy! ¿Lo poseo? No. ¿Iba a comprarlo? No. Entonces, ¿por qué alterarse? Sí, mi ego me dirá: "Deberíamos haberlo comprado, lo estaba pensando". Simplemente dile a tu ego que se relaje y en su lugar dile: "Vaya, alguien va a estar feliz de tenerlo".

Practicar la atención plena puede ayudarnos a desarrollar una mayor conciencia de nosotros mismos y una inteligencia emocional superior. Al sintonizar con nuestros pensamientos y sentimientos a medida que surgen, podemos obtener valiosas ideas sobre nuestros sesgos y desencadenantes que pueden afectar nuestras decisiones de inversión. Esta mayor autoconciencia puede ayudarnos a evitar realizar operaciones impulsivas o impulsadas por emociones, lo que conducirá a resultados más consistentes y rentables a largo plazo. Escribir estos pensamientos y revisarlos más tarde ayuda en este proceso.

Un elemento crucial en este proceso es desarrollar la autoconciencia. Como sabiamente dijo Sun Tzu: "Conoce al enemigo y conócete a ti mismo". La conciencia de nuestro entorno y de nuestra situación no es solo una clave; es un superpoder. Muchos de nosotros nos encontraremos por casualidad en una situación. En el próximo capítulo, profundizaremos en la importancia de este factor en nuestro proceso de toma de decisiones.

Una ventaja clave de la atención plena es la capacidad de sintonizar con nuestra intuición y nuestros instintos. Al silenciar el ruido de las distracciones externas y centrarnos en el momento presente, podemos aprovechar nuestra sabiduría interior y tomar decisiones que resuenen con nuestros valores y objetivos. Este enfoque intuitivo puede ayudarnos a evitar decisiones impulsivas y basadas en el miedo, y generar confianza en nuestro juicio y experiencia. ¿Se activó mi intuición cuando vi la señal de venta en GTAT?

Nuestra capacidad de ser conscientes y estar presentes mejora nuestra estrategia de inversión. Al cultivar una mentalidad calmada y enfocada, podemos tomar decisiones más informadas, aprovechar nuestra intuición y navegar las fluctuaciones del mercado con gracia y resiliencia. Podemos mejorar nuestro éxito financiero y cultivar una sensación de paz interior y bienestar que nos servirá en todas las áreas de nuestra vida.

Si no somos conscientes de nosotros mismos, terminaremos tapando agujeros en el barco en lugar de trazar el rumbo hacia adelante. Cuando uno se vuelve consciente de sí mismo, el efecto residual es estar en el presente. No me preocupo por el pasado ni me angustio por el futuro; estoy totalmente presente en el aquí y ahora. Al menos, ese es nuestro objetivo.

Cultivar la Paciencia y la Disciplina en el Comercio

Estos son el trampolín hacia la libertad. Cultivar la paciencia y la disciplina es, sin duda, una clave en nuestra búsqueda del éxito.

Como inversores, es fácil dejarse llevar por la emoción del mercado y tomar decisiones impulsivas. Sin embargo, al practicar la atención plena y mantenernos anclados en el momento presente, podemos desarrollar la paciencia y la disciplina necesarias para tomar decisiones de inversión sabias. Perseguir XYZ cuando no forma parte de nuestro plan no vale la pena.

La mentalidad que necesitamos es una que esté firmemente arraigada en el presente. Sí, puede ser un desafío. Muchas distracciones pueden y van a alejarnos de nuestros objetivos y metas de inversión. Sin embargo, para mantener nuestro enfoque en tareas que pueden parecer mundanas, necesitamos disciplina: disciplina para mantenernos en el camino y adherirnos al plan. Esto puede requerir una energía mental significativa, pero es la fuerza impulsora que nos lleva hacia el éxito. En un mercado en constante cambio, puede ser tentador perseguir ganancias rápidas o entrar en pánico cuando las cosas no salen como queremos. Sin embargo, practicar la atención plena nos enseña a aceptar la incertidumbre y confiar en el proceso y en nuestras reglas, en lugar de sucumbir al miedo o la avaricia. Esta paciencia y disciplina nos servirán bien mientras navegamos por las corrientes del mercado con gracia y resiliencia.

¿Cuáles son los beneficios de hacer esto? Podemos experimentar mayor paz, claridad y confianza en nuestro proceso de toma de decisiones. Al mantenernos presentes, conscientes de nosotros mismos y disciplinados, podemos crear una relación más armoniosa y exitosa con el mercado de valores, lo que nos permitirá alcanzar nuestras metas financieras mientras también nutrimos nuestro propio bienestar. Así que tómate un momento para pausar, respirar, sonreír y reflexionar sobre cómo la atención plena puede transformar tu enfoque hacia la inversión, y observa cómo tu cartera prospera a la luz de tu nueva sabiduría y serenidad. Esto no significa que te duermas en un estado de dicha, sino que estés consciente de lo que ocurre a tu alrededor.

La paciencia es esencial en el comercio porque el mercado puede ser impredecible y volátil. Es importante recordar que invertir es un juego a largo plazo, y el éxito no ocurre de la noche a la mañana. Sería agradable si fuera así, pero no lo es. Al mantenernos pacientes y no dejarnos llevar por los altibajos del mercado, podemos tomar decisiones más racionales que nos beneficiarán a largo plazo. La paciencia no significa no hacer nada. Es un estado de observación y estudio. Muchos comerciantes sienten que deben estar activos. Puedes estar activo en tu investigación y observación. Actuar por el simple hecho de actuar no es un camino correcto y adecuado a seguir.

Al combinar la paciencia y la disciplina requerida en nuestras prácticas, lograremos un sentido de equilibrio y armonía en nuestra estrategia de inversión y también en nuestras vidas. Esto nos permite acercarnos al mercado con una mente racional y tomar decisiones basadas en la lógica y la razón, en lugar de en la emoción. Entonces, navegaremos por las pruebas del mercado con gracia y aplomo, en lugar de avanzar con movimientos bruscos.

Superando las Reacciones Emocionales ante la Volatilidad del Mercado

La volatilidad del mercado es el evento más común que puede y desencadenará fuertes reacciones emocionales incluso en los inversores más experimentados. Cuando el mercado baja, es fácil dejar que el miedo y el pánico dicten nuestras decisiones, lo que lleva a acciones impulsivas que pueden perjudicar nuestra cartera a largo plazo. En contraste, cuando el mercado está en alza, podemos sentirnos eufóricos y con el impulso de agregar más capital. Necesitamos la disciplina para superar estas reacciones emocionales y tomar decisiones que se alineen con nuestros objetivos a largo plazo.

Además de mejorar nuestras habilidades para tomar decisiones, la atención plena también puede mejorar el bienestar mental general y la resiliencia emocional frente a la volatilidad del mercado. Al practicar técnicas como la meditación, la respiración profunda y la visualización, los inversores pueden cultivar un sentido de paz interior y equilibrio que les ayudará a soportar las inevitables tormentas del mercado bursátil. Este sentido de fortaleza y estabilidad interna puede proporcionar una base sólida para tomar decisiones de inversión acertadas, incluso en tiempos desafiantes.

Cuando enfrento la volatilidad del mercado, trato de dar un paso atrás y reconocer las emociones que están surgiendo dentro de mí. ¿Estoy sintiendo ansiedad, miedo o emoción? Al reconocer estas emociones sin reaccionar a ellas, podemos comprender mejor nuestra mentalidad y cómo puede influir en nuestras decisiones de inversión.

Invertir es un deporte solitario. No estamos compitiendo contra otros, sino contra nosotros mismos. Te darás cuenta de que la autosatisfacción es mucho más rentable y gratificante que la jactancia. Deja la jactancia para el campo de golf. Repetiré muchas veces a lo largo de nuestro viaje sobre las emociones del miedo y la avaricia.

Practicar la gratitud es otra técnica de atención plena que puede ayudarnos a superar las reacciones emocionales. Cuando el mercado está turbulento, es fácil enfocarse en lo que puedes perder en lugar de lo que aún tienes. Tómate un momento para reflexionar sobre todos los aspectos positivos de tus inversiones y las oportunidades que la volatilidad del mercado puede presentar. Al cultivar un sentido de gratitud, podemos cambiar nuestra perspectiva de la escasez a la abundancia, lo que nos empodera para tomar decisiones más racionales y estratégicas. Un toque de humildad también es útil para superar la situación. La autocompasión enfoca nuestra atención en nosotros mismos y no en donde debería estar. Enfócate en lo que está allá afuera, no en ti mismo. Observa lo que está sucediendo a tu alrededor. Se necesita coraje para quitar el foco de atención de uno mismo.

Esto también puede ayudarnos a desarrollar resiliencia ante la volatilidad del mercado. Al cultivar una mentalidad de aceptación y desapego de los resultados, podemos sobrellevar las dificultades del mercado con mayor facilidad. Recuerda que las fluctuaciones del mercado son una parte natural de invertir y operar, y al mantenernos anclados en el momento presente, podemos mantener una sensación de calma y claridad que nos guiará en tiempos turbulentos. Sí, sonreír también ayuda.

Al aplicar estas técnicas a nuestro programa de inversión y sistemas, podemos cultivar un sentido de paz interior y confianza que nos servirá bien para navegar por la naturaleza impredecible del mercado de valores. Al reconocer nuestras emociones, practicar la gratitud, ser humildes y desarrollar resiliencia, podemos y superaremos las reacciones emocionales ante la volatilidad del mercado y tomaremos decisiones de inversión más conscientes que se alineen con nuestros objetivos a largo plazo. Confía, mantente presente en el momento y recuerda que con la atención plena, tienes el poder de lograr el Zen del mercado bursátil. "Ya, ya", te escucho decir, "ya lo tengo". Ah, solo asegúrate de que realmente lo tengas.

Establecer Metas Claras y Escritas para Nuestras Inversiones

Tener metas claras y escritas es esencial para el éxito en todos los aspectos de la vida, ya sea en tu vida personal, carrera, estudios o, lo más importante, en tu vida financiera. Las metas definidas pueden proporcionar un plan para alcanzar nuestros sueños. Tener metas escritas nos permite priorizar nuestros esfuerzos y energías en lo que realmente importa. Cuando te tomas el tiempo para escribir tus metas, te estás comprometiendo a trabajar para lograrlas. Esto crea un entorno donde se requiere responsabilidad de nuestra parte. Este compromiso te ayuda a mantenerte motivado y determinado, incluso cuando enfrentas obstáculos o contratiempos. Establecer una meta de ganar dinero es demasiado abierto. ¿Cómo sabrás cuándo lo has logrado? Una vez que alcances un hito, recuerda celebrarlo y luego sigue con el siguiente objetivo.

Crea una línea de tiempo para alcanzar tus metas dividiéndolas en tareas más pequeñas y manejables. Esto no solo te ayuda a mantenerte en el camino, sino que también te permite celebrar tus logros a lo largo del camino. Ver el progreso tangible hacia tus metas puede aumentar tu confianza y motivación, impulsándote a seguir trabajando hacia tus objetivos finales. Ten grandes metas y luego varias más pequeñas. No tienen que estar relacionadas, incluso algo tan simple como: "No miraré mi teléfono durante 30 minutos". Si no lo logras, bájalo a 20 minutos. Lograr pequeñas metas nos da la confianza de que también podemos alcanzar las más grandes.

Establecer metas claras de inversión nos permite mantenernos enfocados y alineados con nuestros valores, lo que finalmente lleva a resultados más exitosos a largo plazo. Al establecer nuestras metas de inversión, es esencial tomarse el tiempo para reflexionar sobre lo que realmente importa. ¿Cuáles son nuestras aspiraciones financieras? ¿Cuáles son nuestros valores y creencias sobre el dinero y las inversiones? Al responder estas preguntas con honestidad, puedes crear metas que sean alcanzables y significativas para ti a un nivel más profundo. Este enfoque consciente nos guiará hacia la toma de decisiones de inversión que estén alineadas con nuestros valores y creencias.

También es importante establecer intenciones para nuestras inversiones. ¿Para qué se utilizarán estos fondos? Tener metas e intenciones para nuestras inversiones nos ayudará a mantener la disciplina y evitar tomar decisiones impulsivas basadas en emociones o tendencias de mercado a corto plazo. Al mantenerte fiel a tus metas e intenciones, puedes mantener una perspectiva a largo plazo y tomar decisiones informadas que estén en línea con tu estrategia de inversión general.

Sin metas claras, es fácil perder de vista lo que estás tratando de lograr y distraerte con otras tareas menos importantes. Las metas escritas ayudan a proporcionar dirección y claridad en tu proceso de toma de decisiones. Cuando tienes una visión clara de lo que quieres lograr, es más fácil tomar decisiones que estén alineadas con tus objetivos. Esto puede ayudarte a evitar malgastar tiempo y energía en actividades que no te acercan a tu resultado deseado, manteniéndote enfocado y atento.

Establecer metas claras y escritas puede mejorar tus habilidades de gestión del tiempo. Cuando comprendes claramente lo que quieres lograr, puedes priorizar tus tareas y asignar tu tiempo de manera efectiva. Esto te puede ayudar a evitar la procrastinación y mantenerte organizado, lo que lleva a una mayor productividad y eficiencia.

Tener estas metas escritas es esencial para el éxito en todas las áreas de la vida; proporcionan un sentido de propósito y dirección, te ayudan a tomar decisiones informadas, te permiten realizar un seguimiento de tu progreso y mejoran tus habilidades de gestión del tiempo. Al definir tus metas y escribirlas, te estás preparando para el éxito y aumentando tus posibilidades de alcanzar tus sueños. Entonces, ¿qué esperas? ¡Toma un bolígrafo y papel y comienza a establecer metas claras y escritas hoy! Recuerda, la atención plena y la intencionalidad son ingredientes clave para alcanzar el Zen del mercado de valores.

Mantener el Compromiso con tus Metas de Inversión con Persistencia Consciente

Ahora que tienes tus metas escritas, mantener el compromiso es crucial. Una forma de mantenernos comprometidos con nuestras metas de inversión es revisar y reevaluar nuestro portafolio regularmente. Tómate el tiempo para reflexionar, evaluar tu rendimiento y hacer los ajustes necesarios para mantenerte en el camino. Al mantenerte proactivo y comprometido, puedes asegurarte de que siempre estás avanzando hacia tus metas financieras.

Otro aspecto clave de la persistencia es mantener una actitud positiva y un sentido de optimismo, incluso frente a desafíos o contratiempos. No se trata de estar siempre excesivamente feliz, ya que esa no es la realidad. Simplemente, evita ser pesimista todo el tiempo, ya que eso distrae tanto a ti como a quienes te rodean. Al mantenernos enfocados en nuestras metas y con una mentalidad positiva, podemos resistir las tormentas y seguir avanzando hacia el éxito financiero.

Establecer metas de desarrollo personal es imprescindible, y no me refiero a fijarlas y olvidarlas. Como inversionistas, es importante esforzarse constantemente por la superación personal para tener éxito en este campo competitivo. Establecer metas específicas y medibles te permite hacer un seguimiento de tu progreso y mantenerte motivado para superarte. Recuerda, el desarrollo personal es un viaje, no un destino, así que abraza el proceso y disfruta del crecimiento que conlleva.

Un aspecto clave para establecer metas de desarrollo personal es enfocarse en mejorar tu psicología y mentalidad de trading. Esto incluye trabajar en la gestión de tus emociones, desarrollar disciplina y cultivar una actitud positiva hacia tus actividades de trading. Al establecer metas como practicar la atención plena, escribir en un diario tus pensamientos y emociones, y buscar retroalimentación de mentores o compañeros, puedes mejorar tu fortaleza mental y resiliencia frente a las fluctuaciones del mercado y los desafíos.

Otro factor importante a considerar al establecer metas de desarrollo personal es alinearlas con tu visión a largo plazo y tus valores como inversionista. Tómate el tiempo para reflexionar sobre lo que realmente te importa en tu trayectoria de inversión y establece metas que estén en línea con tus creencias y aspiraciones fundamentales. Esto te ayudará a mantenerte motivado y enfocado en tu camino hacia el éxito, incluso cuando enfrentes contratiempos u obstáculos en el camino.

Al embarcarte en tu viaje de desarrollo personal, recuerda celebrar tus éxitos y aprender de tus fracasos. Incluso si solo logras alejarte de tu teléfono durante 30 minutos, cada experiencia, ya sea positiva o negativa, es una oportunidad para el crecimiento y el aprendizaje. Al mantenerte abierto a nuevas posibilidades y estar dispuesto a adaptarte y evolucionar, podrás seguir progresando y prosperando en el dinámico mundo del trading y la inversión.

Ejercicios de Respiración Consciente para Reducir el Estrés

Enfocarnos en nuestra respiración nos permite anclarnos en el momento presente y cultivar una sensación de calma en medio del caos. Es tan fácil dejarse afectar por cosas menores. Para comenzar un ejercicio de respiración consciente, busca un lugar tranquilo donde puedas sentarte cómodamente y cierra los ojos. Toma unas cuantas respiraciones profundas para relajarte y enfoca tu atención en la sensación del aire entrando y saliendo por tus fosas nasales. Observa el subir y bajar de tu pecho con cada inhalación y exhalación. Cuando surjan pensamientos o distracciones, simplemente reconócelos y dirige suavemente tu atención de vuelta a tu respiración.

A medida que continúes practicando la respiración consciente, podrías notar una sensación de relajación que te invade. Al sintonizarte con tu respiración, puedes silenciar el ruido de tu mente y crear una sensación de paz interior. Esto puede ser especialmente beneficioso en momentos de volatilidad en el mercado, cuando las emociones pueden estar a flor de piel y nublar tu juicio. Al tomarte unos momentos para enfocarte en tu respiración, puedes recuperar la claridad y tomar decisiones más informadas.

Los ejercicios de respiración consciente también pueden ayudarte a cultivar resiliencia frente a la incertidumbre. Al aprender a mantenerte presente con tu respiración, puedes entrenar tu mente para mantenerse tranquila y centrada, incluso cuando el mercado esté en agitación. Esta sensación de fortaleza interior beneficiará no solo a tu estrategia de inversión, sino también a tu bienestar general. Recuerda, el mercado siempre tendrá sus altibajos, pero al practicar la atención plena, puedes atravesar la tormenta con gracia y confianza.

Incorporar ejercicios de respiración consciente en tu rutina diaria es una forma poderosa de reducir el estrés, mejorar la concentración y promover el bienestar emocional. Tómate unos momentos cada día para conectarte con tu respiración y cultivar una sensación de atención plena. Al hacerlo, podrás abordar tus inversiones con claridad, confianza y una sensación de paz interior. Abraza el poder de la respiración consciente y observa cómo tu estrategia de inversión se transforma en una práctica de calma y resiliencia similar al Zen.

Observación Consciente de Tendencias y Patrones del Mercado

La observación consciente implica prestar atención al momento presente sin juicio, lo que te permite tomar decisiones más informadas basadas en datos en tiempo real en lugar de reacciones emocionales. Por ejemplo, cuando hablé sobre leer el tape, si abrimos nuestras mentes y nuestros ojos, nos volvemos más conscientes de los cambios sutiles en la estructura de los mercados. Los traders pueden identificar actividades inusuales y detectar el comienzo de patrones.

Al permanecer en el presente y conscientes de lo que sucede a nuestro alrededor, podemos anticipar mejor los cambios y hacer movimientos estratégicos para maximizar nuestros rendimientos; nos sintonizamos con fluctuaciones y señales sutiles. Este nivel de atención plena nos permite ver más allá del ruido y las distracciones del mercado, brindándonos una comprensión más profunda de las dinámicas subyacentes en juego. Al abordar el análisis del mercado con una mentalidad tranquila y enfocada, podemos conectar los puntos entre datos aparentemente no relacionados y descubrir información valiosa. Al mantener una mayor conciencia, podemos obtener una ventaja competitiva en el mercado y detectar oportunidades antes de que sean reconocidas. Un problema del que hay que tener cuidado es no ver patrones que no existen. Es muy fácil caer en esta trampa, y gran parte de esto es impulsado por el ego. Simplemente, dile que tome un asiento trasero y disfrute del viaje; si necesitas su ayuda, se le llamará.

La conciencia de los patrones a medida que se desarrollan es diferente de ver patrones que no existen. Lee más cuando hable sobre ratas superando a los humanos, y entenderás de qué hablo. Tener un plan de trading basado en reglas, como el que tenemos con Beyond ETFs, simplificará gran parte de esto.

Podemos mejorar nuestra toma de decisiones confiando en nuestros instintos y manteniéndonos anclados en el momento presente. Incorporar la atención plena en nuestra estrategia de inversión no se trata solo de ganar dinero, sino de cultivar un sentido más profundo de conciencia y conexión con nuestro entorno. Al observar atentamente las tendencias y patrones del mercado, podemos acceder a una fuente de sabiduría más allá de meros números y estadísticas. Así que respira, centrate y aborda tus inversiones con una mente clara y enfocada. Las recompensas no solo serán financieras, sino también espirituales y emocionales a medida que aprendas a navegar en el mercado con calma y presencia.

Incorporación de la Meditación Consciente en Tu Rutina Diaria

Incorporar la meditación en tu rutina diaria es poderoso. Puedes desarrollar un mayor sentido de claridad, enfoque y resiliencia emocional al calmar tu mente y centrarte en el momento presente. La meditación consciente puede ayudarte a mantenerte tranquilo y centrado frente a las fluctuaciones del mercado, permitiéndote tomar decisiones más racionales e informadas. En mi práctica, realizo meditación cristiana durante 20 minutos por la mañana y 20 minutos por la tarde. No importa qué tipo de meditación pruebes, pero esto funciona para mí. Nos esforzamos por crear un ambiente en el que estemos en armonía con nuestro centro.

La esencia de la meditación es dejar de lado el ego. No estamos viendo lo que sucede con el ego. Su egocentrismo limita la auto-percepción. El ojo con el que vemos sin límites es el ojo que no se ve a sí mismo. La paradoja de la meditación es que cuando dejamos de intentar ver y tener, vemos todo, y todo es nuestro. Para hacer esto, aprendemos a estar quietos, en silencio y verdaderamente humildes. Requiere disciplina y paciencia.

Comienza reservando unos minutos cada día. Encuentra un espacio tranquilo donde puedas sentarte cómodamente con la espalda erguida y concentrarte en tu respiración. Cierra los ojos, respira profundamente y lleva tu atención a las sensaciones de tu respiración moviéndose dentro y fuera de tu cuerpo. Escoge una palabra como tu mantra y repítela lentamente. A medida que practiques este simple ejercicio, comenzarás a cultivar una sensación de paz interior y quietud que puede influir en tus decisiones de inversión. Aumenta el tiempo que dediques a este esfuerzo hasta 20 minutos en cada sesión. Practica dos veces al día: por la mañana y por la tarde.

El propósito de decir el mantra es que se convierta en el enfoque de tu atención. No estamos pensando en nada ni persiguiendo ninguna percepción que pueda surgir mientras decimos el mantra. Deja que todos tus pensamientos caigan mientras llegas a un silencio cada vez más profundo en el que el único sonido en tu mente es el mantra. El mantra mismo te enseñará la paciencia necesaria para decirlo. También te enseñará la humildad que necesitas. Al meditar, no buscamos poseer a Dios ni llegar a una comprensión profunda de Dios. Simplemente buscamos aceptar el regalo de nuestra creación tan plenamente como podamos en este momento y responder a él con la mayor generosidad posible.

Es posible que descubras que puedes manejar mejor el estrés y la ansiedad que a veces pueden acompañar al mercado y a la vida misma. Al desarrollar un sentido de atención plena, puedes aprender a observar tus pensamientos y emociones sin abrumarte por ellos. Esto puede brindarte la claridad y perspectiva que necesitas para tomar decisiones de inversión sólidas basadas en la lógica y la razón en lugar de en el miedo o la impulsividad.

Además de mejorar tu bienestar emocional, la meditación consciente también puede mejorar tu función cognitiva general. Al entrenar tu mente para enfocarse en el momento presente, puedes agudizar tu capacidad para analizar datos, identificar tendencias y tomar decisiones estratégicas para tu portafolio de inversiones. Con una mente clara y enfocada, puedes abordar el mercado con un sentido de confianza y competencia que te servirá bien en tus actividades de trading.

A medida que continúes practicando la meditación consciente, encontrarás que tu estrategia de inversión se vuelve más sólida, racional y efectiva, lo que lleva a una mayor prosperidad y satisfacción en tu trayectoria financiera.

Usando la Atención Plena para Evitar Decisiones de Trading Impulsivas

Es fácil dejarse llevar por la emoción y tomar decisiones de trading impulsivas, créeme. A veces, funcionan, pero la mayoría de las veces no. Podemos evitar caer víctima de estas tendencias impulsivas. Tu sentido de autoconciencia necesita ser nutrido y desarrollado, permitiéndote prestar atención a tus pensamientos y emociones. Con esto, puedes identificar patrones o desencadenantes que pueden llevar a decisiones de trading impulsivas. Una vez que seas consciente de estas tendencias, puedes tomar medidas para abordarlas y hacer elecciones más deliberadas para tus inversiones. Mantente presente en el momento y enfócate en tus objetivos a largo plazo.

Incorporar esto puede tomar tiempo y práctica, pero los beneficios pueden ser profundos. Al permanecer presente, autoconciente, paciente y disciplinado, puedes evitar decisiones de trading impulsivas y hacer elecciones más informadas, lo que, en última instancia, llevará a un mayor éxito en el mercado de valores. Así que tómate un momento para respirar, centrarte y abordar tus inversiones con una mente clara y enfocada. Tu portafolio te lo agradecerá.

Encontrando Paz y Tranquilidad en Tu Trayectoria de Inversión

Como inversor, es crucial encontrar momentos de paz y tranquilidad en medio de las constantes fluctuaciones e incertidumbres. Uno de los primeros pasos para encontrar paz y tranquilidad es practicar la meditación consciente. Tomar solo unos minutos cada día para calmar tu mente y concentrarte en el momento presente puede ayudarte a desarrollar un mayor sentido de conciencia y concentración. Al anclarte en el aquí y ahora, puedes navegar mejor por las pruebas del mercado de valores con ecuanimidad y compostura.

Otro aspecto clave es dejar ir el apego a los resultados. Si bien tener metas y aspiraciones para nuestras inversiones es natural, obsesionarse demasiado con resultados específicos puede conducir a un estrés y ansiedad innecesarios. Al practicar el desapego y aceptar los resultados que puedan surgir, podemos abordar nuestras decisiones de inversión con una sensación de apertura y flexibilidad, lo que permite una mayor adaptabilidad ante la incertidumbre. Esto no significa que debas permitir que los fracasos continuos para alcanzar tus objetivos pasen desapercibidos. Debes revisar y corregir. Un avión que vuela de Nueva York a Los Ángeles puede estar en piloto automático la mayor parte del trayecto, pero continúa ajustando su aproximación para mantenerse en curso. Se adapta a los cambios a medida que ocurren. Nosotros también necesitamos hacerlo.

Una vez más, incorporar técnicas de atención plena, como la respiración profunda, el escaneo corporal y la visualización, también puede ayudarte a mantenerte centrado y equilibrado durante tiempos turbulentos. Sintonizar con tu cuerpo y respiración puede liberar tensión y ansiedad, permitiendo una mayor sensación de relajación y paz. Visualizar resultados exitosos y afirmaciones positivas también puede ayudar a aumentar tu confianza y resiliencia ante los desafíos. Necesitamos cultivar un sentido de equilibrio y armonía entre nuestra mente, cuerpo, espíritu y el mundo externo.

Abrazando la Incertidumbre del Mercado de Valores con Conciencia Plena

La incertidumbre es nuestra compañera constante hoy en día. Los precios pueden cambiar, las noticias pueden romper en cualquier momento, y las emociones pueden desbordarse. Es fácil dejarse llevar por el caos y permitir que el miedo o la codicia guíen nuestras decisiones. Sin embargo, podemos navegar estas aguas turbulentas con gracia y aplomo al abrazar la incertidumbre. Sabemos que está presente. Dale espacio, y no te sorprendas cuando se desarrolle. Me preocupa más cuando las cosas están tranquilas y estables. Me relajo demasiado y termino levantando los pies y luego dormitando.

La atención plena es la práctica de encarnar la presencia y conciencia completas del momento sin juicio. No es solo un concepto filosófico, sino una herramienta práctica que puede ayudarte a mantenerte centrado y enfocado, incluso cuando el mercado está en tumulto. Esto puede ayudarnos a tomar decisiones más racionales e informadas en lugar de reaccionar apresuradamente a las fluctuaciones del mercado, haciéndote sentir más preparado y equipado.

Abrazar la incertidumbre significa dejar ir la necesidad de certeza. Sería agradable tener certeza, pero no es necesario. Esto es, de hecho, difícil de hacer. El mercado es inherentemente impredecible, y intentar controlar o predecir sus movimientos es un esfuerzo fútil. En cambio, podemos cultivar una sensación de paz y calma ante la volatilidad al aceptar la incertidumbre y la impermanencia del mercado, lo que te hará sentir más en paz con la imprevisibilidad del mercado.

Practicar la atención plena también puede ayudarnos a comprender mejor nuestras motivaciones y sesgos. Al observar nuestros pensamientos y emociones sin juicio, podemos ser más conscientes de cómo el miedo, la codicia u otras emociones pueden influir en nuestras decisiones. Esta autoconciencia puede ayudarte a tomar decisiones más objetivas y racionales, lo que llevará a resultados de inversión más exitosos.

Abrazando un Zen en el Mercado de Valores en Tu Inversión

Abrazar un Zen en el mercado de valores en nuestro viaje de inversión significa cultivar una mentalidad de atención plena y paz en nuestras prácticas de trading. Al reflexionar sobre nuestras prácticas de inversión, podemos comprender mejor nuestras motivaciones y reacciones ante las fluctuaciones del mercado. Esta autoconciencia puede ayudarnos a tomar decisiones más informadas y a mantenernos centrados durante tiempos de volatilidad. Es esencial reconocer que el mercado de valores está en constante cambio y requiere una presencia mental constante. Al abrazar la paz y el cumplimiento del Zen en el mercado de valores, podemos experimentar una sensación de armonía y equilibrio en nuestra estrategia de inversión.

Mantenerse calmado y enfocado es difícil, pero necesario. Al dar un paso atrás y observar nuestros pensamientos y sentimientos durante el trading, podemos cultivar claridad y objetividad en nuestro proceso de toma de decisiones.

Abrazar la paz y el cumplimiento implica encontrar un sentido de contento y satisfacción en nuestro viaje de inversión. Al dejar ir el apego a los resultados y centrarnos en el momento presente, podemos experimentar una conexión más profunda con nuestras prácticas de trading. Cuando nos acercamos al mercado con una sensación de paz y cumplimiento, podemos tomar decisiones que se alineen con nuestros valores y objetivos a largo plazo. En última instancia, el Zen en el mercado de valores no se trata solo de hacer dinero, sino de encontrar alegría y propósito en el proceso de invertir.

"No necesitas ser un científico espacial. Invertir no es un juego donde el tipo con un coeficiente intelectual de 160 vence al tipo con un coeficiente intelectual de 130. La racionalidad es esencial." — Warren Buffett

11. Guerra Emociones, ¿para qué sirve? Absolutamente nada, escúchame.

Así como la canción anti-Vietnam de Edwin Star de la década de 1970, 'War', sigue siendo una conmovedora canción de protesta contra la destrucción y devastación de la guerra, las emociones pueden ser igualmente destructivas en el mundo del comercio financiero. Al igual que la guerra, el comercio emocional puede conducir a pérdidas financieras significativas. Es crucial ser consciente de estos riesgos adicionales y tomar medidas para gestionarlos. Las emociones se ocupan de las luchas internas que enfrentamos y con las que tenemos que lidiar.

Las emociones juegan un papel crucial en el mundo del comercio. Como comerciantes, es esencial entender la importancia de las emociones en la toma de decisiones rentables. Emociones como el miedo, la codicia y la excitación pueden nublar nuestro juicio y llevarnos a acciones impulsivas que pueden no ser en nuestro mejor interés. Sin embargo, cuando se manejan correctamente, las emociones también pueden ser herramientas poderosas que nos guían hacia operaciones exitosas.

Una razón clave por la que las emociones son importantes en el comercio es que proporcionan valiosas ideas sobre el sentimiento del mercado. Al ser conscientes de nuestras propias emociones y de cómo las condiciones del mercado las influyen, podemos entender mejor las emociones colectivas de otros comerciantes. Esta conciencia puede ayudarnos a anticipar movimientos del mercado y tomar decisiones más informadas. Las emociones pueden actuar como una brújula, guiándonos hacia oportunidades que podríamos haber pasado por alto.

Los problemas emocionales fueron y siguen siendo un obstáculo significativo en mi trayectoria como comerciante. Sin embargo, estoy aprendiendo a gestionarlos mejor. Cuando revisé mi diario de comercio, las reacciones emocionales fueron una causa importante del fracaso en las operaciones. Para mí, una operación perdedora no es un fracaso si se alinea con el plan de comercio. Una buena operación es aquella en la que sigo las reglas. Esta experiencia personal subraya la importancia de gestionar las emociones mientras se comercia. ¿Cómo puede una operación perdedora no ser un fracaso? Sencillo, si el plan de comercio prevé su eliminación del portafolio. El portafolio que gestiono para el modelo Beyond ETFs Pro ha acumulado 493 operaciones en total desde el 2 de enero de 2007 hasta el 30 de junio de 2024. De esas operaciones, 245 fueron ganadoras, 248 fueron perdedoras. Generó un retorno del 20.21% por año durante ese período. El S&P 100 solo generó un retorno del 8.25%. Para obtener más información sobre este programa y cómo participar, visita https://beyondetfspro.com.

La principal razón por la que no sigo mi plan de comercio y, muy probablemente, no sigues el tuyo, son las emociones. La pereza ocupa un cercano segundo lugar. Mantener una mentalidad clara y racional es importante. Cuando permitimos que las emociones tomen el control, es más probable que tomemos decisiones impulsivas basadas en el miedo, la codicia o el pánico. Estas emociones pueden llevar a elecciones comerciales irracionales que resultan en pérdidas significativas. Sin embargo, al mantener las emociones bajo control y seguir un plan de comercio bien pensado, podemos evitar tomar decisiones imprudentes que pueden y perjudicarán nuestras cuentas de comercio. Esta es la razón por la que te animo a que examines la premisa detrás del Método Brockmann, incorporado en la aplicación Beyond ETFs Pro. Discutiremos más sobre cómo funciona y cómo puedes beneficiarte al implementar esta estrategia, lo que potencialmente llevará a un éxito financiero significativo que puede transformar tu experiencia comercial y darte un nuevo nivel de confianza en tus habilidades.

Las emociones también pueden servir como una fuente de motivación y impulso. Cuando estamos apasionados por lo que hacemos y realmente comprometidos con el proceso de comercio, nuestras emociones pueden alimentar nuestra determinación y perseverancia. Las emociones pueden ayudarnos a mantenernos enfocados y comprometidos con nuestros objetivos, incluso frente a desafíos y contratiempos.

Además, las emociones también pueden ser una fuente de inspiración y creatividad en nuestras estrategias comerciales. Cuando nos permitimos aprovechar nuestras emociones, podemos pensar de manera innovadora y encontrar enfoques innovadores para el comercio. Las emociones pueden ayudarnos a ver oportunidades donde otros ven obstáculos y pueden inspirarnos a asumir riesgos calculados que conducen a mayores recompensas. Al abrazar nuestras emociones y usarlas a nuestro favor, podemos diferenciarnos de la multitud y lograr un mayor éxito.

Entendiendo Tus Disparadores Emocionales

Entender tus disparadores emocionales puede ayudarte a controlar tus reacciones ante diferentes situaciones. Uno de los primeros pasos para comprender los puntos de activación es identificarlos. Toma nota de las situaciones o eventos que te hacen sentir ansioso o demasiado confiado. Al reconocer estos disparadores, puedes desarrollar estrategias para gestionarlos más eficazmente. Necesitas esta autoconciencia para mantener una mentalidad clara y enfocada mientras comercias. Toma notas: "Hice esto y esto fue lo que pasó." Pero no te castigues demasiado.

Una vez que hayas identificado tus disparadores emocionales, es importante explorar sus razones subyacentes. ¿Estás reaccionando por miedo a perder dinero o te sientes demasiado confiado en una racha ganadora? Al profundizar en las causas raíz de tus emociones, puedes abordarlas de manera más efectiva. Esta introspección te ayudará a desarrollar una relación más saludable con tus emociones y tomar decisiones más racionales al comerciar.

Además de entender tus disparadores emocionales, también es importante desarrollar mecanismos de afrontamiento para gestionarlos. Esto podría incluir técnicas como ejercicios de respiración profunda, prácticas de mindfulness o tomarte un descanso del comercio cuando te sientas abrumado. Al tener estas herramientas a tu disposición, puedes navegar mejor por las pruebas del mercado sin dejar que tus emociones nublen tu juicio.

La procrastinación es una habilidad de evasión. No abordar una situación de manera efectiva y rápida resultará probablemente en que se vuelva inmanejable. Si cometes un error en el mercado, por ejemplo, cúbrelo inmediatamente y sigue adelante. No intentes comerciar para salir de ello. Asume la pérdida, aprende a ser más cuidadoso y sigue adelante. Ocúpate de las cosas pequeñas antes de que se conviertan en cosas más grandes.

Entender nuestros disparadores emocionales y desarrollar estrategias para gestionarlos puede ayudarnos a convertirnos en comerciantes más disciplinados y exitosos. Abraza el viaje de autodescubrimiento y crecimiento emocional, sabiendo que al dominar tus emociones, te estás preparando para el éxito a largo plazo en el mundo del comercio. Recuerda, la clave para un comercio rentable radica en el análisis del mercado y en entender y dominar tu propia psicología.

Superando el Miedo y la Codicia

Las emociones del miedo y la codicia tienen un fuerte impacto en nuestro nivel de éxito. Estas emociones pueden nublar nuestro juicio, llevando a decisiones impulsivas que pueden no ser en nuestro mejor interés. Uno de los primeros pasos para superar estas emociones es reconocer cuándo están en juego. El miedo a menudo se manifiesta como una reticencia a asumir riesgos o una vacilación para decidir. La codicia puede llevar a la sobreconfianza y a la disposición a asumir riesgos innecesarios. Al ser conscientes de estas emociones y de cómo afectan nuestro proceso de toma de decisiones, podemos tomar medidas para contrarrestar su influencia. Cubriremos la evitación del riesgo con mayor detalle más adelante.

Una forma efectiva es desarrollar un plan de comercio sólido. Tener un conjunto claro de reglas y estrategias puede ayudarnos a tomar decisiones informadas basadas en la lógica en lugar de en la emoción. Al adherirnos a nuestro plan y no permitir que el miedo o la codicia influyan en nuestras acciones, podemos evitar tomar decisiones impulsivas y perjudiciales.

Otra clave para superar el miedo y la codicia es cultivar una mentalidad de paciencia y disciplina. Recuerda que el comercio es un maratón, no una carrera corta, y que el éxito en el mercado requiere tiempo y dedicación. Al mantenernos enfocados en nuestros objetivos a largo plazo y mantenernos disciplinados en nuestro enfoque comercial, podemos evitar caer víctimas de la montaña rusa emocional del miedo y la codicia.

Gestionar las Pérdidas y Evitar el Trading de Venganza

Las pérdidas son inevitables en nuestro mundo de trading. No importa cuán experimentado o hábil seas, siempre habrá momentos en que el mercado vaya en tu contra. La forma en que gestiones estas pérdidas determinará, en última instancia, tu éxito como trader. En lugar de dejar que las pérdidas te consuman con ira y frustración o te depriman, es importante abordarlas con una mente equilibrada y racional.

Una manera clave de gestionar las pérdidas es evitar el trading de venganza. El trading de venganza es cuando intentas recuperar tus pérdidas tomando decisiones arriesgadas e impulsivas. Duplicar una operación que ya está perdiendo no funcionará. Créeme cuando digo esto. Este puede ser un ciclo peligroso que a menudo lleva a pérdidas aún mayores. En lugar de dejar que tus emociones tomen el control, es crucial dar un paso atrás y reevaluar tu estrategia de trading. Tómate un descanso, analiza qué salió mal y haz los ajustes apropiados. Tengo una regla. Si tengo tres operaciones fallidas consecutivas y pérdidas, me alejaré y detendré el trading por el día. Esto también es cierto con tres operaciones exitosas. Las probabilidades son que las emociones entrarán en juego, y no será agradable para mi resultado final.

Es importante recordar que las pérdidas son una parte natural del trading. Ningún trader, por exitoso que sea, es inmune a ellas. La clave es aceptarlas como una oportunidad de aprendizaje y no como un fracaso personal. Al ver las pérdidas de esta manera, puedes crecer y mejorar como trader. Recuerda, cada trader exitoso ha enfrentado pérdidas en su carrera; cómo se recuperan de ellas los distingue. Vuelvo a señalar que la cartera de Beyond ETFs ha tenido más pérdidas que ganancias, pero ha generado un retorno del 20.21% anual en los últimos 17 años y medio. Corta las pérdidas rápidamente y deja que las ganancias sigan. En promedio, mantuvimos las ganancias durante 175.64 días, mientras que solo mantuvimos las pérdidas durante 63.96 días.

Otro aspecto crucial de gestionar las pérdidas es establecer reglas claras de gestión de riesgos. Esto significa definir cuánto estás dispuesto a arriesgar en cada operación y apegarte a ese límite. Establecer estos límites puede proteger tu capital y prevenir la toma de decisiones emocionales.

Al seguir tu plan y no dejar que las emociones nublen tu juicio, puedes mantenerte enfocado en tus objetivos y metas. Un plan de trading bien pensado también puede ayudarte a gestionar el riesgo de manera efectiva y minimizar las pérdidas potenciales. Este enfoque también es menos estresante, y los puntos de pivote y los hechos de decisión ya están establecidos. Solo tienes que seguir el plan y sonreír.

Buscar Retroalimentación y Mejora Continua

Buscar retroalimentación y mejora continua son aspectos cruciales para convertirse en un trader exitoso. En el mundo acelerado del trading, es fácil dejarse llevar por la emoción de los mercados y perder de vista el panorama general. Sin embargo, al buscar activamente la retroalimentación de otros y esforzarte constantemente por mejorar tus habilidades, puedes destacarte de la competencia y lograr un mayor éxito en tus esfuerzos de trading. Buscar retroalimentación o ayuda no es, nuevamente, un signo de debilidad. ¿Por qué recrear la rueda cuando alguien ya lo ha hecho por ti?

Además, es importante rodearse de una red de apoyo de otros traders, inversores y familiares. Al compartir ideas y estrategias con personas afines, puedes obtener valiosos conocimientos y perspectivas que te ayudarán a tomar mejores decisiones. Aprender de las experiencias de otros también puede ayudarte a evitar errores comunes en el mercado. Construir una comunidad sólida de traders puede mejorar tus habilidades de toma de decisiones y ayudarte a mantenerte motivado e inspirado en tu camino de trading. Mi grupo se llama la Banda de Hermanos. Las hermanas también son bienvenidas. Somos un grupo de traders que compartimos nuestras ideas y pensamientos entre nosotros. No tienen miedo de señalar a otros miembros por sus perspectivas y suposiciones erróneas, por lo que estoy agradecido.

La retroalimentación es una herramienta poderosa que puede ayudarte a identificar tus fortalezas y debilidades como trader. Al buscar retroalimentación de mentores de confianza, colegas, o incluso de tus propios datos de rendimiento, puedes obtener valiosos conocimientos sobre áreas en las que sobresales y donde puedes mejorar. En lugar de ver la retroalimentación como una crítica, abrázala como una oportunidad para aprender y evolucionar como trader.

La mejora continua es la clave para el éxito a largo plazo en el mundo del trading, así como en la vida. A medida que los mercados evolucionan y cambian, es esencial que tú también evoluciones y adaptes tus estrategias y mentalidad. Al buscar constantemente nueva información, aprender de tus errores y refinar tus técnicas de trading, puedes mantenerte a la vanguardia y aumentar tu rentabilidad. Recuerda, el trading es un viaje, no un destino, y cada día presenta nuevas oportunidades para crecer y mejorar.

El camino hacia el éxito en el trading no siempre es fácil, y sin duda habrá desafíos y contratiempos en el camino. Sin embargo, al abordar cada obstáculo como una oportunidad para aprender y crecer, puedes convertir incluso las situaciones más difíciles en valiosas experiencias de aprendizaje. Abraza la búsqueda de retroalimentación y la mejora continua como una oportunidad para convertirte en el mejor trader que puedas ser, y nunca dejes de esforzarte por la excelencia en tu oficio.

Recuerda, el viaje hacia el éxito es un maratón, no una carrera rápida, así que mantente comprometido con tu crecimiento y desarrollo como trader, y los resultados seguirán.

Construyendo Resiliencia Ante la Adversidad

Enfrentar la adversidad es inevitable. Ya sea un repentino desplome del mercado, una operación fallida o un contratiempo personal, surgirán desafíos que pondrán a prueba nuestra determinación y fortaleza mental. La resiliencia es la capacidad de recuperarse de los contratiempos, adaptarse al cambio y perseverar ante la adversidad. Es una cualidad que separa a las personas exitosas de aquellas que se rinden ante el primer signo de problemas. Esto no significa que entremos estoicamente en el valle de la muerte. Significa que nos levantamos y lo intentamos de nuevo. Probar un enfoque diferente, una táctica diferente. Pero seguimos adelante.

Una manera clave de construir resiliencia en el trading es cultivar una mentalidad de crecimiento, como hablamos en el último capítulo. En lugar de ver los contratiempos como fracasos, míralos como oportunidades. Considera los desafíos como oportunidades para mejorar tus habilidades y estrategias en lugar de verlos como obstáculos insuperables. Sé que es difícil levantarse después de caer. Se siente bien simplemente quedarse allí y dejar que la sensación del dolor se disipe. Sacúdete, levántate y vuelve al juego. Al adoptar una mentalidad de crecimiento, podemos desarrollar una visión más positiva de la adversidad y abordarla con confianza y determinación. Tal vez no sea después de la primera o segunda caída, pero habrá un número que nos permitirá recuperarnos en poco tiempo.

Otro aspecto importante de construir resiliencia en el trading es practicar el autocuidado. Tómate el tiempo para cuidar tu bienestar físico, emocional y mental a través de actividades como el ejercicio, la meditación y la relajación. Al cuidar de ti mismo, puedes afrontar mejor el estrés y los contratiempos en el mercado, lo que te permite tomar decisiones más claras y racionales. Tengo un temporizador ajustado para 30 minutos, y cuando suena, me levanto, doy una vuelta y dejo lo que estoy haciendo por unos minutos.

Desarrollar Autoconciencia y Autorregulación

En su discurso de graduación titulado "Esto es Agua", el escritor David Foster Wallace contó esta historia: "Hay dos peces jóvenes nadando, y se encuentran con un pez más viejo que nada en la dirección opuesta, quien asiente y dice: 'Buenos días, chicos. ¿Cómo está el agua?' Y los dos peces jóvenes nadan un poco, y luego eventualmente, uno de ellos mira al otro y dice: '¿Qué demonios es el agua?'

El punto de la historia es que las realidades más obvias e importantes son a menudo las más difíciles de ver y de hablar. Habló sobre ejercer control sobre cómo y qué piensas y ser consciente de a qué prestas atención.

La autoconciencia implica tomarse el tiempo para reflexionar sobre nuestros pensamientos, sentimientos y acciones en relación al trading. Al ser honestos con nosotros mismos sobre nuestras fortalezas y debilidades, podemos entender mejor cómo nuestras emociones influyen en nuestro proceso de toma de decisiones. Esta conciencia nos permite identificar sesgos o creencias irracionales que pueden nublar nuestro juicio, lo que nos permite tomar decisiones de trading más objetivas y estratégicas. Los tenemos, todos los tenemos. El mercado no está en nuestra contra, incluso si realmente se siente así. Lo sé, he estado allí y lo más probable es que vuelva a estarlo en el futuro.

La autorregulación es la capacidad de gestionar emociones e impulsos para mantener el enfoque y la disciplina al hacer trading. Al aprender a controlar emociones como el miedo, la codicia y la impaciencia, puedes evitar tomar decisiones precipitadas impulsadas por reacciones emocionales en lugar de la lógica. Desarrollar la autorregulación requiere práctica y paciencia, pero es una habilidad que se puede perfeccionar con el tiempo, dedicación y atención plena. Posiblemente comience con un tamaño

Empatía y Conciencia Social en el Trading

Es fácil dejarse llevar por los números y olvidar el elemento humano detrás de cada operación. Sin embargo, el verdadero éxito en el trading requiere más que solo una mente aguda y reflejos rápidos; también requiere empatía y conciencia social. Comprender las emociones y motivaciones de otros traders puede darte una ventaja competitiva en el mercado, permitiéndote anticipar movimientos del mercado y tomar decisiones más informadas. Si todos son optimistas, quizás se esté acercando un retroceso.

La empatía es la capacidad de ponerte en el lugar de otra persona y comprender su perspectiva. En el trading, esto significa poder ver el mercado desde el punto de vista de otros traders y entender sus miedos, esperanzas y motivaciones. Al desarrollar empatía, puedes predecir mejor las tendencias del mercado y realizar operaciones que se alineen con el sentimiento predominante. Esto puede ayudarte a evitar errores costosos y aprovechar oportunidades que otros pueden pasar por alto.

La conciencia social está estrechamente relacionada con la empatía, pero va un paso más allá al ayudarte a comprender las dinámicas sociales más amplias que influyen en el mercado. Puedes mantenerte a la vanguardia y tomar decisiones más informadas al estar al tanto de las últimas noticias, tendencias y desarrollos en el mundo financiero. Esto puede ayudarte a identificar oportunidades emergentes y evitar posibles trampas, dándote una ventaja competitiva en el mercado.

El trading no se trata solo de números y gráficos; también se trata de personas. Al desarrollar empatía y conciencia social, puedes comprender mejor las motivaciones y emociones que impulsan el mercado, lo que te permite realizar operaciones más rentables. Así que, la próxima vez que te sientes a analizar el mercado, recuerda considerar el elemento humano detrás de cada operación. Tu capacidad para empatizar y entender a los demás puede ser la clave para desbloquear un mayor éxito en tu trayectoria de trading.

Construyendo Relaciones Fuertes con Traders y Mentores

Es importante construir relaciones sólidas con otros traders y mentores si puedes. Estas personas pueden proporcionar valiosos conocimientos, orientación y apoyo para ayudarte a navegar las altibajos del mercado con confianza y claridad. Al fomentar estas relaciones, puedes aprender de las experiencias de otros, ganar nuevas perspectivas y ampliar tus conocimientos y habilidades en el trading. Si decides contactar con una comunidad de traders con ideas afines, evita a los que se creen superiores. Los detectarás de inmediato.

Los traders y mentores pueden servir como una fuente de inspiración y motivación durante tiempos difíciles. Pueden ofrecerte ánimo y consejos para ayudarte a mantenerte enfocado y positivo, incluso cuando enfrentas reveses u obstáculos. Al rodearte de personas con ideas afines que comparten tu pasión por el trading, puedes crear una red de apoyo que te ayudará a mantenerte resiliente y comprometido con tus objetivos. A veces, la gente retrata el trading como una actividad solitaria. No tiene que ser así.

Además de proporcionar apoyo emocional, los traders y mentores también pueden ofrecer orientación práctica y experiencia. Pueden ayudarte a desarrollar estrategias, analizar tendencias del mercado y tomar decisiones informadas que pueden conducir a resultados rentables. Al aprender de quienes tienen más experiencia y conocimiento en trading, puedes acelerar tu propio crecimiento y desarrollo como trader.

Construir relaciones sólidas con traders y mentores requiere comunicación abierta, confianza y respeto mutuo. Es importante estar dispuesto a escuchar, aprender y colaborar con otros para beneficiarte de su sabiduría y conocimientos. Al establecer una base sólida de confianza y respeto con tus compañeros y mentores, puedes crear un entorno positivo y empoderador que te ayudará a prosperar en el mundo del trading.

Practicando el Desapego Emocional y la Objetividad

Las emociones como el miedo, la codicia y la impaciencia pueden nublar el juicio y conducir a una mala toma de decisiones. Al dominar el arte del desapego emocional, los traders pueden tomar decisiones claras basadas en la lógica y la razón en lugar de dejarse llevar por sus emociones.

La pregunta es, ¿cómo hacemos esto? A veces, se nos exige ser cyborgs y simplemente hacerlo. Una forma de practicar el desapego emocional es cultivar una mentalidad de objetividad. Esto significa ver el mercado con una perspectiva neutral, libre de sesgos y nociones preconcebidas. Difícil, lo sé, pero se puede lograr. Al abordar cada operación con una mente abierta y enfocarte en los hechos en lugar de dejarte llevar por las emociones, los traders pueden tomar decisiones más informadas basadas en datos y análisis en lugar de instintos.

Otro aspecto importante del desapego emocional es aprender a aceptar las pérdidas como una parte natural del trading. Es inevitable que los traders experimenten pérdidas de vez en cuando, y es importante no dejar que estas pérdidas afecten tu estado emocional. Al aceptar las pérdidas como parte del juego y aprender de ellas, los traders pueden avanzar sin obsesionarse con errores pasados y tomar decisiones emocionales impulsadas por el miedo a volver a perder. Por cierto, se llama "asumir riesgos", no "tomar algo seguro". Sé que será difícil sacudirse las pérdidas, especialmente si se han acumulado. Sé que la primera regla para los agujeros es dejar de cavar. No continúes cavando agujeros más profundos.

Practicar la atención plena y la autoconciencia también puede ayudar a los traders a cultivar el desapego emocional. Al ser consciente de tus pensamientos y emociones en el momento, puedes reconocer cuándo estás siendo influenciado por el miedo o la codicia y tomar medidas para contrarrestar estas emociones. Técnicas de atención plena como la respiración profunda, la meditación y la visualización pueden ayudar a los traders a mantenerse centrados y enfocados en el momento presente en lugar de dejarse llevar por emociones que pueden llevar a decisiones impulsivas.

Aprovechando la Psicología del Mercado para el Profit

*"Puedo calcular el movimiento de los cuerpos celestes, pero no
la locura de las personas." - **Isaac Newton***

Isaac Newton perdió una cantidad significativa de dinero
durante la Burbuja del Mar del Sur en 1720. Inicialmente, vendió
sus acciones de la South Sea Company con una ganancia de £7,000.
Sin embargo, atrapado en la locura del mercado, reinvirtió a un
precio mucho más alto y perdió £20,000 (equivalente a más de $3
millones hoy en día). ¡Es un recordatorio de que el mercado de
valores puede desconcertar incluso a las mentes más brillantes! Al
aprovechar la psicología del mercado a nuestro favor, podemos
maximizar nuestras ganancias y minimizar nuestras pérdidas.

Un principio clave de la psicología del mercado es mantener la
disciplina y evitar tomar decisiones impulsivas basadas en
emociones. El miedo y la codicia pueden nublar nuestro juicio y
llevarnos a tomar decisiones irracionales. Al mantener la calma y
ser racionales, podemos tomar decisiones informadas basadas en la
lógica y el análisis en lugar de en emociones. Sé que es difícil, pero
debe hacerse.

Otro aspecto importante de la psicología del mercado es
entender el concepto de mentalidad de rebaño. En tiempos de
incertidumbre, los inversores siguen a la multitud y toman
decisiones basadas en lo que otros están haciendo. Sin embargo, los
traders exitosos saben que a menudo es más rentable ir en contra de
la multitud y capitalizar oportunidades que otros pueden haber
pasado por alto.

Al dominar la psicología del mercado, podemos obtener una
ventaja competitiva en los mercados y aumentar nuestras
posibilidades de éxito. Al comprender las emociones que impulsan
los movimientos del mercado, podemos anticipar tendencias y
capitalizar oportunidades antes que los demás. Este conocimiento

nos permite estar a la vanguardia y realizar operaciones rentables de manera regular.

Comprender nuestros sesgos cognitivos puede cambiar las reglas del juego. Estos sesgos son los atajos mentales que toman nuestros cerebros, lo que nos lleva a tomar decisiones irracionales basadas en emociones en lugar de en hechos. Un sesgo cognitivo común que afecta a los traders es el sesgo de confirmación, donde las personas buscan información que confirme sus creencias mientras ignoran la evidencia contradictoria. Esto puede llevar a los traders a tomar decisiones basadas en información errónea, resultando en malos resultados. Al ser consciente de este sesgo y buscar activamente puntos de vista opuestos, los traders pueden tomar decisiones más completas basadas en toda la información disponible. Tendemos a desestimar la información que no queremos ver.

Otro sesgo cognitivo que los traders suelen encontrar es la sobreconfianza. Este sesgo puede llevar a los traders a asumir demasiado riesgo o ignorar señales de advertencia de que sus inversiones pueden estar en problemas. Al reconocer sus limitaciones y buscar retroalimentación de otros, los traders pueden evitar convertirse en víctimas de la sobreconfianza y tomar decisiones más racionales.

La aversión a la pérdida es otro sesgo cognitivo que puede afectar. Daniel Kahneman y Amos Tversky[27] acuñaron este término en su artículo de 1979, que buscaba comprender mejor las decisiones de las personas bajo riesgo e incertidumbre. La teoría de las perspectivas revolucionó nuestra comprensión de la toma de decisiones irracionales al desafiar la premisa de que los humanos siempre actúan de manera racional y coherente. La aversión a la pérdida emergió como un concepto central dentro de la teoría de las

---

[27] Kahneman, D., Tversky, A., 'Teoría de las Perspectivas: Un Análisis de la Decisión bajo Riesgo' Econometrica, Volumen 47, Número 2 (Mar., 1979), 263-292.

perspectivas y establece que las personas tienen más miedo a perder
que a ganar. Esencialmente, el dolor de perder algo es
psicológicamente más fuerte que el placer de ganar lo mismo.

Otro concepto importante es el papel de las heurísticas en la
toma de decisiones. Las heurísticas son reglas mentales que
utilizamos para simplificar problemas complejos. Si bien las
heurísticas pueden ser útiles en ciertas situaciones, también pueden
llevar a errores de juicio. Al entender las heurísticas comunes que
pueden afectar nuestras decisiones de trading, podemos aprender a
reconocer cuándo nos están influyendo y tomar decisiones más
racionales.

Además, entender el concepto de tolerancia al riesgo es crucial
en el trading. Varios factores influyen en nuestra tolerancia al riesgo,
incluidas nuestras experiencias personales, creencias y emociones.
Al evaluar nuestra tolerancia al riesgo y entender cómo puede
afectar nuestro proceso de toma de decisiones, podemos crear un
plan de trading que se alinee con nuestras metas y nivel de
comodidad. Recuerda, es importante operar dentro de tus
posibilidades y no dejar que las emociones te lleven a asumir riesgos
innecesarios. Discutiremos esto con mayor detalle más adelante en
el libro.

Se requiere autoconciencia, disciplina y disposición para
desafiar tus propias creencias, pero las recompensas pueden ser
significativas. Al comprometerse a identificar y superar sesgos
cognitivos, los traders pueden prepararse para el éxito a largo plazo
en el mundo de la inversión.

**Implementando Estrategias de Juego Mental para el Éxito
en el Trading**

En el trading, no se trata solo de números y gráficos; también
se trata de dominar tu juego mental. Como traders, ya conoces la
importancia de mantener la disciplina y el enfoque. Pero a veces,

nuestras emociones pueden dominar y nublar nuestro juicio. Por eso, implementar estrategias de juego mental es crucial para mantener una mentalidad clara y tomar decisiones acertadas.

Una de las estrategias clave de juego mental para el éxito en el trading es desarrollar una actitud positiva hacia el riesgo. En lugar de ver el riesgo como algo que temer, míralo como una oportunidad para el crecimiento y el aprendizaje. Al aceptar el riesgo y entender que las pérdidas son una parte natural del trading, puedes abordar cada operación con confianza y resiliencia. Recuerda, todos los traders exitosos han experimentado pérdidas; lo que importa es cómo te recuperas de ellas.

Otra estrategia importante de juego mental es practicar la atención plena y permanecer presente en el momento. El trading puede ser estresante, especialmente durante condiciones de mercado volátiles. Al enfocarte en el momento presente y dejar de lado errores del pasado o preocupaciones futuras, puedes tomar decisiones más claras y evitar acciones impulsivas. Tómate unos momentos para respirar profundamente antes de cada operación y recuérdate mantenerte centrado y enfocado en la tarea que tienes entre manos.

Visualizar tu éxito también puede ser una herramienta poderosa. Tómate unos momentos cada día para visualizarte realizando operaciones rentables, manteniendo la disciplina y alcanzando tus objetivos financieros. Al visualizar el éxito, puedes programar tu mente para resultados positivos y construir la confianza necesaria para tomar decisiones de trading acertadas. Recuerda, la mente es una herramienta poderosa; úsala a tu favor.

Tómate el tiempo para reflexionar sobre tu viaje en la psicología del trading. Sabemos que las emociones juegan un papel significativo en nuestro proceso de toma de decisiones. Podemos tomar decisiones más informadas y rentables al comprender nuestras emociones y cómo afectan nuestro trading.

Además, tenemos la oportunidad de obtener valiosas perspectivas sobre nuestras fortalezas y debilidades. Al reconocer nuestras debilidades, podemos trabajar para mejorarlas y ser más resilientes frente a las fluctuaciones del mercado. Del mismo modo, reconocer nuestras fortalezas nos permite aprovecharlas a nuestro favor y capitalizar oportunidades en el mercado.

Reflexionar sobre nuestro viaje en la psicología del trading nos permite identificar patrones en nuestro comportamiento y emociones que pueden estar obstaculizando nuestro éxito. ¿Somos propensos a tomar decisiones impulsivas cuando el mercado es volátil? ¿Dejamos que el miedo o la codicia dicten nuestra estrategia de trading? Al reconocer estos patrones, podemos comenzar a desarrollar estrategias para superarlos.

Es importante recordar que el trading no se trata solo de ganar dinero; también se trata de crecimiento y desarrollo personal. Al reflexionar sobre nuestro viaje en la psicología del trading, podemos ver lo lejos que hemos llegado y celebrar nuestros éxitos. Cada victoria, por pequeña que sea, es un paso en la dirección correcta hacia convertirnos en un trader más disciplinado y exitoso.

Por último, implementar estrategias de juego mental para el éxito en el trading también implica buscar apoyo y orientación de mentores y compañeros traders. Rodéate de individuos positivos y afines que puedan proporcionar valiosas perspectivas y consejos. Al aprender de otros y compartir experiencias, puedes seguir creciendo y mejorando como trader. Recuerda, el éxito en el trading no se trata solo de números; también se trata de dominar tu mentalidad y emociones. Mantente disciplinado, mantente enfocado e implementa estas estrategias de juego mental para el éxito en el trading.

Celebrando tus Éxitos y Aprendiendo de tus Fracasos

¡Felicitaciones, compañeros traders! Es importante tomarse un momento para celebrar tus éxitos. Ya sea una operación rentable, alcanzar un nuevo hito o superar un desafío. Reconocer tus logros es crucial para mantener una mentalidad positiva. Al celebrar tus éxitos, refuerzas la creencia en tus habilidades y aumentas tu confianza para afrontar retos aún mayores en el futuro.

Sin embargo, también es igualmente importante aprender de tus fracasos. Todo trader experimenta contratiempos y pérdidas en algún momento de su carrera. En lugar de obsesionarte con estos fracasos, úsalos como oportunidades para crecer y aprender. Reflexiona sobre lo que salió mal, identifica los errores que cometiste y desarrolla un plan para evitar cometer los mismos errores en el futuro. Al aprender de tus fracasos, puedes convertirlos en lecciones valiosas que, en última instancia, te harán un mejor trader.

Recuerda que el éxito no se define por la ausencia de fracasos, sino por cómo respondes a ellos. Acepta el fracaso como una parte natural del proceso de trading y utilízalo como motivación para mejorar y evolucionar. Adoptar una mentalidad de crecimiento puede convertir los contratiempos en escalones hacia el éxito. Como dice el refrán: "El éxito no es definitivo, el fracaso no es fatal: Lo que cuenta es el valor de continuar."

Mientras celebras tus éxitos y aprendes de tus fracasos, recuerda también practicar la gratitud. Tómate un momento cada día para expresar gratitud por las oportunidades que tienes, las lecciones que has aprendido y el progreso que has logrado. La gratitud puede ayudar a cambiar tu enfoque de lo que te falta a lo que has logrado, fomentando una mentalidad positiva y atrayendo más éxito a tu vida.

Mira en el espejo, ¿y qué ves?

¿Eres tú, o soy yo? – Wilf Brockmann

El ego es una palabra de cuatro letras para mí. Es una parte de nosotros; simplemente está ahí en nuestras mentes y en nuestro subconsciente. Nuestros ancestros lo necesitaban para sobrevivir, y en todos los sentidos, hoy también lo necesitamos. Las cosas han cambiado con el tiempo, pero el ego sigue desempeñando un papel central en cómo operamos y funcionamos. Nuestro ego disfruta del statu quo; no le gusta el cambio. El ego es esa pequeña voz en tu mente que te dice que todo está bien si sigues este camino. Nuestro ego nos guiará hacia actuar de maneras que buscan la aprobación y la admiración de los demás. Quiere respeto y lo busca. Hoy en día, nuestro ego actúa como un agente de recompensa y castigo a través de nuestro sistema nervioso. Cuando esperamos un resultado positivo, recibimos recompensas en forma de neuroquímicos positivos, que nos traen felicidad y alegría. Si la situación trae una experiencia negativa, recibimos una dosis de neuroquímicos negativos. Estos químicos contribuyen a nuestros cambios de humor y nos hacen sentir nerviosos, inquietos, ansiosos, temerosos y saltarines.

Así que tenemos que cambiar la narrativa y engañar al ego. Este es un desafío continuo, pero necesita hacerse, y se puede hacer.

Steven Goldstein ha escrito un libro que recomiendo. Sigo los mismos procesos mentales que él describe, pero él los explica con mayor detalle y de manera mucho más elegante que yo. El libro se titula 'Dominando el Juego Mental del Trading.'

Nuestro ego está con nosotros en este viaje, nos guste o no, así que, ¿cómo podemos engañarlo, someterlo o convencerlo de que colabore? Para lograr eso, primero debemos entender el ciclo que atravesamos física y mentalmente al hacer una operación o no hacer una operación—o, para el caso, cualquier decisión en la vida que requiera alguna acción.

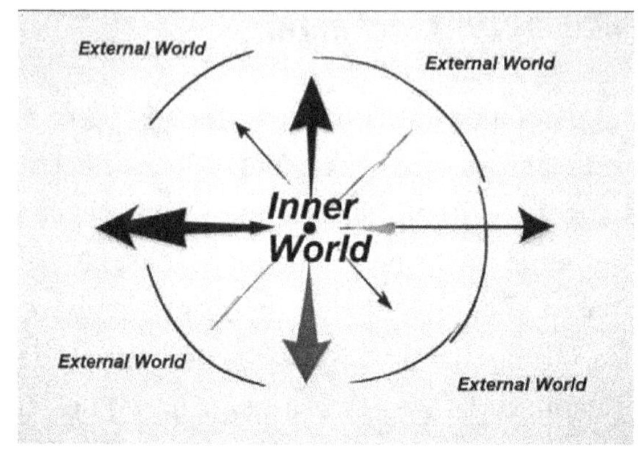

Imagina un círculo, si puedes. Aquí tenemos dos estados de existencia. El mundo interno representa nuestros pensamientos, sentimientos y percepciones, y es el dominio del ego. El mundo externo está ahí fuera y interactúa con nuestro mundo interno. Los bordes del círculo representan nuestro contacto con cada uno de estos estados. Cuando mi equipo deportivo gana, estoy emocionado, feliz y eufórico. El círculo se expande. El círculo se contrae sobre sí mismo cuando estoy aplastado, derrotado y deprimido. No desaparece, pero se encoge. Hay una batalla constante por el control de nuestro entorno mental. Hay que encontrar un equilibrio, y se puede lograr.

El contacto entre nuestro mundo interno y nuestro mundo externo puede ocurrir en cualquier lugar a lo largo del círculo. Nuestros otros sentidos también juegan un papel en este intercambio. Puede que tengas ese olor a tarta de manzana recién horneada. Sé que algunos de ustedes ya están babeando. Para mí, el sonido de los neumáticos chirriando me pone en alerta máxima, con la espalda y el cuello tensándose. Verás, en el transcurso de un año, me chocaron por detrás tres veces. La última vez que estuve en el taller de reparaciones, les pedí que instalaran un arpón en la parte trasera. Pensé que si me iban a golpear de nuevo, al menos ellos también iban a pagar un precio.

Ciclo de Decisión

Lo llamo ciclo de decisión en lugar de árbol de decisión porque lo utilizamos una y otra vez y pasamos por él en ciclos.

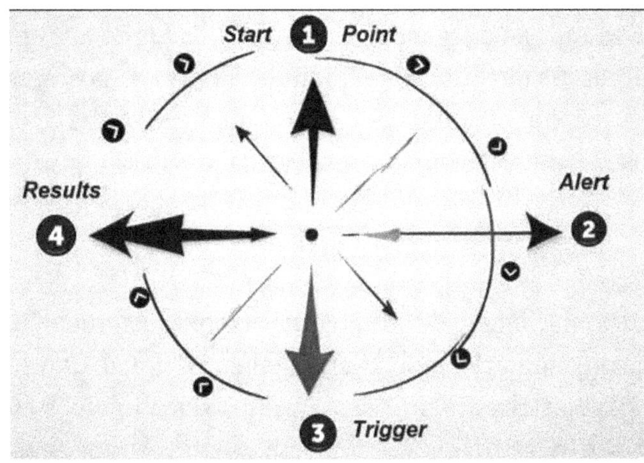

En la fase uno, el inicio es donde todo comienza. El inicio es la base sobre la cual construimos el resto de nuestro viaje. Al igual que en Star Trek, donde la nave debe estar lista y preparada para los desafíos que se avecinan, nosotros también debemos estar en nuestro máximo nivel de preparación para enfrentar lo que está por venir. La primera fase trata de prepararnos mentalmente para la exploración y el descubrimiento. Estamos en un estado mental neutral. Nuestros niveles de energía deben ser altos, nuestras mentes agudas y nuestra cuenta de capital mental llena. Al igual que los escudos en una nave estelar, nuestro capital mental actúa como una barrera protectora, protegiéndonos de los golpes que la vida pueda lanzarnos. Agotar nuestro capital mental nos hace más vulnerables al daño y obstaculiza nuestra capacidad para manejar los desafíos que se nos presentan. La agotamiento, la fatiga y un estado de ansiedad ya presente no son propicios para esta etapa. En muchos casos, no tenemos otra opción. Debemos intentar comenzar esta fase en un estado de equilibrio o calma.

Durante esta fase, estamos en la etapa exploratoria, buscando a nuestro alrededor y recopilando información. Nos estamos preparando para la interacción entre nuestros mundos exterior e interior, esforzándonos por mantener el equilibrio y la neutralidad. Aún no estamos actuando, sino dejando que nuestros sensores detecten lo que está justo más allá. Nuestras mentes están abiertas y receptivas, listas para absorber nuevos conocimientos y estímulos que se nos presenten. Es un tiempo de evaluación y reflexión a medida que comenzamos a navegar por las profundidades de nuestra conciencia y explorar los territorios inexplorados dentro de nosotros mismos. Nuestro capital mental es un recurso precioso, tan importante como el capital financiero que utilizamos en nuestras cuentas de trading. Es lo que nos da fuerza y resiliencia frente a la adversida.

Debemos ser conscientes de cómo utilizamos este recurso, asegurándonos de no agotarlo innecesariamente. Al igual que la tripulación de la nave estelar Enterprise, debemos ser diligentes en mantener y reponer nuestro capital mental para que podamos continuar nuestro viaje con confianza y propósito. La fase uno es el punto de partida crucial de nuestro viaje. Es en la fase uno donde nos preparamos para los desafíos que se avecinan, asegurándonos de que estamos mentalmente equipados para enfrentar lo que sea que se presente.

En este estado, la tripulación debe estar lista para cualquier cosa. Debemos estar preparados para alcanzar nuestro máximo nivel de preparación, con nuestros escudos mentales en alto y nuestro capital mental intacto, listos para atacar y reaccionar o actuar. Es un tiempo de exploración, descubrimiento y autoevaluación mientras navegamos por los territorios inexplorados dentro de nosotros mismos y nos preparamos para el viaje que tenemos por delante. Así que embarquémonos en esta aventura con valentía y determinación, sabiendo que estamos bien equipados para enfrentar los desafíos que se nos presenten.

En la fase dos de nuestro ciclo, buscamos una razón para actuar, que proviene de una alerta. Algo está sucediendo o está a punto de suceder, y estamos analizando si necesitamos

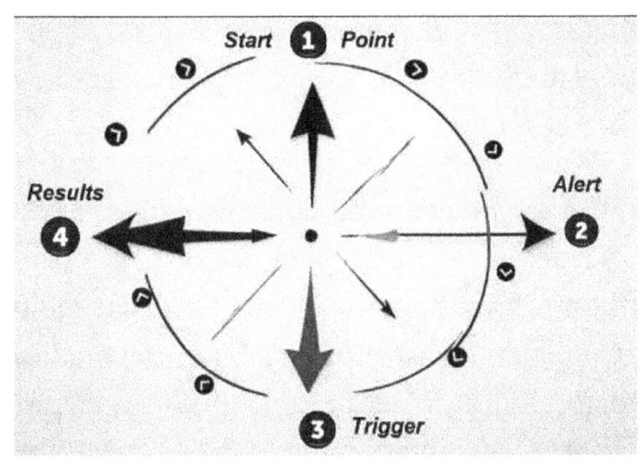

movernos. Debemos estar preparados para responder de manera rápida y decisiva a cualquier signo de peligro o cambio. Digo peligro porque, a menos que consideremos que la situación es inofensiva, no lo es. Por lo tanto, necesitamos comenzar con una buena reserva de energía y estar en nuestro máximo nivel de preparación, lo que nos lleva a la fase uno. Cuando se activa una alerta, debemos estar listos para actuar, ya sea por un cambio en las clasificaciones de seguridad, un indicador técnico o un evento noticioso. Este no es un momento para dudar o titubear. Las apuestas son demasiado altas y las consecuencias de la inacción podrían ser graves. Mantengámonos vigilantes y preparados, listos para enfrentar cualquier desafío que se nos presente. No podemos permitirnos ser complacientes o pasivos en nuestro enfoque a los desafíos que nos esperan. Te sorprenderá cómo elementos aparentemente mundanos y triviales pueden descontrolarse y causar daño.

Debemos analizar la situación que se nos presenta con una mente clara y enfocada. ¿Se requiere acción inmediata o podemos permitirnos esperar y ver cómo se desarrollan las cosas? Debemos tomar esta decisión de manera rápida y con confianza inquebrantable. Como en la analogía de la fase uno, nuestra nave estelar y nuestra tripulación dependen de ello. Se ha ordenado el despliegue de escudos y estamos a punto de llamar a los puestos de batalla. Debemos estar listos para responder con valentía y determinación. Aún estamos analizando lo que los sensores nos han mostrado.

Una señal del sistema puede estar a punto de activarse, la posición puede estar alcanzando el objetivo seleccionado o un evento puede estar a punto de ocurrir. O tal vez el conductor delante de nosotros tiene su intermitente encendido pero no está girando. ¿Se detendrá de repente? Esté preparado. Si mi capital mental es bajo, podría irritarme mucho por el hecho de que el conductor no apague su intermitente. ¿Por qué estoy sobre reaccionando? ¿Realmente importa? Intenta poner esto en perspectiva: el mundo no se va a acabar porque el intermitente de esta persona siga encendido. Relájate; estás consumiendo tu capital emocional.

Estos no son momentos para tomarse a la ligera; desafortunadamente, lo hacemos demasiadas veces. Cada miembro de la tripulación juega un papel vital en el éxito de nuestra misión. Así que estemos listos, alertas y preparados para lo que pueda venir. Enfrentemos cada nuevo obstáculo con resolución inquebrantable y determinación firme. Nuestra misión es clara y nuestro propósito es inquebrantable. Sigamos adelante y conquistemos lo desconocido, una alerta a la vez. Bueno, un poco exagerado, pero presta atención a tu entorno.

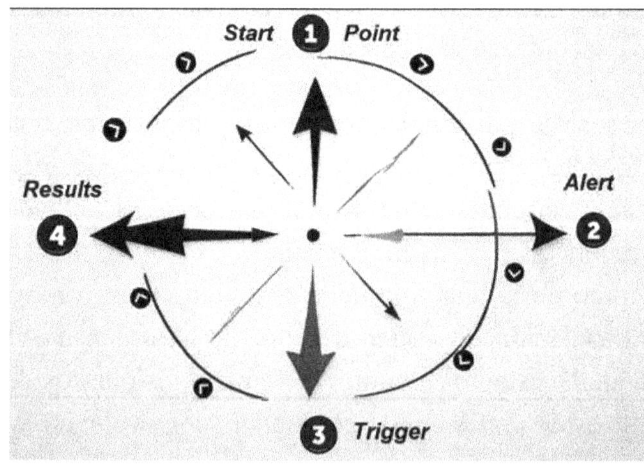

La Fase Tres es un punto crítico en cualquier proceso de toma de decisiones. Es el momento en el que debemos actuar y poner a prueba nuestra verdadera dedicación y compromiso. Sin embargo, para muchos de nosotros, yo incluido, la Fase Tres es una fase vulnerable. Es una fase en la que la complacencia puede establecerse fácilmente y donde estamos en mayor riesgo de bajar la guardia. Personalmente, he experimentado las consecuencias de permitirme volverme perezoso durante la Fase Tres.

Ha habido innumerables ocasiones en las que me he sentido demasiado cómodo con cómo van las cosas, solo para ser sorprendido por eventos inesperados. Durante esta fase, deberíamos estar en nuestro estado más alerta y enfocado, sin embargo, a menudo somos los más susceptibles a cometer errores. Para navegar con éxito la Fase Tres, es crucial que nos mantengamos en el plan y resistamos la tentación de desviarnos de él. Repase la lista de verificación, incluso si lo ha hecho mil veces antes. Aquí es donde se lleva a cabo la acción. Las partes en movimiento están realmente presentes; no es un concepto teórico, está sucediendo en este momento.

Nuestros egos pueden convencernos de que podemos improvisar, pero este enfoque es arriesgado y nos drena de energía mental y física valiosa. Al seguir este camino, esencialmente nos dejamos vulnerables con escudos débiles o inexistentes. Recuerde que la verdadera acción ocurre en la Fase Tres. Nuestras decisiones y acciones tienen el poder de crear un impacto.

La Fase Tres es el desencadenante que señala el momento de actuar. Es una fase crítica que requiere nuestra máxima atención y enfoque. Con dedicación y compromiso, podemos asegurarnos de que estamos preparados para enfrentar cualquier obstáculo que se presente. No permitamos que la complacencia descarrile nuestro progreso, sino que enfrentemos la situación y aprovechemos las oportunidades que presenta la Fase Tres. Esta es nuestra oportunidad de brillar, de probar nuestro temple.

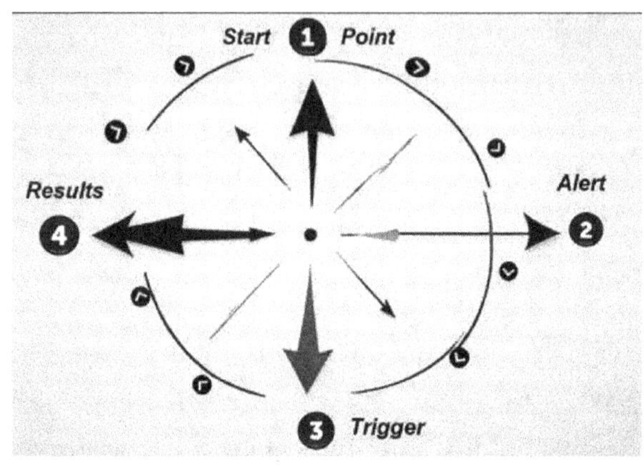

La Fase Cuatro nos brinda oportunidades para desconectarnos, dar un paso atrás y reflexionar, si es posible. La acción ha concluido y no hay nada más que hacer. En el trading, competimos contra tres: el mercado, nuestro ego y nosotros mismos. Competir contra uno mismo ya es lo suficientemente desafiante.

En el ámbito de la toma de decisiones, nuestras acciones, o la falta de ellas, siempre tienen consecuencias. Una vez que hemos tomado acción o hemos optado por no actuar en una cierta situación, es crucial que reflexionemos sobre los resultados y aprendamos de cualquier error cometido. Aquí es donde entra en juego la fase cuatro: necesitamos analizar nuestras decisiones y evaluar honestamente qué salió mal, qué pasamos por alto y cómo podemos corregirlo. La humildad es clave durante esta fase. Se necesita una persona fuerte para admitir cuando ha cometido un error o ha pasado por alto algo importante.

Pero para crecer y mejorar, debemos reconocer nuestras faltas y deficiencias. Solo a través de este proceso de auto-reflexión honesta podemos perfeccionar los cambios en nosotros mismos y evitar repetir los mismos errores en el futuro. Dejar ir es otro aspecto crucial de la fase cuatro. Superar decisiones pasadas puede ser difícil, especialmente si no sucedieron como se planearon. Pero obsesionarse con el pasado solo nos mantendrá alejados de progresar y alcanzar nuestros objetivos. Así como un soldado debe limpiar su arma para garantizar su efectividad en la batalla, debemos limpiar nuestras mentes de cualquier duda o arrepentimiento persistente para abordar la próxima decisión con claridad mental.

Nuestra pizarra debe ser limpiada con el menor residuo posible antes de entrar en el ciclo de toma de decisiones. Dominar el arte de dejar ir es un desafío, pero esencial para el éxito en el paisaje en constante cambio de la toma de decisiones. Al sacudir tanto lo bueno como lo malo del ciclo anterior, podemos acercarnos a la línea de partida con una nueva perspectiva y un renovado sentido de propósito.

Ciclamos a través de estas etapas en un abrir y cerrar de ojos, pero quería ralentizarlas para que pudieras apreciar lo que pasamos en nuestro proceso de toma de decisiones. Al reflexionar sobre nuestras decisiones pasadas y prepararnos para el próximo ciclo, es importante recordar que todo esto forma parte del proceso de aprendizaje. Cada decisión nos enseña algo nuevo sobre nosotros mismos y el mundo. Al abrazar este proceso con humildad y disposición para aprender, podemos seguir creciendo y mejorando en nuestras vidas personales y profesionales. En la fase cuatro de la toma de decisiones, es un tiempo para la reflexión, la autoevaluación y la preparación para lo que está por venir. Al evaluar honestamente nuestras acciones, reconocer nuestros errores y dejar ir el pasado, podemos abordar decisiones futuras con un sentido de claridad y propósito. A través de este continuo proceso de aprendizaje y crecimiento, podemos convertirnos en mejores tomadores de decisiones y mejores personas.

Vamos a tener múltiples ciclos ocurriendo simultáneamente. Algunos serán grandes e importantes, otros pequeños y no tan importantes. Algunos tomarán mucho tiempo para completarse, y otros se resolverán en cuestión de momentos. Priorizar los ciclos es vital. Podemos lidiar con muchos de ellos de manera bastante rápida y fácil. No todos los ciclos son iguales, y determinar cuál necesita ser clasificado es importante. ¿Cuál es ese viejo dicho? "Cuando estás hasta el cuello de cocodrilos, es importante recordar que tu tarea principal era primero drenar el pantano." Drenar el pantano puede resolver varios problemas por sí solo.

Aquí es donde necesitas llevar notas en tu diario. Cada mañana, tengo una lista de elementos a revisar. Si algo ha estado en esa lista y sigue siendo pospuesto, es hora de ocuparme de ello. Trato estos elementos como si fuera un portero, y necesitara despejar el balón o el disco de la red, o alguien lo empujaría y marcaría en mi contra.

Un aspecto sobre el que debemos ser vigilantes mientras estamos en esta zona es nuestra relación con nuestro ego. El ego intentará arrebatarte el control y secuestrar la situación. En lugar de avanzar y limpiar la pizarra, intentará proceder directamente a la tercera etapa, el desencadenante, sin pasar por las dos primeras. Intentará suavizarlo para que pienses que puedes manejarlo y que no necesitas un reinicio. Cree que lo necesitas. Antes de que te des cuenta, estarás cayendo en picada. Entonces, será momento de sacudirlo y comenzar desde cero.

Como traders, a veces participamos en comportamientos tontos. Durante mucho tiempo, juré que mi monitor había sido hackeado y que en algún lugar, alguien se estaba divirtiendo a mi costa. Cada vez que ingresaba una orden de compra, la seguridad colapsaba justo después. Sí, maldecía a mis monitores, esperando crear algo de culpa en esos bromistas incomprensibles.

Sugerí las dos reglas que mencioné antes. Si he tenido tres operaciones en rápida sucesión, ya sean ganadoras o perdedoras, me alejo y tomo un descanso. Siempre habrá otro tren llegando a la vuelta de la esquina. Algo no está bien y no quiero que mis emociones se involucren. Muchas jurisdicciones tienen una ley o práctica que llama a los conductores para una entrevista para determinar por qué deberían seguir teniendo una licencia de conducir si han sido sorprendidos con tres multas en un corto período de tiempo. La razón es que si has tenido tres multas en rápida sucesión, es probable que hayas cometido otras infracciones que no fueron detectadas. También tienen estadísticas que muestran que la probabilidad de un accidente aumenta dieciséis veces. Rompe el patrón y comienza de nuevo más tarde. La otra regla que tengo es que una vez que he cerrado una operación o una posición, la borraré de mis monitores. No quiero darle a mi ego la oportunidad de señalar que debí haber esperado o que debí haber vendido antes. Recuerda, tu ego no es tu amigo, a pesar de lo que te diga cuando se trata de invertir o comerciar.

Adopté la regla de tres veces y fuera mientras jugaba blackjack. Solía disfrutar jugando al blackjack. No he jugado en un par de años, pero disfrutaba jugar porque me obligaba a obedecer las reglas, a ser observador, estar alerta y mantener mis emociones bajo control, todo mientras ganaba un poco de dinero en el proceso. Ahora, podemos centrarnos en otros temas relacionados con las emociones. Hemos hablado de estos temas antes, pero vale la pena repetirlos.

Hemos hablado de esto antes: el miedo y la codicia, dos emociones comunes en el trading, pueden obstaculizar significativamente nuestro proceso de toma de decisiones. Es crucial reconocer cuándo estas emociones están influyendo en nuestras acciones y dar un paso atrás para reevaluar la situación. Es fácil dejarse llevar por la emoción y la adrenalina del mercado. Nos sentimos en la cima del mundo cuando la operación está funcionando y estamos en verde, pero nos deprimimos cuando se vuelve roja y está en pérdidas. Sin embargo, es importante recordar que el trading es un esfuerzo calculado y estratégico que requiere una mente clara y un enfoque disciplinado. Esta discusión directa y atractiva sobre el miedo y la codicia en el trading enfatiza la importancia de gestionar las emociones.

Un cliente al que entreno me llamó el otro día para preguntarme si debería comprar más XYZ; tenía algunos fondos adicionales disponibles. Cuestioné la existencia de otras posiciones en la lista de compras que él no poseía. Dijo que sí. Le dije que comprara el de mayor rango que no poseía. Dijo que XYZ estaba subiendo (ya había hecho un 450% en esta posición para ese momento). Insistí en que seguía siendo una compra fuerte y que continuaría subiendo, pero su codicia había hecho que su cartera se volviera desequilibrada de una manera importante. No pensé que pudiera manejar la volatilidad si bajaba. Sospecho que ante una caída del 10% en la acción, llamará preguntando si debería venderla. El factor miedo estaba tomando fuerza. Aceptó y compró otro valor de alto rango que no poseía. Al menos, eso es lo que me dijo.

Así como la guerra puede traer caos y destrucción, las emociones en el trading pueden llevar a la ruina financiera si no se controlan. ¿Las emociones de la guerra, para qué sirven? Absolutamente para nada. Al mantener una mentalidad clara y racional, seguir un plan de trading bien pensado y evitar decisiones impulsivas impulsadas por el miedo o la codicia, podemos navegar por el volátil mundo del trading con confianza y éxito. Así que, escúchame cuando digo: mantén tus emociones bajo control y opera sabiamente.

Para destacar verdaderamente como trader, uno debe poseer habilidades técnicas y conocimiento de los mercados y conquistar los desafíos psicológicos internos que pueden obstaculizar el rendimiento. Uno de los mayores desafíos psicológicos que enfrentan los traders es la lucha con sus emociones. El miedo a perderse algo, el miedo a perder dinero y el miedo a tomar la decisión incorrecta pueden impactar significativamente el rendimiento del trading. Las emociones pueden nublar el juicio, llevando a la toma de decisiones impulsivas y comportamientos irracionales. Para destacar como trader, uno debe aprender a controlar estas emociones y tomar decisiones basadas en la lógica y el análisis en lugar de en el miedo o la codicia.

Otro desafío psicológico interno que los traders deben superar es la duda y la autocrítica. La presión constante por rendir puede llevar a sentimientos de inadecuación y autocrítica, lo que puede obstaculizar aún más el rendimiento en el trading. Un trader debe aprender a silenciar al crítico interno y construir confianza en sus habilidades. La autoconfianza y una mentalidad positiva no son solo beneficiosas; son esenciales para el éxito en el trading. Además de conquistar los desafíos psicológicos internos, los traders también deben navegar por los desafíos externos que presentan los mercados.

La volatilidad del mercado, los eventos noticiosos inesperados y las condiciones económicas cambiantes pueden tener un impacto en el rendimiento del trading. Adaptarse a estos desafíos externos y tomar decisiones rápidas bajo presión es esencial para el éxito en el trading. Dominar el juego mental del trading es la clave para lograr un rendimiento excepcional y alcanzar el éxito que deseas. Esto comienza con obtener una comprensión más profunda de los desafíos psicológicos de los traders y aprender a superarlos.

Los traders pueden y van a tener éxito desarrollando inteligencia emocional, construyendo confianza y manteniéndose disciplinados ante la adversidad. Dominar el juego mental del trading es la clave para lograr un rendimiento excepcional y alcanzar el éxito que deseas. Al aprender a controlar las emociones, silenciar la autocrítica y navegar por los desafíos externos, los traders pueden destacar en el mundo del trading y alcanzar su máximo potencial, lo que lleva a un éxito financiero significativo.

Uno de los aspectos particularmente interesantes del trading es que muchos traders creen que las respuestas se encuentran allá afuera en el mercado. Buscamos software de análisis más rápido, mejores indicadores, más conocimiento, mejores perspectivas, análisis más profundos, noticias más rápidas, investigación adicional, las opiniones de otros, diferentes comportamientos y nuevas habilidades, y, sin embargo, todo el tiempo, las respuestas más poderosas residen en nuestro interior. Es en nosotros mismos donde se encuentra nuestro poder y potencial. Todos sucumbimos al síndrome de ser atraídos por objetos nuevos y brillantes. Hablaré sobre esto más adelante.

Creamos un marco para colocar nuestras emociones en la caja correcta y controlarlas de modo que, cuando ocurra lo inesperado, y sucederá, tengamos un plan de acción para actuar en lugar de correr como pollos con la cabeza cortada.

El Poder de Llevar un Diario

A pesar de sus muchos beneficios, muchas personas luchan por motivarse a llevar un diario de manera regular. A menudo se deja de lado con promesas de "lo haré mañana". ¿Recuerdas lo que pegué en mi laptop? "Ayer dijiste mañana". Desafortunadamente, esta procrastinación puede llevar a perder oportunidades de crecimiento y desarrollo personal. Cuando nos tomamos el tiempo para escribir en un diario, tenemos la oportunidad de reflexionar sobre nuestros pensamientos, emociones y acciones. Es una forma altamente económica de teoría. Sacar a pasear al perro es un buen segundo. El papel y el bolígrafo son los más efectivos. Cambio de pluma a bolígrafo y a lápiz. El punto es que intento escribir en mi diario todos los días mientras ocurre el evento. A veces, vuelvo y solo me rasco la cabeza hasta que leo mis notas.

Al analizar nuestras entradas, podemos identificar patrones, comportamientos y hábitos que pueden haber contribuido tanto a experiencias positivas como negativas. Es realmente asombroso volver atrás y leer lo que se puede descubrir sobre uno mismo. Esta autorreflexión puede proporcionar valiosas ideas sobre nuestras fortalezas, debilidades y áreas de mejora. En su famosa cita, "Lo que se interpone en el camino se convierte en el camino." Lo que sea que encuentres difícil de aceptar en tu espejo es probablemente tu ruta hacia adelante," Marco Aurelio nos recuerda que el espejo del diario puede revelar verdades incómodas sobre nosotros mismos que quizás no queramos ver. Sin embargo, son precisamente estas verdades las que necesitamos enfrentar para crecer y evolucionar como individuos.

Al reconocer nuestras fallas y debilidades, podemos trabajar para superarlas y convertirnos en la mejor versión de nosotros mismos. Llevar un diario nos permite seguir nuestro progreso, establecer metas y hacernos responsables de nuestras acciones. Al comprometernos a llevar un diario regularmente, podemos profundizar nuestra autoconciencia, obtener valiosas ideas y hacer cambios positivos en nuestras vidas.

Las personas llevan un diario por diversas razones. Mi cuñada, Anne, registra cada vez que llena el tanque de gasolina. Puede decirte, creo, tal vez 40 años atrás, su consumo de gasolina, costo, y demás. ¿Por qué? Porque comenzó a hacerlo y le resultó interesante. Bien por ti, Anne, sigue llevando tu diario.

Así que, la próxima vez que te encuentres posponiendo el llevar un diario, recuerda el vasto potencial que tiene para ayudarte a convertirte en un mejor trader - o en una mejor persona. Tómate el tiempo para reflexionar, identificar patrones y esforzarte por la mejora personal. Tu futuro yo te agradecerá el esfuerzo que inviertas hoy.

ESTRESORES y Estrés.

Cuando leí por primera vez el artículo en noviembre de 2012 en Advisor One, me centré en el aspecto de CNBC como el enemigo público número 1. Esto se aplica a todos los medios de comunicación. No son nuestros amigos; debemos recordar que nos están vendiendo un producto, y son pagados por los anunciantes. Piénsalo: ocurre algún desastre, y durante la siguiente semana, los diversos canales se apuran en explicarnos que el informe de la uña encarnada que tiene el Presidente es crítico para la seguridad nacional. No profundicé en el aspecto del estrés. No se me ocurrió debido a mi proceso y método de inversión. Con el programa y las estrategias que había desarrollado y empleado, el estrés sobre la selección de valores y si debía quedarme o irme no era un factor.

Había desarrollado un sistema basado en reglas que era exitoso y me mantenía mayormente dentro de esas reglas. No es que mi vida no fuera estresante, nada más lejos de eso.

Aquí está el artículo, y AHORA he leído la parte restante; encontré el resto fascinante.

CNBC: ¿Enemigo Público #1?

1 de noviembre de 2012

Un artículo reciente en Advisor One sugiere que CNBC es perjudicial para el bienestar de tus clientes. En verdad, no se enfocó realmente en CNBC. Era aplicable a cualquier dieta constante de noticias financieras. Esto es lo que el artículo decía sobre las noticias financieras y el estrés del cliente:

Los clientes se estresan por cosas que no predecirías. Este es un ejemplo clásico, descubierto en el Centro de Investigación de Planificación Financiera de la Universidad Estatal de Kansas (KSU) por la Dra. Sonya Britt de KSU y el Dr. John Grable, ahora en la Universidad de Georgia, en su reciente trabajo "Noticias Financieras y Estrés del Cliente". Encontraron que, contrariamente a lo que podrías pensar, el estrés del cliente aumenta al ver noticias financieras, y escuchar que el mercado subió provoca que los niveles de estrés se eleven aún más. "Específicamente, el 67% de las personas que vieron cuatro minutos de CNBC, Bloomberg, Fox Business News y CNN mostraron un aumento en el estrés, mientras que el 75% de aquellos que vieron un video de noticias solo positivas exhibieron un aumento en el estrés", escribieron.

¿Por qué? "Se encontró que las noticias financieras aumentan los niveles de estrés, particularmente entre los hombres", escribieron Grable y Britt. Sorprendentemente, las noticias financieras positivas, como los informes de optimismo en el mercado de valores, generaron los niveles más altos de estrés,

encontraron, sugiriendo que las noticias financieras positivas pueden provocar arrepentimiento entre algunas personas. Los autores se refirieron a estudios previos sobre el arrepentimiento que encontraron que "las personas tienden a sentirse más remordimiento cuando miran atrás en una situación y se dan cuenta de que no tomaron acción". La conclusión de los autores: Los asesores financieros deberían pensar dos veces antes de tener televisores en la oficina sintonizados en canales financieros.

Es sorprendente, ¿no?, descubrir que los clientes estaban estresados incluso cuando el mercado estaba subiendo. Las subidas y bajadas del mercado parecen provocar preocupaciones en los clientes sobre sus decisiones financieras. Cualquier cosa que socave su confianza probablemente no sea positiva. De hecho, una de las cosas importantes que los asesores pueden hacer es ayudar a los clientes a manejar su comportamiento de inversión. Las noticias financieras parecen trabajar en contra de eso. (Otras cosas también lo hacen; el artículo completo tiene una serie de pensamientos útiles sobre lo que estresa a los clientes y cómo reducir el estrés del cliente).

La relación entre altos niveles de estrés y una mala toma de decisiones es bien conocida por psicólogos, investigadores y aficionados al deporte en todo el mundo. "Nuestros cerebros operan en diferentes niveles, dependiendo de las circunstancias", me dijo Britt en una entrevista. "Bajo altos niveles de estrés, nuestras funciones intelectuales de toma de decisiones se apagan y nuestra respuesta emocional de lucha o huida se activa." Agregó Grable: "Las personas se adaptan a bajos niveles de estrés de manera diferente, pero el estrés abrumador resulta en un comportamiento predecible. Cuando estamos estresados, nuestros cerebros no pueden moverse para tomar decisiones intelectuales.

Si queremos ayudar a nuestros clientes a mantenerse tranquilos y seguir con sus planes, tal vez deberíamos preguntarles sobre sus familias, sus mascotas y sus pasatiempos en un ambiente relajado en lugar de inundarlos con datos del mercado.

Quiero ayudarte a hacer la transición a una existencia más tranquila. Y no, no implica yoga ni ejercicios de respiración. Podrían ayudar, cabe mencionar. Un estresor es un estímulo ambiental externo que resulta en preocupación mental. El estrés implica la sensación de ansiedad, real o imaginada. Es la respuesta emocional de un individuo a un estresor. Todos sobre reaccionamos a ciertas situaciones.

Hace muchos años, recuerdo una situación particular cuando mis padres aún estaban vivos y viviendo en la ciudad. Estaba al teléfono con un cliente y mi segunda línea sonó. Parpadeó brevemente y luego se volvió sólida, mostrando que mi asistente la había contestado. Luego se apagó, indicando que mi asistente había tomado el mensaje. Continué con mi llamada al cliente y, unos momentos después, mi asistente abrió la puerta de mi oficina y entró con el rostro pálido, mostrando una expresión de pánico o extrema preocupación. Le pregunté al cliente si podía ponerlo en espera por un momento y luego me dirigí a mi asistente. Ella dijo con una voz temblorosa: "Era tu madre; estaba muy alterada. Creo que es tu padre." Reuní mis pensamientos, le agradecí, levanté el teléfono y le dije al cliente que lo llamaría de regreso. Mi padre había estado sufriendo de Parkinson desde hacía un tiempo y requería cada vez más ayuda. Con un millón de pensamientos corriendo por mi mente, levanté el teléfono, respiré hondo y llamé a mi madre. ¿Qué causó esta crisis existencial? En un tono muy agitado, frustrado y maternal, exclamó que había perdido el botón de inicio de su computadora. Exhalé, miré mi reloj, que marcaba las 11:30, y dije que me uniría a ellos para el almuerzo y luego repararía su computadora. Nuestras mentes juegan estos juegos todo el tiempo, y necesitamos estar alerta y no dejar que nuestras imaginaciones tomen el control.

Todos necesitamos algo de estrés en nuestras vidas. Sin él, estamos muertos o bien podríamos estarlo. El mercado de valores, siendo una entidad volátil e impredecible, puede causar un estrés y ansiedad indebidos entre inversores y comerciantes. Las constantes fluctuaciones en los precios de las acciones, los indicadores económicos y los eventos globales pueden contribuir al estrés experimentado por las personas involucradas. El estrés del mercado de valores puede tener un impacto significativo en la salud mental, las habilidades de toma de decisiones y el bienestar general si no se aborda adecuadamente.

Vemos los valores en una luz diferente a la de otros activos que podemos tener. Suelen ser muy líquidos, y sus precios pueden y fluctuarán. Algunas personas les atribuyen atributos adicionales que no deberían. Yo veo mi tostadora como una tostadora. Se mantiene inmóvil y realiza su función designada: tostar pan. Muchas personas atribuyen cualidades adicionales a nuestros automóviles, por ejemplo. Nos lleva cuando y donde queremos ir. Algunos pueden verlo como un símbolo de estatus o una insignia de honor. Una vez poseí un BMW 540i, la máquina de conducción definitiva. Para ser honesto, ¿por qué lo compré? Pensé que merecía un regalo generoso para mí, y un poco de ego también estaba involucrado. Resultó ser bastante caro para mí. Tuve que asistir a una escuela de manejo correctivo después de recibir demasiadas multas por exceso de velocidad en un período muy corto.

"Hola, mi nombre es Wilf, y soy un conductor imprudente."

"Hola, Wilf."

¿Sabes cuando estás conduciendo y ves un espacio adelante en el otro carril? Este vehículo te teletransportaría allí; era tan suave. ¿Necesitaba el BMW o el Cadillac? No. Mi coche favorito era un Mazda 3. Era un vehículo simple. Mi hijo, Benjamin, lo había arrendado y quería un coche nuevo, pero aún tenía pagos pendientes.

Así que, para ayudarlo, entregué el Cadillac y asumí sus pagos. Me encantaba. La estándar era perfecta para mí; no tenía otras opciones. La experiencia de conducir era pura diversión, y no respondía como un caniche nervioso en invierno, como el BMW. Esto es lo que un coche debía ser, para mí de todos modos.

A continuación, tenemos los valores. Las personas colocarán sus esperanzas y sueños en ellos. Ellos sostienen la clave de su jubilación, la nueva casa, la educación de los niños y sus deseos filantrópicos. Puede darles derechos de presumir alrededor de la fuente de agua de la oficina o en la reunión familiar. Impulsado por el ego, en parte, para algunos individuos. No son la clave de tu futuro; tú lo eres y las decisiones que tomas con ellos. Deben ser tu tostadora. Úsalos como se supone que deben ser usados. Son las herramientas para llegar a tu meta. Tú los controlas para ser desplegados lo mejor que puedas. Quiero mostrarte cómo usar tus herramientas de la manera más efectiva posible. Sé que puedes hacerlo.

Entender cómo el cerebro procesa los estresores es esencial para comprender las respuestas individuales al estrés y cómo lidiamos con ellas. Podemos dividir el cerebro en tres niveles, cada uno responsable de diferentes funciones: el nivel más bajo controla las funciones corporales involuntarias, el nivel medio regula las emociones y el nivel más alto maneja los procesos cognitivos.

Debemos saber cómo podemos responder a situaciones estresantes. Aquellos en situaciones de alto estrés pueden reaccionar en modo de "lucha o huida", resistiendo la oportunidad de buscar ayuda, ya sea con un asesor o siguiendo un plan de acción establecido. Medir el estado fisiológico de un individuo puede ofrecer información sobre cómo el cerebro reacciona al estrés.

El estrés puede perjudicar el pensamiento de orden superior, haciendo que los individuos se enfoquen en preocupaciones inmediatas en lugar de en metas a largo plazo. Balancear la vida presente y la planificación futura es ideal, pero las situaciones de alto estrés a menudo desplazan la toma de decisiones hacia el corto plazo. Esto se debe a que el estrés desencadena la respuesta de lucha o huida, limitando la capacidad de pensar racionalmente sobre las consecuencias a.

Encontré fascinante la siguiente parte del estudio. En su experimento, los investigadores utilizaron una resonancia magnética funcional para monitorear la actividad cerebral de 24 estudiantes universitarios mientras tomaban decisiones sobre intercambiar un pago garantizado por una oportunidad de un mayor premio de lotería. A veces, recibían consejos por escrito del Dr. Charles Noussair, un economista de la Universidad de Emory que también asesora a la Reserva Federal de EE. UU. Otras veces, decidían por su cuenta. Para sorpresa de nadie, los estudiantes seguían el consejo del Dr. Noussair, incluso si era malo o erróneo.

Lo sorprendente era la actividad cerebral observada. Al tomar decisiones de manera independiente, sin consejo experto, se mostró actividad en su corteza cingulada anterior y corteza prefrontal dorsolateral. Estas son áreas asociadas con el cálculo de probabilidades y la toma de decisiones. **Sin embargo, cuando se les daba el consejo del Dr. Noussair, la actividad en esas áreas se estabilizaba.**[28]

Cuando lo piensas, las implicaciones son preocupantes al considerar cuán poco confiables son los expertos, como lo señaló el Dr. Phillip Tetlock.

Eso me hizo reflexionar sobre mis llamadas con los clientes. Solo asumí que nuestras decisiones eran colaborativas y que estaban prestando atención. Cuando revelé este descubrimiento a uno de mis hermanos, él lo confirmó. Dijo: "Siempre que llamabas para hablar

---

[28] Engelmann, el at. pp. 3.

sobre hacer una operación, apagaba mi mente porque confiaba en ti. Si se trataba de a dónde íbamos a cenar, esa es otra historia".

Vimos este tipo de comportamiento durante la pandemia de COVID-19. La gran mayoría de la población simplemente siguió lo que dijeron las autoridades sin cuestionarlo. Muchos abdicaron su libertad y poder sin resistencia. Y aún hoy, creo que muchos son perezosos o carecen de la motivación para recuperarlos.

Escuché una entrevista dada por el Dr. Jordan Peterson. En ella, dijo que cuando estudiamos la Alemania nazi de los años 30, todos se identifican con la Lista de Schneider o Ana Frank. La gente nunca se identifica con los guardias de las SS. Nunca podríamos ser tan malvados, sin embargo, el Dr. Peterson dijo que un buen 35% o más de las personas durante la pandemia nos habría entregado gustosamente a la policía por no usar mascarilla. Somos testigos de innumerables personas que se negaron a vacunarse, perdiendo sus empleos y siendo vilipendiadas.

Ratas, Humanos y Probabilidad

En su libro 'Juicio Político de Expertos: ¿Qué tan Bueno Es? ¿Cómo Podemos Saberlo?'[29], el Dr. Philip Tetlock presentó un contraste notable en la toma de decisiones. Citó estudios en los que los investigadores pidieron a los sujetos que predijeran qué lado de un laberinto en forma de T proporcionaría comida para ratas. El laberinto estaba diseñado para colocar la comida al azar, con un 60% de probabilidad en un lado y un 40% en el otro. Curiosamente, mientras que las ratas aprendieron rápidamente a esperar en el lado

---

[29] Tetlock, P. E. "Juicio Político de Expertos: ¿Qué tan Bueno Es? ¿Cómo Podemos Saberlo?", Princeton University Press. 2005.

con una tasa de éxito más alta, los observadores humanos rara vez vieron este patrón. En cambio, tomaron decisiones basadas en nuevos resultados a medida que llegaban. Esto llevó a una precisión de apenas el 52%, indicando un diagnóstico erróneo de las estrategias de probabilidad que tienen en cuenta la sorpresa y el error. Parece que interpretamos consistentemente de manera errónea las estrategias probabilísticas que aceptan la inevitabilidad de la aleatoriedad y el error. Este marcado contraste entre la toma de decisiones de las ratas y los humanos subraya la necesidad de reconocer nuestras limitaciones y sesgos. Pero no les preguntes a las ratas su opinión sobre la dirección de los mercados.

Este hallazgo y otros similares tienen un profundo impacto en la toma de decisiones en política, economía y la vida cotidiana. La urgencia de reconocer y aceptar la aleatoriedad y la infalibilidad es primordial para tomar decisiones informadas y exitosas. Al reconocer nuestras limitaciones y sesgos, podemos esforzarnos por mejorar nuestras habilidades de toma de decisiones y evitar las trampas de buscar patrones que no existen. Aquí, los humanos sobrepensaron y vieron patrones que no existían. Frecuentemente nos encontramos en la misma situación, destacando la importancia de esta perspectiva. Como mencioné anteriormente, terminamos viendo patrones que no existen.

Esto subraya la compleja naturaleza de los procesos cognitivos y los desafíos que enfrentamos para evaluar con precisión las situaciones, especialmente en un entorno dinámico y volátil. El trabajo de Edwards, Estes, Tetlock y otros proporciona información invaluable sobre cómo las personas responden a la incertidumbre y el impacto, enfatizando la complejidad y la importancia de este aspecto de la toma de decisiones. Recuerda, mencioné que juraba que mi monitor había sido hackeado y que alguien estaba observando cómo tomaba decisiones de trading. Tonto, sí, lo sé, pero se sentía así.

El Dr. Tetlock, de quien discutimos en profundidad, ha hecho contribuciones profundas a los campos de la toma de decisiones y la predicción. Su libro, 'Juicio Político de Expertos', disecciona meticulosamente las trampas de la predicción y la confianza injustificada que los expertos suelen exhibir en sus pronósticos. Dan Gardner también destacó esto en su libro 'Future Babble' durante nuestra correspondencia. Le pregunté por qué no había un segmento sobre gurús financieros, y aquí está su respuesta nuevamente.

"En mi plan original para el libro, tenía un capítulo sobre gurús financieros. La mayor parte estaba escrita, pero la eliminamos simplemente para mantener el libro corto, lo cual era necesario, en un sentido práctico, pero también una pena. Algunos de los chicos del dinero que entrevisté — nombres muy importantes — eran las mejores ilustraciones del tipo de experto del que deberíamos huir. Pero estaban seguros. Oh, señor, estaban seguros. Absolutamente inquebrantables. No importaba lo que sucediera, siempre tenían razón. Verdaderamente asombroso."[30]

La investigación de Tetlock ilumina la importancia de adquirir humildad y apertura al tratar con problemas complejos, y subraya la necesidad de abrazar la incertidumbre y considerar múltiples perspectivas, dejando al lector con un sentido de iluminación. Muchos expertos que son remunerados por sus consejos fracasan. Sin embargo, al utilizar las ideas de expertos como Tetlock, podemos ser más conscientes de nuestros propios sesgos y puntos ciegos. Este conocimiento nos fortalece y nos hace más reflexivos, incluso cuando nos sentimos inseguros. Aquí es donde debemos aceptar la humildad y acatar mi segundo principio: **cuando los hechos cambian, cambio de opinión. ¿Qué hace usted, señor?**

Por otro lado, el estudio del razonamiento y la toma de decisiones posibles proporciona una gran perspectiva sobre cómo

---

[30] De la correspondencia personal de Wilfred Brockmann, fechada el 30 de mayo de 2011.

podemos mejorar nuestro pensamiento y habilidades para resolver problemas. Al adoptar un enfoque probabilístico y aceptar la incertidumbre en una situación, podemos tomar decisiones informadas y racionales. Este enfoque fomenta la flexibilidad y la adaptabilidad, permitiéndonos manejar situaciones complejas más fácilmente.

Por un lado, los aspectos negativos de este proyecto indican la existencia de desafíos y prejuicios que influyen en las decisiones de las personas. Nuestro deseo de encontrar patrones y tomar decisiones aleatorias puede desviarnos, ignorar detalles importantes o cometer errores. Comprender estas limitaciones es importante para reducir su impacto y mejorar los procesos de toma de decisiones. Debemos estar siempre atentos a nuestras debilidades.

Sabemos que las ratas tienen una mejor oportunidad de acertar con la probabilidad que las personas. Por esta razón, necesitamos emplear un proceso de inversión sistemático. Esto eliminará la presión y el bullicio de los mercados, permitiendo que se investiguen y calculen estrategias y probabilidades. Un proceso de inversión sistemático nos permite tomar decisiones basadas en la probabilidad, reconociendo que una toma de decisiones inteligente no puede superar una cierta cantidad de aleatoriedad. No deseamos repetir la experiencia de Long-Term Capital Management de manera personal. Como he dicho numerosas veces, se llama asumir riesgos; de lo contrario, se llamaría asumir certezas.

Irónicamente, las inherentes y sofisticadas habilidades de reconocimiento de patrones de los humanos nos hacen percibir patrones en la probabilidad que son inexistentes. Un proceso de inversión sistemático puede reducir o eliminar la "sobreinterpretación" inherente a nuestra propia inteligencia. Entonces, podemos basar nuestras decisiones únicamente en las probabilidades reales incrustadas en los datos; esas decisiones serán mucho mejores a lo largo de muchos ensayos.

Invertir con éxito nunca es fácil, pero un proceso de inversión sistemático como la fuerza relativa, que utilizamos, puede eliminar al menos una barrera para un gran rendimiento. Vaya más allá en https://beyondetfspro.com – otra promoción descarada.

Harry Markowitz y su asignación personal de activos

Me gustaría destacar algunos hechos interesantes sobre la toma de riesgos y las emociones involucradas en la toma de estas decisiones. Las emociones y los miedos de la mayoría de las personas son mucho más profundos de lo que sospechamos. Pero no los suyos porque usted está leyendo este libro, ¿verdad? Ya he mencionado anteriormente a Harry Markowitz, el economista ganador del Premio Nobel que fue pionero en el campo de la teoría de carteras de inversión. Entre a cualquier institución financiera y dígales que tiene dinero para invertir, y le harán una serie de preguntas para determinar su tolerancia al riesgo y diseñar una cartera personalizada específica para crear su asignación óptima de activos. A continuación, se presenta un cuestionario de cinco partes que utilicé en los años 90. Sí, utilicé este enfoque durante un corto período de tiempo.

1. "Puedo necesitar las sumas en esta cuenta dentro de los próximos 5 años… SÍ/NO

2. Si esta cuenta perdiera dinero durante un año, me quedaría con mi estrategia… SÍ/NO

3. Mi presupuesto personal actual o mis otras inversiones cubren mis gastos actuales, utilizaré esta cuenta para otros… SÍ/NO

4. Tengo entre 45 y 60 años… SÍ/NO

5. Esta cuenta representa menos del 25% de mis activos netos… SÍ/NO"

Aquí hay una carta que envié durante ese período.

----

5 de febrero de 1996

Sr. y Sra. XXXXX

Estimado XXXX,

He adjuntado los resultados del cuestionario, que completamos durante nuestra reunión el 31 de enero de 1996. Utilizo estos resultados en conjunto con Mercer Investment Consulting Ltd., la principal firma de consultoría de planes de pensiones en Canadá. Mercer también contribuyó al cuestionario, que nos ayuda a alinear sus objetivos y necesidades con puntos de referencia de activos apropiados. Usamos los resultados como un punto de partida para una mezcla de cartera cómoda y revisaremos las recomendaciones durante nuestra reunión el 9 de febrero de 1996.

Como mencioné, la asignación de activos tiene la mayor influencia individual en los rendimientos de la cartera. Es una forma comprobada de proporcionar los **<u>mayores rendimientos posibles,</u>** dado su nivel de riesgo declarado.

Las recomendaciones de mezcla de activos tácticos son proporcionadas de forma continua por T.A.L. Investment Counsel Ltd. T.A.L., pionero canadiense en asignación de activos, ha utilizado y refinado con éxito el mismo enfoque fundamental de asignación de activos desde 1973. T.A.L. ha crecido hasta convertirse en uno de los principales administradores de cartera independientes de Canadá, con más de $22 mil millones en activos bajo gestión.

Mi objetivo es comprender sus necesidades, lo que ayudará a proporcionarle:

• Políticas de inversión sólidas (**asignación estratégica de activos** que conduce a puntos de referencia) basadas en objetivos y necesidades específicas, así como en rendimientos históricos y proyectados de las clases de activos;

• Recomendaciones personalizadas de mezcla de activos (**asignación táctica de activos**) basadas en proyecciones a 12 meses para los principales mercados financieros en todo el mundo.

Mi proceso de gestión de cartera implica 5 pasos:

1. **Establecer** sus objetivos, necesidades y niveles de tolerancia al riesgo.

2. **Alinear** sus objetivos con una cartera de asignación de activos a largo plazo de Mercer basada en tendencias a largo plazo para los principales mercados financieros.

3. **Ajustar** su mezcla actual de inversiones de acuerdo con las previsiones económicas y del mercado de T.A.L.

4. **Recomendar** inversiones específicas basadas en su asignación actual de activos.

5. **Entregar** un informe personalizado que describa su estrategia a largo plazo, asignación actual de activos y cartera actual, así como cualquier decisión de compra-venta necesaria.

Y la carta va acompañada de una recomendación, etc.

Aquí está el problema. Markowitz creó un modelo matemático utilizando un conjunto de ecuaciones complicadas para reducir el sesgo emocional que tenemos al crear la asignación óptima de activos. **Sin embargo, no pudo implementar su propia**

investigación, al menos al establecer su fondo de jubilación personal.

"Debería haber calculado las covarianzas históricas de las clases de activos y dibujado una frontera eficiente", confesó más tarde Markowitz. "En cambio, visualicé mi tristeza si el mercado de valores... bajaba mucho y yo estaba completamente invertido. **Mi intención era minimizar mi futuro arrepentimiento.** Así que dividí mis contribuciones 50/50 entre bonos y acciones." (El énfasis es mío)[31]

Cuando se enfrentó a una consecuencia emocional, ¡incluso el hombre que inventó la frontera eficiente se convirtió en un inversor irracional! Honestamente, esto es solo humano. Nuestras decisiones a menudo son impulsadas por un deseo de no parecer tontos. Esto es exactamente lo que hizo Markowitz. Se sintió asustado, y todos tenemos esta tendencia a veces. La suposición de que los inversores alguna vez serían racionales era simplemente una premisa errónea. Para profundizar más en este asunto, en mi opinión, gran parte de los datos que se utilizan para alimentar estas suposiciones son defectuosos. Estos modelos utilizan datos históricos, que por sí mismos son... históricos, el pasado.

Considera los datos que determinarían cuánto sería la asignación de bonos que uno tendría en su cartera. Recuerda mi posición sobre los bonos en mi segmento "Creo", que no tengo. El Bono del Tesoro de EE. UU. a 10 años tuvo un rendimiento del 15.68% en octubre de 1981. El rendimiento alcanzó el 0.7% después de caer hasta marzo de 2020. A partir de julio de 2024, rinde un 4.1%. Durante buena parte de 39 años, hemos sido testigos de un mercado alcista en bonos. Me pregunto qué están proyectando sus modelos ahora para la dirección de las tasas de interés a largo plazo.

---

[31] Zweig, J., 'Cómo invierten los ganadores del Premio Nobel.' Wall Street Journal, 26 de diciembre de 1998.

Sospecho que cualquier cifra que usen será incorrecta. Ellos son expertos, por cierto.

Solo una nota al margen sobre las tasas de interés: predije el pico en las tasas de interés en ese entonces. ¿Cómo, puedes preguntar? Merrill Lynch en ese momento estaba suscribiendo una acción de dividendo preferente con un rendimiento del 14.75% para CIBC y TransAlta. Esto le daba a la seguridad un rendimiento de bono equivalente al 22.125%. Llamé a todos en el país que pudieran reflejar un espejo y no pude vender una sola acción. Incluso mis padres me rechazaron. La respuesta típica fue: ¿por qué debería aceptar el 22.125% cuando las tasas de interés van a ser del 25%? Aquí, la multitud no mostró sabiduría.

Por lo tanto, enfatizo un proceso de inversión basado en reglas que puedes usar para eliminar la emoción de la ecuación.

En mi investigación continua sobre los riesgos, miedos y emociones que los inversores enfrentan al tomar decisiones de inversión, encontré un documento titulado "Ambigüedad y No Participación: El Papel de la Regulación" de David Easley y Maureen O'Hara[32]. Querían estudiar si una mayor regulación inyectada en la infraestructura financiera aumentaría la participación de los hogares. ¿Aumentaría la tasa de participación si los inversores supieran que una estricta supervisión de los estados financieros de la empresa reduciría la probabilidad de fraude? Ya no tenemos días vertiginosos como los de Jesse Livermore. Dijeron que las tasas aumentarían un poco, pero lo que realmente me sorprendió fue la tasa de participación general de las familias estadounidenses. Este estudio se publicó en 2009, y sospechaba que los inversores se estaban replegando de la Gran Recesión.

---

[32] Easley, D., O'Hara, M., 'Ambigüedad y no participación: El papel de la regulación' The Society for Financial Studies, Oxford University Press, 2009.

En busca de datos actuales, revisé los archivos de la Reserva Federal de EE. UU. y encontré su informe "Cambios en las Finanzas de las Familias de EE. UU. de 2019 a 2022. Evidencia de la Encuesta de Finanzas del Consumidor. Octubre de 2023."[33]

La propiedad directa de acciones aumentó marcadamente entre 2019 y 2022, del 15 por ciento de las familias al 21 por ciento, el cambio más grande registrado. Las tenencias de acciones medianas condicionales cayeron aproximadamente a la mitad, de $29,000 a $15,000, lo que sugiere que los nuevos entrantes en la propiedad directa de acciones tenían carteras más pequeñas que las familias que habían mantenido acciones durante mucho tiempo.[34]

Cuando se combinan las tenencias de acciones directas e indirectas, la encuesta de 2022 mostró un aumento en la propiedad de acciones al **58 por ciento, en comparación con el 53 por ciento en 2019 y el 52 por ciento en 2016.**[35]

El segmento destacado es mío. Nunca me di cuenta de que la participación en el mercado de valores es tan baja. No puede ser por los costos de transacción, son casi cero. No puede ser por el acceso a una plataforma de trading, tampoco puede ser por falta de información, está por todas partes. Lo único que queda es el miedo, o que las personas no tengan el dinero para invertir. Podemos superar ese obstáculo poniendo todo junto.

Las acciones no te harán rico ni te mantendrán rico. Esta afirmación puede parecer contradictoria para muchos, ya que invertir en el mercado de valores es la única manera de hacer crecer

---

[33] Banco de la Reserva Federal de EE. UU., Investigación y Análisis, Cambios en las finanzas familiares de EE. UU. de 2019 a 2022. Evidencia de la Encuesta de Finanzas del Consumidor, octubre de 2023, https://www.federalreserve.gov/publications/files/scf23.pdf, consultado el 2 de junio de 2024.
[34] Fed, pp. 16.
[35] Fed, pp. 17

tus inversiones a largo plazo. Sin embargo, hay un factor crucial que falta en esta ecuación, y ese factor eres tú.

La riqueza no está determinada únicamente por las acciones, sino por las acciones y decisiones tomadas en relación con esas inversiones. Las acciones por sí solas no harán crecer tu riqueza sin tu participación y esfuerzo activos. Toma el control de tus inversiones, monitorea su rendimiento y toma decisiones basadas en las condiciones del mercado y tus objetivos financieros.

Además, simplemente poseer acciones no es suficiente para garantizar riqueza a largo plazo. La clave para construir y mantener la riqueza radica en tu comportamiento como inversionista. Esto incluye tener un enfoque disciplinado para invertir, manejar tus emociones y mantenerte comprometido con tus objetivos financieros a largo plazo.

Uno de los desafíos más significativos que enfrentan los inversores es gestionar sus emociones. El mercado de valores puede ser volátil, y es fácil entrar en pánico y tomar decisiones irracionales en respuesta a las fluctuaciones del mercado. Sin embargo, los inversores exitosos entienden que la volatilidad del mercado es una parte normal de la inversión y se mantienen enfocados en su estrategia de inversión a largo plazo.

En última instancia, tu comportamiento respecto a tus inversiones determinará tu éxito como inversor. Las acciones son simplemente una herramienta que puedes usar para hacer crecer tu riqueza, pero depende de ti aprovechar esa oportunidad al máximo. Siendo disciplinado, manejando tus emociones y manteniéndote comprometido con tus objetivos financieros, puedes comportarte de tal manera que te lleve hacia la riqueza. Recuerda, las acciones no lo harán solas: tú debes hacer el trabajo.

Cómo arruinar tu cuenta en unos pocos pasos fáciles.

Arruinar tu cuenta, desafortunadamente, es bastante fácil; lo sé por experiencia personal. Es fácil perder el ritmo de lo que se supone que debes hacer. Todos rompemos las reglas ocasionalmente, pero el problema es cuáles reglas y cuándo. Al menos yo lo hago, podemos volvernos perezosos, perder el enfoque y tomar atajos. Pero debemos estar en guardia y no perder nuestro enfoque. La paciencia y la autodisciplina son muy críticas. Seguir las reglas y establecer una rutina es primordial. No se trata de seguirlas ocasionalmente; se trata de seguirlas todos los días.

¿Alguna vez te has desviado de las reglas que sabes que deberías seguir? Tal vez has saltado un entrenamiento, procrastinado en un proyecto o tomado atajos en tu trabajo. A todos nos pasa en algún momento. Pero el peligro radica en convertir en un hábito romper las reglas. Cuando repetidamente tomamos atajos e ignoramos las pautas establecidas, nos preparamos para el fracaso. Ya sea en nuestra vida personal o en nuestros esfuerzos profesionales, seguir las reglas es esencial para el éxito.

Las reglas están ahí por una razón, para mantener el orden, asegurar la equidad y protegernos del daño. Cuando desestimamos estas reglas, no solo nos ponemos en riesgo, sino que también comprometemos el bienestar de quienes nos rodean. Establecer una rutina es una de las formas clave de mantenernos en el camino y evitar perder el ritmo de lo que se supone que debemos hacer. Seguir un horario y una rutina consistentes puede ayudarnos a gestionar mejor nuestro tiempo, mantenernos enfocados en nuestras metas y evitar sucumbir a la pereza o la distracción. Cada paso que damos hacia romper las reglas puede parecer insignificante, pero el efecto acumulativo puede ser sustancial. Ya sea recortando esquinas en nuestro trabajo, tomando riesgos con nuestras inversiones o descuidando nuestra salud, cada regla que rompemos nos acerca un paso más a un posible desastre.

Honestamente, nadie quiere arruinar su cuenta. Ya sea una cuenta financiera, una relación o una meta personal, las consecuencias de romper las reglas pueden ser graves. Al mantenernos disciplinados, enfocados y cumpliendo con las pautas establecidas, podemos evitar las trampas de desviarnos del camino que sabemos que debemos seguir. Así que comprometámonos a seguir las reglas a diario y en cada momento. Establezcamos una rutina que nos mantenga en el camino y nos evite perder el ritmo de lo que deberíamos estar haciendo. ¿De acuerdo?

Al mantenernos disciplinados, enfocados y dedicados a seguir las reglas, podemos asegurar nuestro éxito y evitar las trampas de romperlas. Seamos vigilantes, comprometidos y sigamos en curso. Es hora de tomar una posición contra la pérdida de ritmo y comprometernos a seguir las reglas a diario. Tú puedes. Nosotros podemos. Además, tener un conjunto de reglas hace la vida mucho más fácil. Te ahorra tiempo y energía al recordar lo que deberías hacer a continuación.

1. No tener un plan: Tener un plan es crucial para el éxito en cualquier aspecto de la vida, especialmente al gestionar tus cuentas. Así como no te embarcarías en un viaje sin un mapa o GPS, no deberías intentar navegar por las traicioneras aguas de la gestión financiera sin un plan sólido en su lugar. Cuando te subes a tu auto para ir a la tienda, tienes un plan. Consideras qué ruta tomar, las condiciones del tráfico, el mejor momento para ir y si necesitas recoger algo más en el camino.

Tener un plan asegura que llegues a tu destino rápidamente y de manera segura. Los mismos principios se aplican a la gestión de tus cuentas. Desear no es un sustituto para un plan. No puedes simplemente desear que tus finanzas mejoren sin tomar ninguna acción. Necesitas tener un plan concreto con pasos accionables y rutinas establecidas para asegurar tu salud financiera.

Así como tienes una rutina para levantarte por la mañana, cepillarte los dientes y tomar una ducha, necesitas una para gestionar tus cuentas. Esta rutina debe incluir chequeos regulares, actualizaciones y ajustes para asegurarte de que estás en el camino correcto para alcanzar tus metas financieras. Sin un plan, es muy probable que tomes decisiones apresuradas basadas en emociones o impulsos, lo que puede llevar a un desastre financiero o a girar a la derecha en lugar de a la izquierda en la intersección.

Tener un plan en su lugar te da un mapa a seguir y te ayuda a tomar decisiones informadas sobre tu dinero. Entonces, ¿cuál es tu rutina para gestionar tus cuentas? ¿Eres consistente al revisar tus gastos e ingresos? ¿Hay un presupuesto al que te adhieres de manera constante? ¿Te fijas metas financieras para ti mismo y haces seguimiento de tu progreso hacia su consecución? No subestimes el poder de tener un plan para gestionar tus cuentas. Podría marcar la diferencia entre el éxito financiero y el fracaso. Tómate el tiempo para crear un plan sólido y cúmplelo. Tu yo futuro te lo agradecerá. Hablaré de mi rutina y plan en el capítulo quince.

2. Ser demasiado arrogante. Ser demasiado arrogante en el mundo del trading puede llevar a consecuencias desastrosas. Cuando uno permite que su ego tome el control, pensamos que somos invencibles y superiores a los demás. Esta arrogancia puede cegarnos ante los riesgos potenciales y las tendencias del mercado que podrían causar pérdidas significativas. La arrogancia en el trading a menudo proviene de un lugar de exceso de confianza en las propias habilidades y conocimientos. Encontrar el equilibrio perfecto entre la confianza y la adaptabilidad es crucial.

Recuerda que nadie es infalible. Los mercados son impredecibles y pueden cambiar de dirección rápidamente, sorprendiendo incluso a los traders más experimentados. Al mantenernos humildes y abiertos a nueva información, los traders pueden navegar mejor por el paisaje en constante cambio. La arrogancia también puede llevar a la toma de decisiones arriesgadas y a la falta de disciplina. Los traders que creen que siempre tienen razón pueden ser más propensos a asumir riesgos imprudentes en su afán de probar su superioridad. Un enfoque más cauteloso y sereno podría prevenir pérdidas significativas. Al reconocer nuestras limitaciones y permanecer flexibles en nuestras estrategias de trading, podemos evitar las trampas de la arrogancia y aumentar nuestras posibilidades de alcanzar el éxito a largo plazo.

Para tener éxito en el mercado, uno debe tener un nivel excepcional de arrogancia que te distinga del resto. La arrogancia, en este contexto, no se trata de ser altivo o egotista. Requiere autoconfianza y creencia en uno mismo para desafiar las convenciones, confiar en tus instintos y adherirte a tus propios principios, ignorando las opiniones de los demás. Se requiere valentía para ser un contrarian y para ir en contra de la multitud cuando todos siguen el mismo camino.

Es importante señalar que en un mercado en alza, es increíblemente fácil confundir la buena suerte con la habilidad. Queremos emular el comportamiento de Jess Livermore. Él siempre se consideraba un estudiante del mercado que ocasionalmente comerciaba correctamente. El mercado es el gran igualador; todos se verán humillados en su camino. Nos trae a todos de vuelta a la realidad en algún momento. Pero aquellos que pueden levantarse y recomponerse se elevarán por encima del caos y el ruido, teniendo la autoconfianza para confiar en su propio juicio y no dejarse llevar por los caprichos de la multitud. Somos como máquinas, con las emociones eliminadas de nuestro proceso de toma de decisiones. Nos esforzamos por filtrar el ruido y tomar decisiones claras y racionales basadas en nuestro meticulosamente elaborado plan de acción. Es una tarea que está lejos de ser simple. Creer que tienes razón cuando todos los demás te dicen que estás equivocado requiere un cierto nivel de autoconfianza. Se necesita valentía para ir solo, para destacar entre la multitud y seguir tu propio camino. Estamos aquí a lo largo de tu viaje para ayudar.

Esta autoconfianza, esta auto-arrogancia, puede y te distinguirá del resto y te llevará al éxito en el mundo del mercado en constante evolución. He experimentado esto de primera mano en mi camino de trading. He tenido momentos en los que he tomado un camino diferente al de mis colegas, en los que he ido en contra del sentimiento predominante y he tomado decisiones que otros pensaban que eran poco sabias. Sin embargo, repetidamente, he descubierto que mi autoconfianza y mi creencia en mi juicio me han impulsado al éxito de manera consistente. Así que, mientras navegas por las turbulentas aguas del mercado, recuerda la importancia de la autoconfianza. Cree en ti mismo, confía en tus instintos y en tu plan, y ten el valor de ir en contra de la multitud. Esta autoconfianza te distinguirá y te guiará al éxito en el impredecible mundo del trading. Así que, abraza tu interior contrarian, ten el valor de seguir tu propio camino y deja que tu autoconfianza te guíe hacia la grandeza.

Mi cuñada, Lucy, cuenta una historia sobre la pesca en una tarde de otoño. En la tarde, su caña casi se le escapa de las manos. Ve un pez saltar del agua, mostrando su majestuoso contorno. Había atrapado un esturión, un pez conocido por su naturaleza combativa y feroz. Luchando por lo que pareció una eternidad, logra al final enrollarlo. Con la ayuda de su esposo Tony, él atrapa el pez y lo vacía en el fondo del bote. Luego, el pez escupe el anzuelo. Ni siquiera estaba enganchado. Ambos miraron al pez con incredulidad, ya que su terquedad y arrogancia finalmente condujeron a su muerte. Lo montaron, y se pudo ver en su sala de juegos durante muchos años. No estamos diciendo que somos peces, pero a veces actuamos como ese esturión. Desafiantes, tercos y arrogantes hasta el final.

3. Tener miedo de comprar una acción fuerte. Invertir en acciones de alto rendimiento puede ser desalentador, especialmente para aquellos que son nuevos en el juego. Y sí, incluso a mí me atrapan los momentos de duda de vez en cuando, antes de sacudirme eso y hacer lo correcto: comprarla. El miedo a cometer un error o a perder dinero puede nublar nuestro juicio y evitar que aprovechemos oportunidades potencialmente lucrativas. Los estudios han demostrado que este tipo de estrategia funciona una y otra vez. Sin embargo, superar este miedo y mantener la disciplina para comprar acciones de alto rendimiento cuando los indicadores lo sugieren es crucial y esencial.

Puede parecer contraintuitivo: ¿por qué alguien tendría miedo de comprar una acción fuerte? Después de todo, las acciones fuertes tienen más probabilidades de aumentar su valor y seguir subiendo, ¿verdad? Incluso cuando los números nos dicen que compremos, nuestras emociones aún pueden apoderarse de nosotros. Tu instinto, tu cuñado y tus colegas pueden decirte que estás loco por considerar comprar esa acción fuerte.

Ellos pueden señalar fracasos pasados, la volatilidad del mercado o un sentido general de incertidumbre como razones para mantenerse alejado. Pero aquí está el problema: si dejas que el miedo dicte tus decisiones de inversión, puedes perderte algunas de las mejores oportunidades en el mercado. Tómalo de alguien que ha estado allí: recuerdo la lucha emocional que atravesé cuando consideraba comprar Constellation Software. Era una acción de alto rendimiento con una clara señal de compra, pero yo era reacio. Estaba a $170, subiendo desde la gama de $60 del año anterior. Tenía miedo de tomar la decisión equivocada, de perder dinero, de ser juzgado por los demás. Al final, di un salto de fe y presioné el botón de compra. ¿Y sabes qué? Resultó ser una de las mejores decisiones que he tomado. La acción subió y subió, y obtuvimos una buena ganancia. Más importante aún, aprendí una valiosa lección sobre la importancia de la disciplina en la inversión, y mis clientes también lo hicieron. Confía en las señales.

Ahora, cuando veo una señal de compra, actúo sin dudar. Me he entrenado para escuchar los indicadores, que son impasibles e imparciales. No les importan mis emociones o temores; solo les importan los números, y los números me están diciendo que compre. Así que te insto a que hagas lo mismo. Confía en los indicadores, confía en los datos y, lo más importante, confía en ti mismo. No dejes que el miedo te detenga de comprar acciones fuertes. Ten la disciplina para tomar esas decisiones difíciles, incluso cuando todos a tu alrededor te digan que no lo hagas.

Recuerda, la fortuna favorece a los valientes. Toma una oportunidad, confía en los números y observa cómo se disparan tus inversiones. No dejes que el miedo se interponga en tu camino hacia el éxito. Sé valiente, sé audaz y no tengas miedo de comprar esas acciones fuertes. Tu cartera te lo agradecerá.

4. Vender una acción fuerte porque ha subido. Invertir en el mercado de valores puede ser una montaña rusa de emociones. Cuando vemos que nuestras inversiones aumentan de valor, puede ser tentador retirar y tomar nuestras ganancias antes de que el mercado se vuelva en nuestra contra. Sin embargo, vender una acción fuerte simplemente porque ha subido no es prudente.

Muchos expertos financieros recomiendan que los inversores vendan algunas de sus posiciones más rentables y utilicen los ingresos para equilibrar su cartera invirtiendo en posiciones perdedoras. Piénsalo: ¿por qué querríamos cortar las cosas que están funcionando bien para comprar más de lo que no está funcionando? Simplemente no tiene sentido. En cambio, propongo un enfoque diferente: vende las posiciones que no están funcionando bien y reinvierte ese dinero en las posiciones que realmente están dando resultados.

Esta estrategia no solo tiene más sentido lógico, sino que también puede conducir a mayores rendimientos a largo plazo. Los asesores que impulsan la idea de "equilibrar la cartera" vendiendo ganadores y comprando perdedores pueden argumentar que las posiciones ganadoras podrían caer pronto. Si bien esto puede ser cierto en algunos casos, también es posible que esas posiciones ganadoras continúen creciendo y proporcionen rendimientos aún mayores. Podrías perder ganancias significativas al deshacerte de esas posiciones prematuramente.

Además, ¿por qué querríamos invertir más dinero en posiciones que ya están bajo rendimiento? Esto aumenta nuestra exposición al riesgo y disminuye nuestras posibilidades de obtener ganancias. En cambio, tiene mucho más sentido cortar nuestras pérdidas y reasignar ese capital en posiciones que tienen el potencial de crecer.

Te insto a que no sigas el consejo de los asesores sobre vender ganadores y comprar perdedores para "equilibrar la cartera". En su lugar, considera un enfoque más estratégico de vender posiciones que están bajo rendimiento y reinvertir ese capital en posiciones prósperas. De esta manera, puedes maximizar tus rendimientos y potencialmente lograr un mayor éxito en tus inversiones. No nos conformemos con la mediocridad cuando podemos esforzarnos por la excelencia.

Compramos acciones porque nos dio una señal de compra. Esa es la mitad de la ecuación. Buscamos una señal para comprar, y cuando recibimos esa señal, hacemos nuestra jugada. Sin embargo, muchos inversores no pueden darse cuenta de que vender una acción es tan importante como comprarla. La señal de venta es una parte esencial de la ecuación. Nos permite asegurar nuestras ganancias y prevenir pérdidas potenciales. Queremos que el mercado nos diga que vendamos, no nuestras emociones o nuestros asesores. Al esperar una señal de venta, nos aseguramos de tomar una decisión racional basada en las condiciones del mercado en lugar de en las emociones. Puede ser tentador vender una acción simplemente porque ha subido y es rentable. Sin embargo, acortar nuestras ganancias puede impedirnos maximizar nuestros beneficios. Al esperar una señal de venta, realmente nos estamos dando la oportunidad de beneficiarnos de nuestra inversión.

Así que la próxima vez que te sientas tentado a vender una acción fuerte simplemente porque ha subido, recuerda esperar la señal de venta. Ten confianza en tu decisión de compra inicial y deja que tu inversión alcance su máximo potencial. No dejes que la impaciencia y la codicia nublen tu juicio. Espera la señal de venta y razona en función de las condiciones del mercado. Tu cartera te lo agradecerá a largo plazo. Me detendré en mayor detalle y explicaré el proceso que utilizamos en nuestra aplicación, beyondeftspro. Además, las únicas personas que conozco que pueden comprar en el fondo y vender en la cima son mentirosos. Tengo posiciones que nunca habría soñado que funcionarían tan bien. Son como el Conejito Energizer de Eveready. Simplemente siguen y siguen y siguen. Necesitas más conejitos Energizer de Eveready en tu cuenta.

5. Aferrarse a una posición perdedora con la esperanza de que se recupere. Es una trampa común para muchos comerciantes e inversores aferrarse a una posición perdedora, esperando que rebote. Sin embargo, este enfoque es un juego peligroso, que a menudo conduce a pérdidas financieras sustanciales y tensión emocional. En el ámbito de la inversión, las decisiones nunca deben estar impulsadas solo por la esperanza. Es esencial fundamentarlas en un análisis meticuloso y en la evaluación de riesgos y señales del sistema. Al aferrarse a una posición perdedora, asumiremos que ha recibido una señal y luego la ha dejado pasar. Está bien; véndela ahora. Hazlo.

Una de las principales razones por las que las personas se aferran a posiciones perdedoras es por arrogancia, de la que acabamos de hablar. Sabemos que nuestra posición eventualmente se recuperará, ¿verdad? Esta es una mentalidad arriesgada, ya que el mercado es impredecible y puede cambiar abruptamente. Navegar por el río del mercado es un esfuerzo fútil y puede causar consecuencias desastrosas. Otra razón para aferrarse a posiciones perdedoras es no aceptar la señal de venta. Escuchar y cortar tus pérdidas es importante cuando el mercado te dice que vendas. Cada uno de nuestros tres principios rectores encarna el concepto de cortar pérdidas.

Son, de nuevo, "Los precios nunca son demasiado altos para empezar a comprar y nunca son demasiado bajos para empezar a vender." Luego, "Cuando los hechos cambian, yo cambio de opinión. ¿Qué haces tú, señor?" Y finalmente, "Un hombre debe mirar lo que es, y no lo que cree que debería ser."

Ignorar las señales de venta puede llevar a más pérdidas y prolongar el dolor de perder una posición. Es importante tener un enfoque disciplinado hacia el comercio y la inversión y seguir tu plan de trading sin dudar. Cuando continúas aferrándote a una posición perdedora, puede convertirse en una fuente de ansiedad y estrés. Cada mes, cuando recibas tu estado de cuenta, esa posición perdedora será lo primero que verás. Pesará mucho en tu mente y nublará tu juicio. Es importante saber cuándo salir de un comercio que no va a tu favor para evitar más pérdidas.

Le expliqué a mis clientes mi proceso de venta diciendo que recibir una señal de venta es lo mismo que recibir un informe de tu médico que dice que tienes cáncer. No le dirás que lo pensarás y que te volverás a poner en contacto con él. Quiero cortarlo ahora mismo sin demora antes de que se propague. No dejes que una posición perdedora continúe atormentándote. Corta tus pérdidas y sigue adelante. Tu cuenta te lo agradecerá.

6. Intentar pescar en el fondo una acción en una tendencia bajista. Intentar pescar en el fondo una acción en una tendencia bajista puede ser arriesgado. Es importante recordar que la tendencia es tu amiga, y si una posición está en una tendencia descendente, la tendencia está baja por una razón. No sé por qué está cayendo. Todo lo que sé es que el mercado está señalando una tendencia a la baja, y la probabilidad es que esta tendencia continúe. No necesito elegir el fondo ni vender en la cima. No soy codicioso, solo quiero la parte jugosa del medio de la tendencia ascendente. Pescar en el fondo es el acto de intentar comprar una acción en su punto más bajo, esperando que se revierta y suba. Esto es como agregar a una posición perdedora y promediar hacia abajo, ambas son estrategias que pueden ser peligrosas. Intentar pescar en el fondo puede hacer que caigas en la trampa de pensar que la acción es una ganga y seguramente se revertirá a tu favor. No intentes dirigir el río.

Esto simplemente se basa en una corazonada y carece de señales o datos válidos. En lugar de depender de emociones y presentimientos, es importante operar basándose en señales e indicadores concretos. Decidir basándose en emociones puede nublar tu juicio y llevarte a malas decisiones de trading. En lugar de intentar elegir el fondo, es mejor seguir la tendencia y operar basándose en señales válidas. Recuerda, la tendencia es tu amiga, y siempre es mejor operar inteligentemente que basándose en corazonadas y emociones. Siempre habrá oportunidades para aquellos que practiquen la paciencia y la disciplina. Se ven tan tentadoras, pero créeme, es lo mejor (dice en un tono paternal).

7. Comprar una acción porque es un buen valor o una buena empresa. Diariamente, los inversores se enfrentan a la decisión de comprar una acción porque creen que es un buen valor o una buena empresa. Sin embargo, el valor es un término subjetivo que puede variar dependiendo de a quién le preguntes. Algunos inversores pueden mirar los estados financieros de una empresa y ver valor en una acción que se cotiza a un descuento, mientras que otros pueden ver valor en el potencial de crecimiento de una empresa y sus ganancias futuras.

Sin embargo, el problema de comprar una acción únicamente por su valor es que puede tardar años en que la tesis de inversión se materialice. Recuerda, hablé sobre el jefe de estrategia del banco mencionando que los inversores de valor deberían estar dispuestos a esperar hasta 10 años para que una jugada funcione. Esta no es una estrategia viable. Además, la burbuja de las puntocom sirve como una advertencia para los inversores que enfatizan demasiado el valor percibido de una empresa. Muchas empresas fueron consideradas valiosas durante la era de las puntocom, solo para quebrar cuando la burbuja estalló.

Esto resalta la importancia de no depender únicamente del balance de una empresa para determinar su valor. Las dinámicas de oferta y demanda determinarán en última instancia el precio de una acción. Para mí, el verdadero valor de una acción está determinado por el potencial de apreciación de capital y no por una serie de números en un balance. Los balances pueden ser manipulados y alterados, como hemos visto en la experiencia de Enron.

Todos sabemos que invertir puede ser desalentador para quienes tienen experiencia y, más aún, para aquellos que son nuevos en el juego. La consideración de que una acción es un buen valor o una buena empresa puede tentar a las personas a comprarla. Sin embargo, cuando se trata de invertir, el objetivo final es ganar dinero, y para hacer eso, uno debe analizar cuidadosamente el potencial de crecimiento de una acción. Queremos que el mercado nos diga qué tiene valor y cuándo. La oferta y la demanda nos ayudarán en ese esfuerzo. Es difícil manipular el precio de Apple o Exxon Mobil. Walmart, McDonald's y Home Depot pueden ser buenas empresas, pero ¿por qué querría ser un tenedor si la acción simplemente se queda ahí? Quiero mantener posiciones que me hagan ganar dinero, no que me hagan sentir bien.

8. Enamorarse de una posición. Detente. Como traders, tenemos la responsabilidad hacia nosotros mismos y nuestros clientes de tomar decisiones sólidas y racionales cuando se trata de asignar nuestro capital. No podemos permitirnos dejar que nos atrape el entusiasmo que rodea a una posición particular, no importa cuán atractiva parezca. Es fácil enamorarse de una acción que promete revolucionar internet o curar el cáncer, pero hasta que realmente cumpla con esas promesas, es solo otra posición en nuestro portafolio.

Tenemos una cantidad limitada de capital con la que trabajar, y necesitamos asegurarnos de que estamos aprovechando al máximo cada centavo. Aferrarse a una posición solo porque nos han dicho que es la próxima gran cosa no es una estrategia de inversión inteligente. Si la posición no se ve fuerte técnicamente, si no está rindiendo como esperábamos, entonces es hora de dejarla ir. Dejarse llevar por la historia que rodea a una posición particular puede ser tentador. Podemos escuchar rumores sobre tecnología innovadora, potencial de crecimiento sin precedentes o productos nuevos revolucionarios. Pero si los números no cuadran, si los indicadores técnicos no están a nuestro favor, entonces debemos ser lo suficientemente disciplinados como para seguir adelante.

No podemos permitirnos que las emociones nublen nuestro juicio en el trading. Enamorarse de una posición puede llevar a decisiones irracionales y errores costosos. Necesitamos abordar cada operación con la mente clara y una buena dosis de escepticismo. Si una posición no está rindiendo como se esperaba, si no está cumpliendo con nuestros criterios de éxito, entonces es hora de cortar nuestras pérdidas y pasar a la siguiente oportunidad. No te dejes engañar por el entusiasmo en torno a una posición específica. No permitas que te seduzcan las promesas que rodean una posición particular. Adhiérete a tu plan de trading, confía en tus instintos y no tengas miedo de soltar una posición que no está cumpliendo con las expectativas. Recuerda, nuestro objetivo como traders no es enamorarnos de una posición, sino tomar decisiones inteligentes y calculadas que generen el mejor retorno posible sobre nuestra inversión.

9. La búsqueda de la perfección. La búsqueda de la perfección es una noble meta que nos impulsa a alcanzar la grandeza. Sin embargo, la noción de perfección puede llevarnos a un túnel de insatisfacción y decepción interminables. Un factor que juega un papel significativo en esta búsqueda de la perfección es nuestro constante deseo por "nuevos objetos brillantes". Hablo con más detalle en el capítulo 15. Publicidad y promociones nos bombardean constantemente, prometiendo la próxima mejor cosa: un nuevo sistema de trading que revolucionará nuestro éxito, un nuevo dispositivo que hará nuestras vidas más fáciles o una nueva dieta que finalmente nos ayudará a alcanzar el cuerpo perfecto.

Nos seducen porque estas nuevas herramientas prometen ayudarnos a alcanzar finalmente el pináculo del éxito y la felicidad. Sin embargo, perseguir constantemente lo último y lo mejor puede, en realidad, obstaculizar nuestro progreso hacia la verdadera excelencia. En lugar de centrarnos en dominar una habilidad o sistema, nos dispersamos al saltar de un objeto brillante al siguiente. Este enfoque disperso nos deja buenos para nada y mediocres en todo. Para realmente sobresalir y lograr la perfección, debemos aprender a mantenernos enfocados y comprometidos con nuestras metas. Como dijo sabiamente el Dalai Lama: "Si caminas, camina. Si te sientas, siéntate. Sea lo que sea que hagas, no te arrastres."

Debemos tener la fuerza, el coraje y la convicción para seguir un plan y llevarlo a cabo hasta el final. La perfección no se trata de buscar constantemente algo mejor, sino de perfeccionar nuestras habilidades y mejorar continuamente. Se trata de aprender de nuestros errores y fracasos y usarlos como escalones hacia un mayor éxito. Así que resistamos la tentación de los nuevos objetos brillantes y centrémonos en lo que realmente importa: el trabajo duro, la dedicación y la búsqueda implacable de la excelencia. Solo entonces podremos alcanzar verdaderamente la perfección.

Para mí, el Método Brockmann, incorporado en la aplicación Beyond ETFs Pro, me brinda la comodidad de saber que no necesito ese nuevo sistema con todas sus campanas, luces intermitentes y silbatos. La hierba no siempre es más verde al otro lado. Mi enfoque es adaptativo y lo comparo con un misil que busca calor, siempre en busca de la seguridad más fuerte en el universo de mi elección y guiándome para evitar las acciones que, ahora, son perdedoras. Las cosas cambian en los mercados, y también lo hacen las clasificaciones.

"Nunca arriesgues lo que tienes y necesitas por lo que no tienes y no necesitas."

— Warren Buffett

12.   Gestión del Riesgo

El control del riesgo es la mejor ruta para evitar pérdidas. La evitación del riesgo, por otro lado, es probable que también lleve a la evitación de retornos." - Howard Marks

Esta cita de Howard es muy cierta. La tengo pegada en otro de mis monitores. ¿Cómo podemos implementar controles de riesgo? Para empezar, siguiendo las reglas que estableces. Si dice vender, entonces vende. Si dice evitar, debes evitar, a pesar de lo que haya dicho el comentarista en la televisión. Es un componente integral del plan.

El control del riesgo es un aspecto fundamental de la gestión de inversiones y la minimización de pérdidas potenciales. Howard Marks, un inversor renombrado, autor y cofundador de Oaktree Capital Management, ha enfatizado la importancia del control del riesgo en el mundo de las finanzas. En su declaración, Marks subraya la importancia de encontrar un equilibrio entre la toma de riesgos y la gestión de riesgos para lograr resultados óptimos en las estrategias de inversión. Eso es lo que queremos. Estos son factores que necesitas si estás gestionando unos pocos cientos de dólares o unos pocos millones. Los procesos y pasos son los mismos. Ten en cuenta que, con unos pocos millones, puede haber algunas salvaguardias adicionales, pero las reglas son básicamente las mismas.

El concepto de gestión del riesgo ha evolucionado a lo largo de los siglos, con individuos e instituciones desarrollando estrategias para proteger activos y optimizar retornos. En los primeros días del comercio, los comerciantes enfrentaban el riesgo de perder sus inversiones debido a condiciones de mercado impredecibles, desastres naturales o agitación política. Para mitigar estos riesgos, los comerciantes a menudo diversificaban sus carteras, realizaban investigaciones exhaustivas e implementaban estrategias de cobertura para proteger sus activos. Recuerda lo que he dicho sobre la sobrediversificación, o como me gusta decir, "di-peor-ificarse".

Los comerciantes chinos, que idearon el concepto de seguro marítimo para proteger sus bienes durante los viajes por mar, pueden ser acreditados con una de las primeras formas de gestión del riesgo. La práctica de agrupar recursos para cubrir pérdidas potenciales sentó las bases para las prácticas modernas de seguros y gestión de riesgos. A medida que las redes comerciales se expandieron y las economías se volvieron más interconectadas, la necesidad de herramientas sofisticadas de gestión del riesgo creció exponencialmente.

En el siglo XVII, la Compañía Neerlandesa de las Indias Orientales fue pionera en la emisión de acciones y bonos para financiar sus expediciones, distribuyendo efectivamente el riesgo entre los inversores y reduciendo la exposición de cualquier individuo a pérdidas potenciales. Este enfoque innovador no solo cambió la forma en que se recaudaba capital, sino que también introdujo el concepto de compartir el riesgo en la comunidad inversora.

La Revolución Industrial de los siglos XVIII y XIX trajo consigo avances significativos en tecnología, transporte y manufactura, lo que llevó a un aumento en la prosperidad económica y las oportunidades de inversión. Sin embargo, con el crecimiento de las industrias surgieron riesgos desconocidos, como interrupciones en la cadena de suministro, huelgas laborales y fluctuaciones del mercado. Para contrarrestar estos riesgos, las corporaciones adoptaron prácticas de gestión del riesgo más sofisticadas, como contratos a futuro, futuros de materias primas y comercio de opciones.

El siglo XX vio el surgimiento de la teoría moderna de carteras, liderada por Harry Markowitz, un economista renombrado que introdujo el concepto de diversificación y asignación de activos para optimizar los retornos ajustados al riesgo. El trabajo de Markowitz sentó las bases para las prácticas modernas de gestión del riesgo, enfatizando la importancia de equilibrar riesgo y retorno para lograr resultados óptimos en la inversión. Su investigación innovadora abrió el camino para el desarrollo de modelos cuantitativos, como el Modelo de Valoración de Activos de Capital (CAPM) y el modelo Black-Scholes, que son utilizados extensamente por inversores e instituciones financieras para evaluar y gestionar el riesgo.

Quería mencionar en particular a Markowitz y al CAPM, ya que no estoy de acuerdo con ellos. Recuerdo que, mientras tomaba mi MBA, conduje durante 8 horas para no perderme una clase en particular para gritar mi objeción a estas teorías. Durante seis de esas 8 horas, ensayé un argumento que estaba seguro de que me conseguiría un puesto de enseñanza por mi ingenio, encanto, intelecto y buen aspecto. Cuando lancé mi primer suave ataque al profesor, esperando que respondiera para poder ejecutar mi ataque quirúrgico, él respondió: "Está bien; simplemente usamos esto como puntos de partida para avanzar." Esto me dejó sin palabras y, por lo tanto, no obtuve el puesto de enseñanza.

La quiebra de bancos e instituciones financieras tras la crisis financiera de 2008 expuso las deficiencias de los modelos de riesgo convencionales, lo que llevó a un examen crítico de las prácticas de gestión del riesgo. Como inversor experimentado con décadas de experiencia en los mercados financieros, Marks enfatizó la importancia del control del riesgo para navegar en condiciones de mercado volátiles y minimizar pérdidas potenciales. En su libro, "Lo Más Importante: Sentido Común para el Inversor Reflexivo," Marks argumenta que la gestión del riesgo debería ser la piedra angular de cualquier estrategia de inversión, ya que determina la viabilidad y el éxito a largo plazo de una cartera de inversión, con lo cual estoy de

acuerdo. Para ver cómo implementamos nuestros protocolos, visita
https://beyondetfspro.com

Esta filosofía sobre el control del riesgo resuena conmigo y con muchos otros inversores y profesionales financieros que reconocen la importancia de preservar el capital y gestionar el riesgo a la baja. Al centrarse en el control del riesgo en lugar de la evitación del riesgo, los inversores pueden construir carteras resilientes que puedan soportar fluctuaciones del mercado e incertidumbres económicas. Queremos enfatizar el mantenimiento de un margen de seguridad, realizar una debida diligencia exhaustiva y ceñirse a pautas de inversión disciplinadas.

Los avances tecnológicos, el análisis de datos y la inteligencia artificial están redefiniendo la identificación, medición y mitigación de riesgos, lo que conduce a transformaciones significativas en el campo de la gestión del riesgo. Los algoritmos de aprendizaje automático, las técnicas de modelado predictivo y las herramientas de evaluación de riesgos están revolucionando la forma en que los inversores y las instituciones financieras evalúan y gestionan riesgos en tiempo real. La integración de grandes datos y análisis predictivos en los procesos de gestión del riesgo permitirá a los inversores tomar decisiones más informadas, anticipar tendencias del mercado y navegar por paisajes de riesgo complejos con mayor precisión.

El control del riesgo es la mejor ruta para evitar pérdidas, como lo expresó Howard Marks. Al adoptar un enfoque proactivo para gestionar riesgos, los inversores pueden proteger su capital, preservar su riqueza y lograr un éxito financiero a largo plazo. La evitación del riesgo puede llevar a la evitación de retornos, ya que los inversores pueden perder oportunidades rentables al rehuir riesgos calculados. Una cartera equilibrada y bien diversificada, combinada con prácticas robustas de gestión del riesgo, puede ayudar a los inversores a navegar por condiciones de mercado volátiles, capitalizar tendencias emergentes y alcanzar sus objetivos de inversión. Al aprender de las lecciones del pasado, aprovechar las ideas de figuras influyentes en la gestión del riesgo y adoptar tecnologías innovadoras, los inversores pueden posicionarse para el éxito en un paisaje financiero cada vez más impredecible y competitivo.

Estaba explicándole a mi hijo y a mi hija un fin de semana, cuando ambos vinieron a casa de visita, sobre las maravillas y asombros del comercio de opciones Iron Condor justo antes del anuncio de ganancias de una empresa. Con emoción, les expliqué cómo las primas de opciones estaban altas y cómo, al colocar un spread de crédito de put y call justo fuera del rango de volatilidad esperado, uno podría obtener un buen retorno por unos días de mantener la posición. Señalé que la prima colapsaría si la acción permanecía dentro de la banda establecida por el put y el spread de call. Además, se deberían establecer parámetros de control del riesgo en caso de que la acción operara a través de las bandas establecidas. Cuando me detuve, ambos guardaron silencio, luego se miraron por un momento, y una vez más, volviendo a mirarme, simplemente continuaron mirando en silencio. Después de unos momentos más, finalmente Benjamin habló y dijo: "Papá, te vas a la cárcel." Me hice una nota para trabajar un poco más en mis habilidades de presentación.

"Existen riesgos y costos en un programa de acción. Pero son mucho menores que los riesgos y costos a largo plazo de la inacción cómoda." – John F. Kennedy

Con la economía global en constante cambio, los inversores enfrentan desafíos y oportunidades únicos que requieren consideración y análisis cuidadosos. Hacer algo en el mundo de la inversión tiene sus propios costos y riesgos. Sin embargo, las consecuencias de la inacción y la complacencia pueden ser peores a largo plazo. Un principio clave que guía la inversión debería ser la idea de que tomar acción tiene costos y riesgos, pero estos son a menudo mucho menores que los riesgos y costos a largo plazo de permanecer estancado o inactivo. Algunas situaciones requieren acción, mientras que otras exigen inacción. La parte crítica es determinar cuándo. Si tengo dolor de muelas, es mejor que lo atienda, o empeorará. Lo mismo ocurre con el portafolio de uno. Por cierto, nunca he tenido un diente que sanara por sí solo.

La cita de Kennedy encapsula la idea de que tomar medidas proactivas y participar en la toma de decisiones estratégicas puede implicar algunos sacrificios o riesgos a corto plazo. Sin embargo, a largo plazo, los beneficios superan los costos de la complacencia. Lo vemos en nuestras vidas diarias. Siempre es prudente actuar ahora en lugar de esperar el momento perfecto o a que esa acción retorne a la línea. Tengo una cita pegada en mi laptop tomada de un anuncio de Nike: "Ayer dijiste mañana." Atiende ese dolor de muelas antes de que empeore.

En el ámbito de la inversión, esta cita anima a los inversores a salir de su zona de confort y adoptar un enfoque más proactivo para gestionar sus portafolios. Insta a los inversores a considerar los riesgos y costos asociados con permanecer pasivos y no adaptarse a las condiciones cambiantes del mercado. Al tomar acción y tomar decisiones informadas, los inversores pueden posicionarse para un mayor éxito financiero y estabilidad a largo plazo, ofreciendo un faro de esperanza y optimismo en un mercado en constante cambio.

A lo largo de la historia, muchos casos en el mundo de la inversión han ejemplificado este principio. Un ejemplo es la Gran Depresión de la década de 1930, donde la falta de acción decisiva e implementación de políticas efectivas llevó a una prolongada recesión económica. En contraste, durante épocas de crisis económica, las personas e instituciones que tomaron medidas proactivas e invirtieron en oportunidades que otros pudieron haber pasado por alto pudieron prosperar y recuperarse más rápidamente. Durante el colapso del mercado de 1929, Jess Livermore hizo una fortuna mientras que Benjamin Graham lo perdió todo. (Graham es la otra mitad de los famosos Graham y Dodd, los padres del análisis fundamental moderno).

En tiempos más recientes, la crisis financiera global de 2008 sirve como otro ejemplo contundente de los costos y riesgos de no actuar. Muchos inversores e instituciones financieras permanecieron pasivos y no lograron anticipar ni responder de manera efectiva a la crisis en desarrollo. Soy un ejemplo perfecto de no haber tomado acción. Mi falta de acción frente a las continuas señales de alerta me costó mucho a mí y a mis clientes. Como resultado, ellos sufrieron pérdidas significativas y enfrentaron consecuencias duraderas. Aquellos que tomaron acción decisiva ajustaron sus estrategias de inversión y aprovecharon las oportunidades para capitalizar sobre las fluctuaciones del mercado pudieron capear la tormenta y salir más fuertes.

El concepto de "no actuar" puede tener efectos perjudiciales en los portafolios de inversión. En el mundo interconectado y de ritmo acelerado de hoy, donde los mercados financieros están en constante evolución y surgen nuevas oportunidades, permanecer inactivo puede llevar a perder oportunidades de crecimiento y a posibles desventajas en comparación con aquellos que abrazan el cambio y toman riesgos calculados.

Un aspecto clave de este principio es la importancia de ser proactivo y pensar a futuro al invertir. En lugar de reaccionar a las tendencias o eventos del mercado, los inversores exitosos anticipan cambios y se posicionan en consecuencia. Al adoptar un enfoque proactivo, los inversores pueden minimizar los riesgos y costos asociados con la inacción y capitalizar las oportunidades que pueden no ser evidentes de inmediato. Todos experimentamos procrastinación e inercia en ocasiones.

Una pequeña cantidad de riesgo es esencial para todos nosotros.

La paradoja del riesgo en las inversiones es intrigante. A menudo estamos fijados en la idea de la seguridad, atraídos hacia ella como polillas a una llama. Sin embargo, todo lo que hacemos implica algún nivel de riesgo. Incluso una inversión en bonos del gobierno considerados seguros conlleva cierto riesgo, como expliqué en la sección Creo.

Considera el riesgo como materia; no se crea ni se destruye, sino que siempre está presente. Cuando inviertes en algo que se percibe como seguro, como un billete del Tesoro de EE. UU., no estás eliminando tu riesgo; simplemente estás cambiando el riesgo de perder tu dinero por el riesgo de perder poder adquisitivo a través de la inflación. El riesgo no ha desaparecido; solo has intercambiado una forma de riesgo por otra. Este concepto de sustitución del riesgo es un aspecto clave de la inversión que necesita ser comprendido.

Hemos sido testigos de esta dependencia excesiva y del efecto placebo de pensar que todo es seguro. Recuerdo el crash del mercado de 1987. Fue un evento increíble. Lo recuerdo vívidamente, como si hubiera sucedido ayer mismo. Las cosas parecían un poco sospechosas durante ese verano cuando todos esperaban los datos de M1 de la Fed cada mes en el Ticker de

Noticias del Dow Jones. Después de cada anuncio, el mercado titubeaba y se aturdía. La distancia de arriba a abajo del titubeo se amplió. Todos teníamos fe en el seguro de cartera que se suponía debía protegernos contra cualquier caída catastrófica.

El mercado cerró con una fuerte caída el viernes, y todos nos fuimos para el fin de semana sabiendo que estábamos whistling past the graveyard. El lunes comenzó como una masacre, y continuó todo el día. No había refugio en ninguna parte, y no había escape. La mejor llamada del día fue a las 4:30 de mi hijo, Benjamin, que estaba en primer grado. Su programa de dibujos animados había sido interrumpido para anunciar la caída del mercado. Me llamó para informarme que tenía algo de dinero en su alcancía y que, si lo necesitaba, podía tenerlo. Hace un par de años le pregunté si esa oferta seguía en pie, y me dijo que no.

La verdad sobre esa foto mía es que el fotógrafo estaba a mi derecha[36], y podía escuchar el clic de la cámara mientras tomaba las fotos. En la anterior a esta, estaba rascándome la nariz con la mano izquierda, y pensé que se vería como si me estuviera hurgando la nariz. ¡En el peor día de la historia del mercado! Así que me incliné hacia atrás, y esa es la foto que publicaron. Muchos periódicos de todo el país publicaron la foto que fue circulada por las agencias de noticias. Cuando la gente llamaba y decía que vio la foto, les decía que era cuando hablaba con ellos. Soy vendedor, ¿recuerdas?

[36] Wrightman, K. London Free Press, 20 de octubre de 1987, Sección de Negocios, pág. 1

Los inversores y las personas son demasiado aversos al riesgo. Caemos en tratos que se supone que son "de bajo riesgo", principalmente porque su aversión al riesgo les lleva a lanzarse a cualquier cosa que pretenda ser segura. Los psicólogos han documentado que los individuos cometen más errores por ser demasiado conservadores que por ser demasiado agresivos. Los inversores cometen el mismo error. Por ejemplo, nada es más reverenciado que un fondo "steady-Eddie". Los inversores revisan revistas y bases de datos para encontrar un fondo que (paradójicamente) sea seguro y tenga un gran retorno. (Noticia de última hora: si existiera tal acción, no tendrías que buscar mucho.)

Los fondos que obtienen grandes rendimientos en buenos años pero también pierden mucho dinero **en años malos tienden a hacerlo mejor con el tiempo que los fondos que presentan rendimientos lentos y constantes sin perder** mucho. Contrario a la creencia popular, las inversiones con mayor volatilidad a menudo pueden superar a aquellas con rendimientos más estables, especialmente a largo plazo. Una comparación de diez años entre fondos volátiles y menos volátiles reveló una tendencia clara: aquellos con oscilaciones significativas en su rendimiento surgieron como los ganadores, ganando aproximadamente el doble de dinero. Estas son las estrategias que empleamos en BAT-Brockmann Analytics & Trading y hpps://beyondetfspro.com. (Publicidad descarada) Esto subraya los beneficios potenciales de abrazar la volatilidad en nuestras estrategias de inversión en lugar de evitarla debido a la aversión al riesgo. Por lo tanto, tenemos reglas específicas para salir de una operación. Antes de entrar en una operación, establecemos reglas específicas. No son *"Esperaremos hasta recuperar lo perdido" o "Solo un poco más alto".*

Esto cambia las reglas del juego. Si bien la aversión al riesgo puede ser adecuada para algunos inversores, es hora de reconsiderar si está obstaculizando sus rendimientos a largo plazo. Después de todo, soportar una experiencia menos placentera como comer Alpo podría valer la pena si conduce a mayores rendimientos. También deberíamos considerar los rendimientos en lugar de fijarnos únicamente en la volatilidad.

Cuando hablas, solo repites lo que ya sabes, pero cuando escuchas, puedes aprender algo nuevo. —Dalai Lama

Esto también se aplica a los mercados. De hecho, argumentaría que escuchar (y reflexionar sobre la acción del mercado) es lo que realmente está haciendo la fuerza relativa.

13.   Sistema Operativo

Estaba comprando una nueva computadora portátil hace años. Necesitaba una computadora más pequeña y ligera para mi invierno en la Ciudad de México. Caminar es un desafío en el norte con toda la nieve, el hielo y el frío del invierno, pero aún así me encanta. Me encanta la Ciudad de México porque es verde, vibrante y mucho más cálida. Claro, Cancún sería mejor, pero entonces me quedaría sentado todo el día y no me movería. Así que necesito una computadora portátil en mi mochila mientras camino por los espacios verdes de la Ciudad de México, paro en mis cafés favoritos a lo largo del camino y reviso los mercados. Tenía un apartamento en el área de La Condesa, una zona verdaderamente hermosa. Estaba convenientemente cerca de la Universidad La Salle, donde asistí años después para mejorar mis habilidades en español.

Antes de irme, hablé sobre inversiones y el mercado con un vecino. Tenía dificultades para entender lo que hacía y cómo lo hacía. Le expliqué que para tener éxito en la inversión, se requiere un sistema operativo como el de cada computadora. Este sistema operativo te facilita leer y ejecutar todos los programas de software sin problemas. Los sistemas operativos proporcionan un conjunto de instrucciones y reglas que le dicen a la computadora cómo funcionar. Sin un sistema operativo, el software no puede ejecutarse. Invertir con éxito funciona de la misma manera. Los inversores deben tener un sistema operativo y reglas profundamente arraigadas en su mente para trabajar antes de poder tener éxito con cualquier proceso de inversión.

Este sistema operativo es la creencia central que el inversor asimila y abraza de todo corazón. Es como encontrar una religión en Wall Street. En algún momento, todos los inversores exitosos deben encontrar alguna iglesia en Wall Street en la que puedan creer y a la que puedan aferrarse. Yo soy un evangelista financiero, llamado a salvar a los inversores de sí mismos y de sus asesores.

Muchos inversores se suscriben devotamente a la iglesia del análisis fundamental en su enfoque de inversión. Este método solo se adentra en las cualidades internas y características de la empresa subyacente. No considera el tiempo, los puntos de entrada y salida y, sobre todo, los desequilibrios de oferta y demanda.

A través de la calle está la iglesia del Análisis Técnico. Los desequilibrios de oferta y demanda no son más que el sentimiento del inversor. Otras sectas de esta iglesia pueden involucrar astrología, ondas de Elliott, números de retroceso de Fibonacci, ángulos y ondas de Gann, ciclos, estacionalidad, gráficos de velas, gráficos de barras u otros métodos que adoptarás.

Créeme, he asistido a estos servicios. Solo he encontrado que la iglesia de la Fuerza Relativa es deficiente en Wall Street. Su enfoque es directo y indulgente. Se adapta e incluye todos los mercados y valores. Las premisas fundamentales de la Fuerza Relativa son verdaderas para los mercados y evidentes fuera de los confines de Wall Street, y se pueden encontrar en la vida cotidiana.

En BAT-Brockmann Analytics y Trading, nos suscribimos solo a un método irrefutable. Economía 101: la Ley de la Oferta y la Demanda. Si quieres volver a lo básico, con una metodología que ha resistido la prueba del tiempo durante más de 100 años, en mercados alcistas y bajistas y que es lo suficientemente fácil de aprender, ya sea que tengas 8 o 80 años, entonces estás leyendo el libro correcto. Este sistema operativo te acompañará en tus esfuerzos de inversión, desde acciones, ETFs y fondos mutuos hasta materias primas y más allá.

Punto y Figura

Como inversores, la mayoría de nosotros tiene dificultades para lidiar con el torrente de datos que se nos presenta en el mercado actual. Es similar a beber de una manguera de incendios. Nos llega tan rápido. Pensar lógicamente y navegar por el complejo proceso de toma de decisiones es un desafío. El problema no es que tengamos demasiada información. El problema es gestionar y procesar esta información. ¿Qué es importante y qué no? La cuestión es cómo controlar ese enorme flujo de información y descomponerlo en fragmentos comprensibles que podamos utilizar para tomar decisiones efectivas. Tenemos una sobrecarga de decisiones.

Charles Dow, el primer editor del *The Wall Street Journal*, fue fundamental para organizar datos de manera significativa en la década de 1900. Fue la primera persona en registrar el movimiento de los precios de las acciones y desarrolló un método de análisis llamado *Figuración*, que eventualmente condujo al método de punto y figura, o PnF para abreviar. El método de punto y figura para registrar los precios de las acciones es otra forma de organizar datos. Todos estamos familiarizados con el gráfico de líneas tradicional. Estos gráficos rastrean el precio y el tiempo a lo largo de un eje X y un eje Y. Lo que es único en PnF es que solo rastrea el precio. Deja de lado el tiempo.

A principios del siglo XX, algunos inversores astutos notaron que muchos de los patrones de gráficos de Dow tendían a repetirse. En ese momento, había pocas regulaciones y no existía la Comisión de Bolsa y Valores. Los grupos de acciones dominaban la acción, y los forasteros llegaban muy tarde a la fiesta. Era esencialmente un club exclusivo de personas privilegiadas. El método de gráficos de punto y figura emergió como una forma lógica y organizada para que los comerciantes registraran el desequilibrio entre la oferta y la demanda. Estos gráficos proporcionan al inversor un mapa que representa claramente la batalla entre la oferta y la demanda. Permitió que el forastero se convirtiera en un privilegiado.

Todos estamos familiarizados con el uso de mapas para planificar viajes por carretera. Si no prestamos atención a nuestros dispositivos de navegación, terminaremos accidentalmente en el lugar equivocado. Para prepararte para un viaje con tu familia, familiarízate con el mapa, revisa el aire en los neumáticos de tu coche, comienza con el tanque de gasolina lleno y asegúrate de que los niños tengan algunos libros y juguetes. Planifica tu viaje. La mayoría de los inversores nunca planifican su viaje de inversión. El método de punto y figura para analizar la oferta y la demanda y la fuerza relativa puede proporcionar ese plan. Nada garantiza el éxito, pero aumentas significativamente la probabilidad de éxito cuando apilas todas las probabilidades a tu favor.

En algún momento del camino, puedes encontrarte con una situación que te obligue a desviarte, pero está bien si te mantienes comprometido con tu plan original. Este libro describe el mejor plan para el éxito financiero cuando inviertes en valores.

Cuando todo está dicho y hecho, si hay más compradores en un valor particular que vendedores dispuestos a vender, el precio aumentará. No importa la razón por la que la gente esté comprando; simplemente es, y se refleja en la acción del precio. Si el número de vendedores en un valor específico supera el número de compradores, el precio disminuirá. Tal vez alguien necesite los fondos para una nueva casa o quiera pagar la boda de su hija. No importa por qué la gente esté vendiendo; simplemente es. Si la compra y la venta son iguales, el precio permanecerá igual. Esta es la ley irrefutable de la oferta y la demanda. Las mismas razones que causan fluctuaciones de precios en productos, como papas, manzanas y espárragos, causan fluctuaciones de precios en valores.

Este libro está diseñado para enseñarte cómo formular tu propio sistema operativo utilizando el método de punto y figura junto con la fuerza relativa.

Aunque la industria de la inversión está sobrecargada de diferentes metodologías para evaluar el movimiento de precios de los valores, solo he encontrado que el método de punto y figura y la fuerza relativa son directos y fáciles de entender.

Los gráficos están compuestos de X y O. Registrar el movimiento de un valor utilizando este método es muy similar a registrar un partido de tenis. Un partido de tenis puede durar 12 sets. Cada jugador puede ganar un cierto número de sets, pero el conteo final determina qué jugador gana el partido. En el método de punto y figura, solo estamos interesados en la culminación del partido, no en el ganador de los sets subyacentes.

Los patrones que este método produce son simples y fáciles de reconocer; tan simples que he enseñado este método a alumnos de sexto grado en Allen, Texas, cerca de Dallas. Siempre he sostenido que lo simple es uno de los mejores.

Escuela Primaria Frances E Norton, Allen Texas – Clase de Regalo de 6° Grado

Mi hermana Karen es maestra de primaria en Frances E Norton en Allen, Texas. Es la Especialista en Talentos y Dotados en su escuela. Un día, me llamó y me preguntó si podía enseñar a su clase de sexto grado sobre el mercado de valores. En nuestro primer encuentro por Skype, después de presentarme, les pregunté si alguno de ellos tenía un negocio. Me miraron como si fuera de Marte. Luego pregunté si alguno de ellos tenía trabajos. Nuevamente, me miraron con asombro. Así que les dije que lo primero que teníamos que hacer era formar grupos de 3 y comenzar un negocio. "¿Un negocio de ficción?" preguntaron. "¡NO; un negocio real que produjera algo o ofreciera algún tipo de servicio!" y comenzaron a trabajar.

Quería que experimentaran de primera mano el fracaso, para que se levantaran y comenzaran de nuevo. Eso es lo que enfrentamos al invertir. No todo funciona como esperamos. Algunos padres se quejaron y no querían que sus hijos participaran. Cuando esos niños descubrieron que sus padres no querían que pasaran por el ejercicio, se enfurecieron. Todos participaron. Los grupos idearon productos y servicios bastante sorprendentes. Con más niños como estos, sé que nuestro futuro estará en buenas manos. Quería que se quedaran con las ganancias, pero mi hermana hizo que entregaran las ganancias a una organización benéfica local.

El siguiente paso fue hablar sobre el crecimiento desde un propietario individual a una sociedad, luego a una empresa limitada, a una cotización en la bolsa, cómo la empresa recauda capital, etc. De vez en cuando, Karen me llamaba y hablaba en voz baja, y le preguntaba de dónde estaba llamando. "...¡Desde el armario, me han hecho una pregunta a la que no sé la respuesta!"

La siguiente parte del programa fue enseñarles a hacer gráficos. Seleccionamos una empresa local, Texas Instruments, y la graficamos usando Punto y Figura. Durante el transcurso de un mes, todos fueron evaluados en sus habilidades de gráficos.

El último paso fue enseñarles la selección de valores, ya que habían ingresado a un concurso regional de selección de acciones para Texas Central. Les proporcioné datos sobre el S&P 100 y el NASDAQ 100. Podías notar que algunos equipos habían recibido ayuda de sus padres. Seleccionaron nombres como Walmart, Johnson & Johnson, etc. Son buenas empresas, pero malas acciones. Solo un grupo había comprendido verdaderamente lo que les había enseñado y ganó la competencia, superando a una escuela intermedia que había ganado durante 7 años consecutivos.

Y la mejor parte fue que cada niño ganó $50.

El concepto subyacente a cualquier método de análisis que elijas debe ser válido. La oferta y la demanda son tan válidas y básicas como se puede. No cuestiono la validez de otros métodos. ¿Por qué no hacerlo parte de tu inversión diaria? ¿Por qué complicarlo? No creo que el análisis adicional en un intento de ganar una ventaja realmente funcione. Crea rigidez cuando necesitas ser flexible. Mantén las reglas simples, pero síguelas, más importante aún, síguelas.

Elegí Punto y Figura y fuerza relativa porque ayuda a eliminar las emociones al seleccionar y ver una acción. Sin duda, las emociones son la mayor causa de malas decisiones en el mercado de valores y en la vida. ¿Cuántas veces has mirado una acción para comprarla solo para que te digan que tiene fundamentos deficientes? Cambias de opinión y decides dejarla pasar, solo para ver cómo se dispara. En el lado opuesto de la ecuación, ¿estás pensando en vender una acción solo para escuchar que los expertos en TV predicen su continuo ascenso, solo para verla revertir y caer?

Estas son solo algunas emociones con las que constantemente nos enfrentamos como inversores. Debes tener un plan y un mapa para lidiar con los baches en el camino. Punto y Figura y Fuerza Relativa pueden no ser siempre correctos, pero lo serán con el tiempo.

Muchos inversores ignoran la construcción de gráficos PnF porque ahora tenemos software que lo hace por nosotros. Sin embargo, saber cómo construir el gráfico es vital para entender porque ayudará a explicar las razones conductuales y psicológicas detrás de los movimientos.

El método de punto y figura para analizar el movimiento de acciones simplemente registra esta batalla entre oferta y demanda de manera lógica y organizada, como fue diseñado. La palabra organizada es clave. Un atlas de carreteras básico sería difícil de usar si faltaran las líneas que representan las carreteras y las interestatales. Es lo mismo en el negocio del mercado de valores. Mirar una lista interminable de cotizaciones de Alto-Bajo-Cierre en cualquier acción puede ser igualmente confuso.[37]

Los mercados estadounidenses operaron en fracciones hasta el 9 de abril de 2001. Todos aprendimos y comerciamos

9¾ 10¼ 11½ 11¼ 12½ 12¼ 13¼ 15 16½ 15 14¼ 13½ 12
10¼ 10 11¾ 11½ 14 15 16 17 19½ 20 21¼ 19 18¾ 19½ 20

con fracciones en aquellos días. Volviendo a la historia: Dow se dio cuenta rápidamente de que debía dejar de lado las fracciones y simplemente registrar el número completo. Su registro podría verse algo así.

Al observar este conjunto, es difícil encontrar el máximo y el mínimo del día o dónde tuvo lugar la mayor parte del comercio. Todo lo que

9 10 11 11 12 12 13 15 16 15 14 13 12 10 10 11 11 14 15 16 17 19 20 21
19 18 19 20 21 19 18 19 20 20 21 23 20 19 16 15 13 12 10 10 8 9
11 11 14 15 16 17 15 11 12 12 13 12 12 13 15 16 15 13 12 10 10 11 11
14 15 16 17 19 20 21 19 20 20 23 24 21 22 22 20 19 19 20 22
20 21 20 21 20 19 19 20 19 20 20 21 22 21 20 20 21 21 22 21
20 19 19 18 19 19 20 19 20 19 19 18 18 17 18 17 16

puedes ver es la apertura a las 9 y el cierre a las 16.[38]

Puedes comenzar a ver que se están formando cuadros, lo que ha llevado a otros desarrollos. Empezamos a ver cambios en las notaciones, con X para representar cuando un valor está subiendo y O para cuando está bajando.

---

[37] Du Plessis, J., 2006, *La Guía Definitiva del Punto y Figura*, Harriman House, Hampshire, Gran Bretaña, p. 28.
[38] Du Plessis, pg32

A.W. Cohen[39] es reconocido por la creación del método de reversión de 3 cajas que se muestra a continuación. En este ejemplo, cada caja representa $10. Puedes ver que el gráfico PnF 10x3 es mucho más claro.

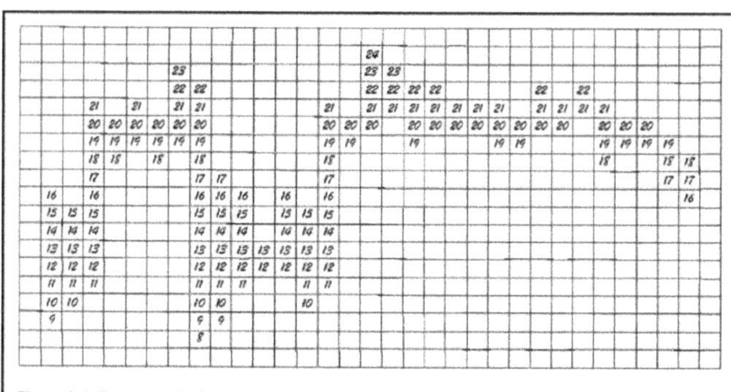

Figure 1-4: Early record of prices

Day no.	Price	Plot Box	X/O	Day no.	Price	Plot Box	X/O
1	1100	1100	X	26	1122		
2	1105			27	1133	1130	X
3	1110	1110	X	28	1125		
4	1112			29	1139		
5	1118			30	1105		
6	1120	1120	X	31	1132		
7	1136	1130	X	32	1122		
8	1121			33	1131		
9	1129			34	1127		
10	1120			35	1138		
11	1139			36	1111		
12	1121			37	1122		
13	1129			38	1111		
14	1138			39	1128		
15	1113			40	1115		
16	1139			41	1117		
17	1123			42	1120		
18	1128			43	1119		
19	1136			44	1132		
20	1111			45	1133		
21	1095	1100	O	46	1147	1140	X
22	1102			47	1131		
23	1108			48	1159	1150	X
24	1092			49	1136		
25	1129			50	1127		

---

[39] Cohen, A.W., *Cómo usar el método de reversión de tres cajas en Point & Figure*, Chartcraft., 9.ª ed., 1968, Larchmont, N.Y.

```
1160
1150              X
1140              X
1130      X       X
1120      X   O   X
1110      X   O   X
1100      X   O
1090
```

Los gráficos PnF tienen varias ventajas sobre los gráficos de línea tradicionales.

1. Filtran el ruido asociado con movimientos de precios insignificantes.

2. Se centran en la importancia de los movimientos de precios.

3. También eliminan el factor de tiempo en el proceso de análisis.

4. Proporcionan líneas de tendencia automáticas y objetivas.

5. Facilitan la identificación de líneas de soporte y resistencia.

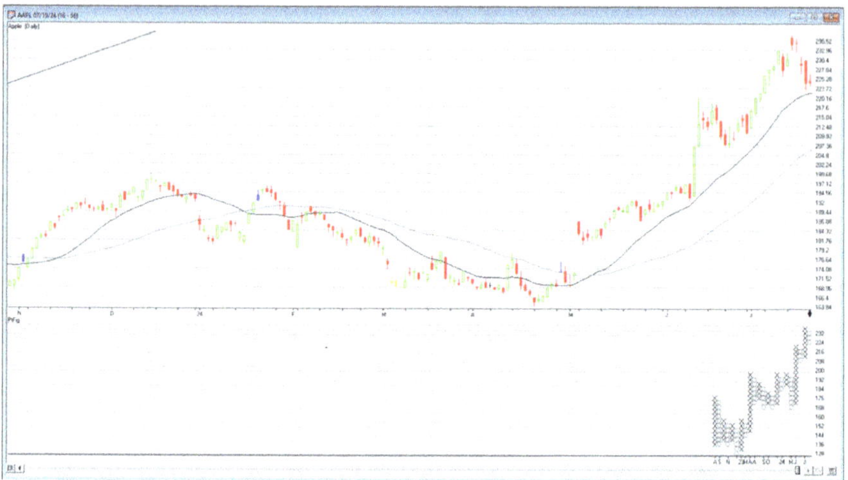

Este es un gráfico de líneas de Apple y, abajo, los mismos datos en Punto y Figura. El gráfico PnF elimina el ruido y la acción lateral del gráfico de líneas.

14. Poniéndolo todo junto

Hardware y Soporte Informático

Aunque he enfatizado la importancia de los principios, la planificación, el enfoque y el equilibrio emocional, la falta del equipo informático adecuado y de un sistema de soporte puede ser un error costoso. Es una pieza crucial del rompecabezas que no se puede ignorar.

En la era digital actual, la tecnología no es solo una herramienta, sino una necesidad en el mercado de valores. El surgimiento de las plataformas de negociación en línea y algorítmica ha hecho que contar con hardware informático confiable sea algo no negociable para los traders. A medida que la tecnología continúa avanzando, la dependencia del mercado de valores de hardware sofisticado y soporte técnico solo seguirá aumentando.

Siempre he priorizado el equipo informático y el soporte. Sinceramente, las ofertas de computadoras de Best Buy no son suficientes. Computadoras lentas o desactualizadas pueden hacerte perder oportunidades. Conexiones a internet de alta velocidad, procesadores potentes y un almacenamiento adecuado son componentes necesarios para un trading eficiente. El mercado de valores es un entorno complejo e impredecible que requiere decisiones rápidas y una ejecución precisa.

El soporte técnico no es solo un lujo, sino una necesidad para los traders que lidian con la complejidad de las computadoras modernas. Ya sea solucionando problemas de hardware o resolviendo fallos de software, un soporte técnico confiable puede mejorar significativamente el rendimiento y la tranquilidad del trader. Reducir el estrés es clave. El soporte técnico confiable puede ofrecer asistencia rápida, evitando tiempos de inactividad costosos y garantizando una ejecución sin problemas de las operaciones.

Desde mi experiencia, el impacto de un hardware y soporte técnico confiable es innegable. Los traders que invierten en estos recursos y tienen acceso a personal de soporte capacitado están mejor preparados para aprovechar las oportunidades del mercado y gestionar riesgos. Es una preocupación menos de la que ocuparse. Al optimizar su configuración de hardware y aprovechar la experiencia técnica, los traders pueden obtener una ventaja competitiva en el mercado. Un buen hardware informático y soporte técnico pueden mejorar la eficiencia del trading, mejorar la toma de decisiones e incrementar la rentabilidad.

Durante los últimos catorce años, he adquirido todo mi equipo y soporte de EZ Trading Computers (https://eztradingcomputers.net/) porque Eddie Z es un trader veterano que opera todos los días y conoce nuestro entorno. Él y su equipo entienden que las cualidades esenciales de una Computadora de Trading exitosa son la velocidad, la fiabilidad, el soporte posterior a la venta y el soporte para múltiples monitores. Coincido con él en que la razón más importante por la que los traders necesitan una Computadora de Trading es para evitar el "slippage."

El slippage ocurre cuando se utiliza una computadora de gama baja que no muestra la información de precios en tiempo real. Aunque los datos de precios pueden estar desfasados solo una fracción de segundo, es suficiente para desajustar por completo tu metodología de trading.

¿Alguna vez has visto un panel de discusión en CNBC donde los participantes trabajan de forma remota? ¿Has notado que, a veces, cuando el entrevistador hace una pregunta, puede haber un largo retraso antes de que el panelista responda? ¿O que los panelistas terminan hablando al mismo tiempo?

Esto ocurre porque cada panelista tiene una computadora diferente y una velocidad de internet diferente. Esta "pausa" exagerada es un retraso. El slippage es un fenómeno muy similar, y le cuesta una fortuna a los traders.

La mayoría de los traders no se da cuenta de que las computadoras fabricadas en masa y los procesadores convencionales de hace unos pocos años simplemente no pueden seguir el ritmo de los mega niveles de datos de precios en streaming de hoy en día.

Tengo todos mis sistemas hechos a medida por el equipo de Eddy. Es como obtener un traje a medida en lugar de comprar algo de un estante. En cuanto al soporte, nunca antes había experimentado este nivel de servicio al cliente. Imagina que estás conduciendo tu coche de carreras de Fórmula 1 y entras al pit stop para un cambio de llantas. En segundos, realizan el cambio y vuelves a la pista. Ha habido ocasiones en que he reportado un problema a mi equipo de soporte, y antes de que regrese a mi escritorio después de tomar un café, ya están lidiando con el problema.

De cara al futuro, es probable que el futuro del hardware y el soporte técnico en el mercado de valores esté influido por los avances en inteligencia artificial, aprendizaje automático y automatización. Estas tecnologías tienen el potencial de revolucionar las estrategias de trading, optimizar el rendimiento del hardware y mejorar los servicios de soporte técnico. Los traders que adopten estas innovaciones y se adapten al cambiante panorama del mercado de valores estarán bien posicionados para el éxito en los próximos años. Adelántate a la curva.

Para un observador externo, lo que hago puede parecer solo una acción aleatoria. Puede parecer que no hay un patrón en la compra y venta. ¿Por qué se eligen ciertos valores en lugar de otros? A veces se compra un valor solo para venderlo rápidamente. A veces, un valor se mantiene durante años.

Veo la fortaleza relativa como un misil teledirigido que siempre está en busca de mejores rendimientos. Evaluar constantemente qué comprar y qué evitar es esencial. Soy un fanático implacable de los rendimientos, eliminando o deshaciéndome de los activos de bajo rendimiento y reemplazándolos por mejores rendimientos. Veo los activos de bajo rendimiento como un cáncer para los rendimientos de tu cuenta, y quiero actuar con la misma falta de pasión que un bisturí de cirujano para eliminarlos. Entrené a mis clientes para que percibieran los valores en rojo o en la zona de venta como un tumor peligroso que requiere eliminación inmediata. No mañana ni la próxima semana, sino ahora.

Me encanta esta cita del senador Everett Dirksen.

"Soy un hombre de principios fijos e inquebrantables, el primero de los cuales es ser flexible."

Esta afirmación captura perfectamente la verdad paradójica del enfoque de inversión en fortaleza relativa: flexibilidad y disciplina. ¿Te imaginas el desastre en el que habría estado SI no hubiera tomado la señal de venta en la operación con GTAT? Me sorprendió enormemente cuando se declararon en quiebra. Volví a revisar las señales para ver si, por casualidad, había algo más que me hubiera llevado a venderla. ¿Fue intervención divina o simplemente mi disciplina actuando? Fue realmente una lección de humildad, porque habría sido igual de fácil dejarlo pasar.

En los mercados financieros, el término flexibilidad evoca imágenes de algoritmos de caja negra y decisiones caprichosas, con razonamientos aparentemente diferentes para cada transacción. Esto está lejos de la verdad.

Consistentemente construyo modelos que tienen una gran flexibilidad, pero la lógica detrás de cada operación es la misma: el ranking de fortaleza relativa. Liquido una posición actual debido a una caída significativa en su ranking de fortaleza relativa, y compro una nueva posición con un ranking favorable de fortaleza relativa. Compro posiciones fuertes y las mantengo mientras sigan siendo fuertes.

Cualquier virtud, llevada al extremo, puede convertirse en un vicio. La flexibilidad es buena si resulta en mejores resultados de inversión que una asignación estática. Sin embargo, si la flexibilidad se lleva al extremo, puede conducir a un exceso de operaciones y malos resultados de inversión. Del mismo modo, la disciplina es buena, pero puede convertirse en un vicio si resulta en una incapacidad para adaptarse a diferentes entornos de mercado.

He experimentado y jugado con varias configuraciones de modelos, como hacer que las señales de ranking se activen en marcos de tiempo más cortos. He encontrado que estos intentos no son satisfactorios ni exitosos. En los portafolios que construyo, hago grandes esfuerzos para encontrar una forma saludable de tener tanto flexibilidad como disciplina.

Lo he mencionado antes, pero vale la pena repetirlo. Mi estrategia y proceso de selección es simple pero muy robusto y, lo que es más importante, adaptable. Comienzo con un universo seleccionado de valores. Luego clasifico cada uno en comparación con los demás en función de su rendimiento de precios hasta que tengo una lista de los mejores clasificados hasta los más débiles. Este proceso no solo me da a los más fuertes para considerar, sino también a los más débiles para evitar. Una estrategia disciplinada de implementación que se adapta a las tendencias a medida que cambian puede proporcionar retornos sólidos sin la necesidad de identificar picos y valles. Ha demostrado ser un enfoque eficaz, y lo utilizo. No necesitas mantener la posición durante todo el movimiento ascendente o descendente; solo quieres la parte media más gruesa del movimiento. Recuerda, estás comprando a alguien que piensa que es el momento de vender.

Esto me recuerda una conversación que tuve una vez con un gerente. A este gerente le gustaba comenzar cada una de sus reuniones con unos minutos de charla antes de llegar al propósito real de la reunión. En una reunión en particular, comenzó preguntándome cuál era el precio del oro. Había estado ocupado toda la mañana y no pudo revisar los mercados. Le informé sobre su estabilidad y su tendencia al alza. Luego me preguntó sobre el precio del petróleo. Le dije nuevamente dónde había estado negociando esa mañana y los niveles de algunas empresas energéticas. Me abrí un poco y bajé la guardia para decir que sentía que podría bajar más, y que tenía un objetivo de precio de XXX. No puedo recordar el precio exacto.

Bueno, respondió en un tono alto, directo y condescendiente: "No lo hará." Tal vez sabía algo que yo no. No lo sabía. Tímidamente, dije que eso es lo que mis gráficos me estaban diciendo en ese momento. Podrían estar equivocados, pero eso es lo que decían. Luego se abrió un poco para decir que había sido comprador seis meses antes, en diciembre, pero que no se veía tan inteligente ahora, ya que todo estaba abajo. Solo dije un apagado "Oh, ¿en diciembre?" Luego me preguntó por qué dije eso. Pausé un momento y dije: "Porque en ese momento yo estaba vendiendo. Gracias por comprar mis acciones." El resto de la reunión no fue bien.

Inversión estilo Hobo

Invertir, en su esencia, es un proceso simple. Durante la Gran Depresión de los años 30, una forma en que los desempleados se trasladaban de un lugar a otro era saltar a bordo de un tren de carga que se dirigiera en la dirección que querían ir.

En cierto sentido, nuestra postura de inversión es similar. Somos móviles, no estamos atados a ningún lugar o posición específica. No tenemos que mantener cosas que no queremos. La dirección en la que el mercado se está moviendo es adonde podemos y debemos ir.

Lo primero que debemos hacer es determinar si el tren va hacia el norte o hacia el sur, o si simplemente está detenido en una vía lateral sin hacer nada. Una vez que encuentras un tren que va hacia el norte, solo necesitas subirte. Si el tren comienza a ir hacia el sur, necesitas saltar, recordando la regla de Jess Livermore sobre cortar las pérdidas rápidamente.

El concepto es simple, pero a veces los inversores complican la ejecución. Para nosotros, la fortaleza relativa y el seguimiento de tendencias nos proporcionan las herramientas y la metodología para encontrar los trenes que van hacia el norte. Las mismas herramientas y metodología pueden ser utilizadas para decirte cuándo la locomotora de maniobras ha llegado y ha comenzado a mover el tren hacia el sur.

Los problemas ocurren cuando los inversores se desvían de la mentalidad hobo enfocada en su objetivo y se vuelven demasiado ingeniosos para su propio bien. ¿Te imaginas lo irracional que debe parecer el comportamiento de algunos inversores a un hobo?

Aquí están las seis frases disfuncionales principales del hobo:

1. Quería ir hacia el norte, así que me subí a un tren que iba hacia el sur, con la esperanza de que eventualmente fuera hacia el norte. (hobo inversor en valor)

2. Me subí a un tren que iba hacia el norte, pero solo avanzó unas pocas millas. Una locomotora de maniobras llegó y comenzó a llevar mi vagón hacia el sur. ¡Qué vergüenza! Este tren me debe algo. No me voy a bajar. (hobo apegado al ego)

3. Hay tantos trenes yendo hacia el norte. Quiero subirme a uno eventualmente, pero tengo miedo de que se vaya hacia el sur justo después de que me suba. (hobo que no se atreve a comenzar)

4. Este tren que va hacia el norte está acelerando. Será mejor que me baje. (hobo de expulsión prematura)

5. Quería ir hacia el norte, pero mi tren se desvió a una vía lateral y se detuvo. Tal vez me quede aquí sentado a ver qué pasa. (hobo de comprar y mantener)

6. Hay tantos trenes yendo hacia el norte sin mí. Eventualmente, todos tendrán que ir hacia el sur, ¡y entonces tendré mi revancha! (hobo amargado con formación en economía)

Si quieres ir hacia el norte, súbete a un tren que va hacia el norte. Aquí realmente aplica el principio KISS. Mantén las cosas simples, tonto. En nuestros buenos días, todos sabemos esto, pero es tan fácil olvidarlo.

Gráfico 5 - Gráfico de Punto y Figura de Priceline (PCLN) 20 de octubre de 2017.

La noche del viernes 20 de octubre de 2017, clasifiqué el S&P 100. Noté que Priceline había caído de la zona de "No Comprar Más" al umbral de venta.

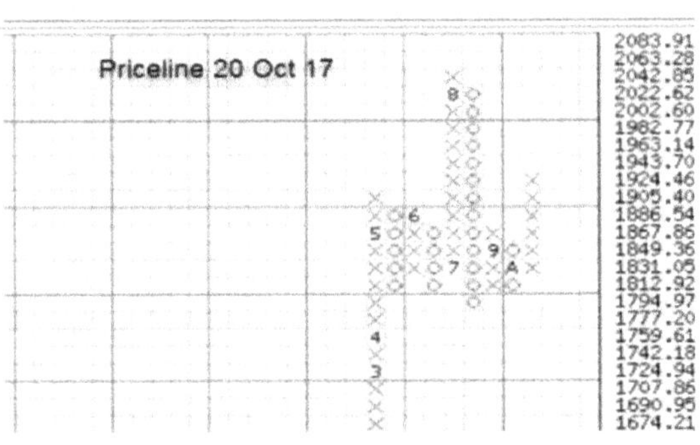

El Método dice que si una acción cae de la Zona de Compra o No Comprar Más y pasa el Umbral de Venta (posición 25), véndela y, con los ingresos, compra la acción mejor clasificada que aún no poseas. Simple. No lo pienses demasiado, solo hazlo.

Si miramos la acción individual, no parece tan mal. Había tenido un ascenso pronunciado desde enero de 2017 y se había encontrado con resistencia en mayo-junio. Durante el verano se mantuvo inestable, intentando alcanzar nuevos máximos en agosto, pero se topó con presión de ventas. A principios de octubre, parecía que iba a desafiar el máximo de agosto. Aun así, relativamente, otras acciones estaban rindiendo mejor, lo que empujó a Priceline más abajo en nuestras clasificaciones, por lo que tuvo que irse y algo más entró en su lugar. Sin emociones, solo actúa.

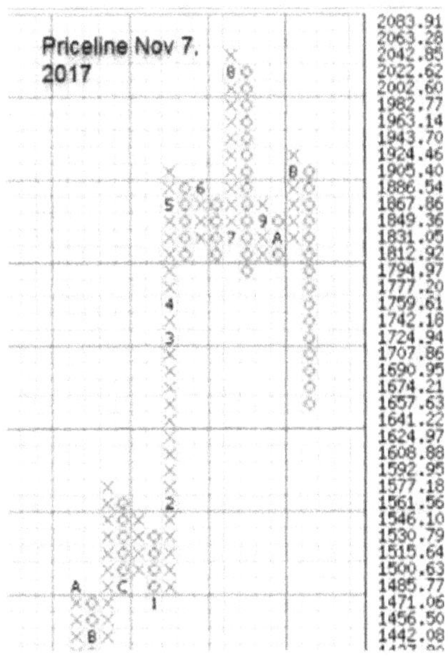

Entonces llamé al cliente que la tenía y le conté lo que había sucedido. Le sugerí venderla el lunes en la apertura y usar los ingresos para comprar PayPal, lo cual hicimos. El lunes por la mañana, la acción abrió a $1950.00. Ingresé mi operación unos minutos después y conseguí un precio de $1954.825.

El 6 de noviembre, reportaron ganancias por debajo de las estimaciones del consenso y redujeron su pronóstico a futuro. Al día siguiente, la acción cayó en picada a un mínimo de $1,638.10 y cerró en $1,645.72. Una caída de más de $309 o un -15.5% desde el punto en el que la vendimos. ¿Tenía información privilegiada? No. ¿Leí algo que predijera esto? No. Puedo decir que la vendí porque mis reglas me dijeron que la vendiera, y eso fue lo que hice. ¿Funciona siempre? No. Funciona con el tiempo.

¿Por qué no todos usan esta estrategia?

Es una pregunta válida. Yo mismo me lo he preguntado muchas veces. Existen varias razones que obstaculizan la adopción generalizada de esta estrategia. Muchas veces, cuando recibimos una señal para comprar o vender, puede que no haya una razón fundamental clara o interesante para hacerlo. Simplemente no se puede encontrar una base fundamental para la acción. Con GTAT, enfrenté burlas abiertas por vender. El gerente no apreció mi comentario sobre él comprando mis acciones de energía cuando yo estaba vendiendo, especialmente porque habían caído desde mi venta. Pero me mantuve firme en mi decisión, incluso frente a las críticas.

Al principio, comprar a un precio alto resultó ser bastante difícil. Se siente antinatural. Estamos programados para buscar una ganga, para obtener cosas a un precio más bajo. Sin embargo, Constellation Software es un ejemplo perfecto de mi experiencia de aprendizaje. Te diré que te acostumbrarás. Al final, no te importará la incomodidad inicial. Sí, te perderás las historias en las fiestas de cóctel sobre las grandes hazañas de las grandes gangas que conseguiste. Deja eso para los demás.

Parece antinatural dejar que los ganadores sigan creciendo. La mayoría de los asesores te dirán que recortes o vendas a los 

ganadores y compres más de los perdedores. Promediar el costo a la baja. Aquí tienes una imagen del famoso gestor de fondos de cobertura, Paul Tudor Jones, quien ganó miles de millones en el mercado. Utilizaba estrategias de seguimiento de tendencias como la fortaleza relativa y otros análisis técnicos. Creía firmemente en tomar pequeñas pérdidas y se enfocaba principalmente en el control del riesgo. También es muy difícil para muchas personas aceptar pequeñas pérdidas. A todos les gusta tener razón. Cuando estás vendiendo con pérdidas, estás equivocado. El ego interviene y no te deja olvidarlo.

Recuerda, al principio mencioné que en la cartera utilizada en la aplicación Beyond ETFs Pro, ha habido 245 operaciones ganadoras y 248 perdedoras. Ha habido más perdedoras que ganadoras, sin embargo, el rendimiento generado del 2 de enero de 2007 al 30 de junio de 2024 ha sido del 20.21% anualizado. El período promedio de tenencia de las operaciones ganadoras fue de 175.64 días, mientras que el período promedio de las perdedoras fue de 63.96 días. El índice S&P 100 es del 8.03%.

Mantener el rumbo se vuelve especialmente difícil durante los puntos de inflexión del mercado. No elegimos el punto exacto más bajo o más alto. Nunca he visto un sistema que elija el punto exacto más alto o más bajo. Es una metodología de seguimiento de tendencias, y estamos dispuestos a ceder algo en la parte superior y esperar para entrar en la parte inferior. Solo nos interesa la parte central del movimiento.

Lo que me gusta de la fortaleza relativa es que es adaptable y cambia a medida que los mercados cambian. Requiere disciplina y compromiso.

Aquí tienes un ejemplo de El Método Brockmann en acción con una cartera que usa el índice Toronto Stock Exchange 60, que incluye las 60 acciones más grandes de Canadá. Blackberry era la favorita de los mercados internacionales en ese entonces. Entró en la cartera y nos dio una señal de venta, para nunca ser comprada de nuevo. Hoy en día, esa acción ya no existe.

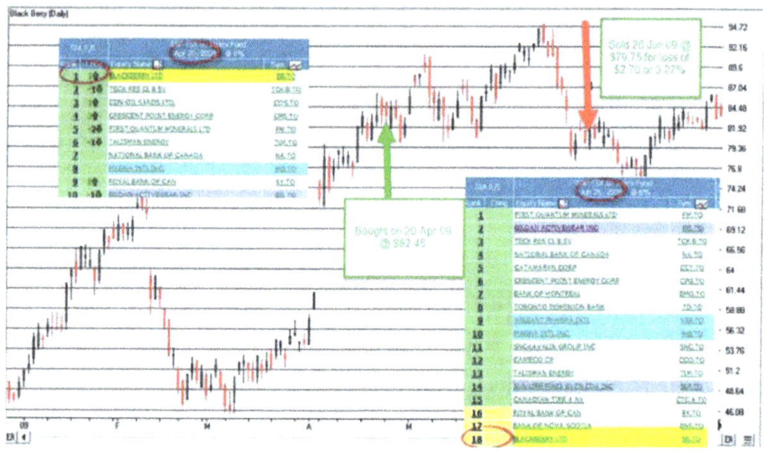

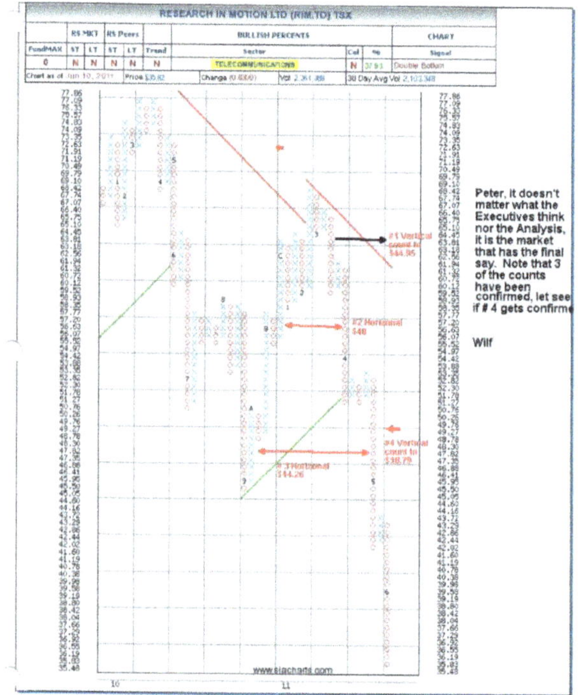

Peter me preguntó si Blackberry era una buena compra. Yo dije NO.

15. El Nacimiento de Beyond ETFs Pro

El Reto de Peter

Desde el sitio web: https://beyondeftspro.com

{Peter Brockmann} *"Probablemente estés en el mismo lugar en el que yo estaba en marzo de 2017. Miré el informe trimestral de mi asesor 'profesional' de marca reconocida. Su rendimiento fue aproximadamente la mitad del rendimiento del índice S&P 100. Estaba decepcionado, enojado y deprimido. Para colmo, mi esposa me recordó que aún les pagábamos el 1% por ese pobre rendimiento. ¡Es hora de un nuevo enfoque! '¡Estás despedido!'"*

{Wilf Brockmann} Recuerdo la llamada de Peter en la que me anunció con orgullo que había DESPEDIDO a su corredor. Había tomado acción, y se notaba en el tono de su voz. Me contó cómo su asesor había tenido un rendimiento consistentemente inferior al de los índices de mercado en general. Que básicamente había estado invertido en todo lo que se le ocurría. Después de que terminó, le pregunté: "¿Y qué vas a hacer ahora?" Hubo una larga pausa, y luego dijo: "Supongo que compraré el índice; al menos así superaré a mi viejo asesor y no pagaré esas altas comisiones". Yo le dije: "¿No prefieres SUPERAR al índice? Mereces algo mejor". Le dije que iba a Boston y que le explicaría todo el proceso, y el resto es historia.

{Peter Brockmann} Por eso construí esta aplicación con su conocimiento en análisis financiero. Wilf es el CEO de Brockmann Analytics and Trading, quien creó el Método Brockmann. Beyond ETFs Pro reúne sus 45 años de conocimiento en inversiones con la disciplina de un sistema de software diseñado por inteligencia

artificial para compartir información sobre el mercado y mantenerte al tanto.

De hecho, se convirtió en historia. Peter había estado tratando con un asesor financiero en un importante banco de inversión durante años hasta que el corredor se jubiló. El nuevo corredor, en la entrevista, usó todas las palabras de moda que podrías esperar. La empresa recomendó asignación de activos, la frontera eficiente, "nuestro analista recomienda", "nuestra plataforma basada en comisiones", y así sucesivamente. Te haces la idea. Para ser honesto, parecía que alguien había tomado una escopeta y había disparado contra los mercados para asegurarse de que cada aspecto de la cuenta 401(k) de Peter estuviera cubierto.

Tenía ETFs que representaban acciones de gran capitalización, acciones de pequeña capitalización, estilo de crecimiento, estilo de valor, estilo combinado y bonos. El enfoque de la cuenta era un 70% invertido en ETFs de acciones y un 30% en ETFs de bonos. Sospecho que su nuevo asesor era relativamente nuevo en el negocio y transformó la cuenta en un revoltijo de cada ETF bajo el sol. Yo lo llamaría el portafolio del "no me puedes demandar". Recuerda lo que dijo Warren Buffett: "Te concentras para acumular riqueza; diversificas cuando no sabes lo que estás haciendo". No diría nada más sobre el asesor, pero diría que Peter vendió todo y movió la cuenta para poder gestionarla él mismo.

Así que le dije: "¿Qué vas a hacer ahora?" porque sonaba realmente complacido consigo mismo por haber dado su primer paso hacia la independencia financiera. "….Errr, no estoy seguro. No he pensado tan lejos. Tal vez solo compre el índice", dijo. Yo le dije: "¿Por qué conformarte con superar a tu corredor? ¿Por qué no superar también al índice? Mereces algo mejor". Él dijo: "¿Puedes hacer eso? Pensé que la mayoría de los gestores activos no superan el índice". Nuevamente, me dijo que podía poner su dinero en un ETF de índice del mercado y aún así superar a su asesor. Cuando le dije que merecía superar el índice, él respondió que yo le había dicho en el pasado que la mayoría de los gestores de dinero profesionales no superan sus respectivos índices. Es cierto, pero con mi proceso, él y tú también lo harían.

Estos gráficos son de SPIVA, una división de datos de S&P Dow Jones Indices, a partir del 31 de diciembre de 2023[40]. Puedes

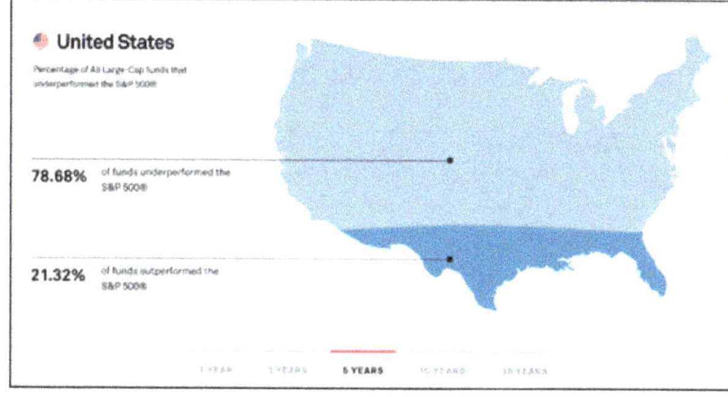

preguntarte por qué los gestores de dinero profesionales no pueden superar sus respectivos índices de referencia. Se ha susurrado que la seguridad laboral podría ser una de las razones. Sí, es bastante cínico, pero si un gestor está en el medio del grupo en términos de rendimiento, es menos probable que lo despidan que a un outlier en la parte inferior. Lo mismo ocurriría con los asesores. Ser promedio es

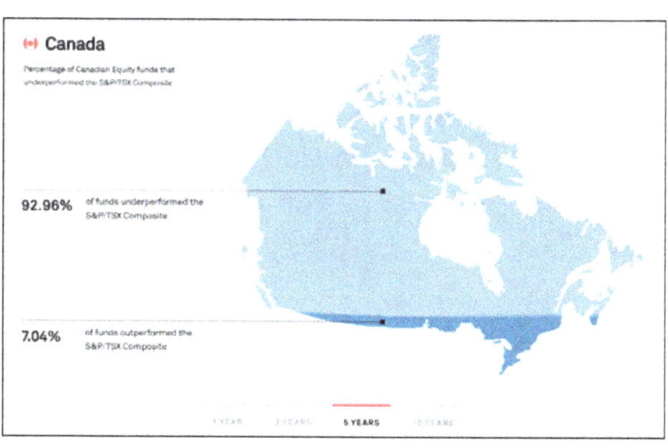

menos estresante que ser un outlier. La rentabilidad del cliente disminuye, pero el gestor y el asesor siguen empleados. No estamos en el negocio de mantenerlos empleados, sino en el de que tú, el

---

[40] https://www.spglobal.com/spdji/en/research-insights/spiva/?utm_source=pdf_spiva#us

cliente, prosperes. Tu prosperidad es nuestro objetivo final y la fuerza motriz detrás de nuestro trabajo.

Se esperaría que los gestores activos prosperaran en un mercado de selección de acciones. Teóricamente, estos gestores deberían hacer lo que nosotros hacemos: elegir a los ganadores y evitar a los perdedores. Este potencial de éxito mantiene el mercado dinámico y emocionante. Sin embargo, los gestores enfrentan supervisión regulatoria sobre la cantidad de peso que cada posición puede tener dentro de la cartera. Además, el mandato estipulado en el prospecto podría restringir al gestor. Por ejemplo, podría permitirle al gestor mantener

solo un porcentaje específico dentro de un grupo industrial o para valores individuales. Por lo tanto, la tecnología podría superar el rendimiento, pero al gestor solo se le podría permitir una cierta cantidad.

Jason Zweig[41], en su artículo en el Wall Street Journal del 5 de julio de 2024, señaló que las tres acciones más grandes del S&P 500 (Microsoft, Apple y Nvidia) constituían casi el 21% del valor total. Las cinco acciones más grandes representan el 27%, y las diez principales representan el 36%. En ese momento, los fondos gestionados activamente mantenían, en promedio, solo el 14.2% de

---

[41] Zweig, J., 'Por qué tu gestor de fondos no puede superar el mercado de valores actual' Wall Street Journal, 5 de julio de 2024.

las tres acciones principales y el 20.8% de las cinco principales, muy por debajo de la concentración del índice.

Estas cifras son ciertas en la mayoría de las otras regiones también.

Para ser honesto, elige cualquier período

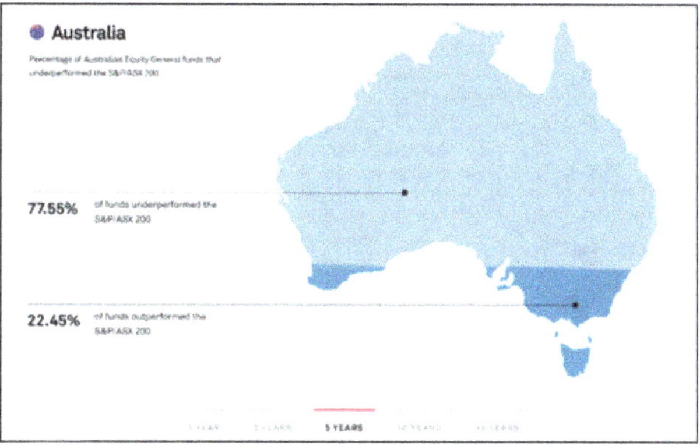

de tiempo en el que los gestores activos no superen a sus respectivos índices de referencia. La concentración puede ser la excusa este año, pero no para otros años.

Por cierto, en caso de que no lo haya compartido contigo antes, he experimentado las consecuencias de un rendimiento inferior de primera mano. Debido a problemas relacionados con el rendimiento, algunos clientes han terminado nuestra relación. Es un hecho de la vida, y me mantiene humilde. Esta transparencia es un testimonio de nuestro compromiso con el aprendizaje y la mejora en la industria financiera. La Fuerza Relativa funciona con el tiempo, no siempre. En épocas de mercados laterales o violentos, no rinde bien.

Rumbo a Boston

Viajé a Boston y me senté con él y su esposa, Anne. La explicación que les di fue que cuando compras un ETF de un índice, en realidad estás comprando todas las acciones que forman parte de ese índice. Les pregunté si los sectores de energía o materiales estaban bajo rendimiento. Eso arrastra toda la canasta hacia abajo. ¿Qué pasa si el sector tecnológico está brillando y aún tienes el sector de salud arrastrándote hacia abajo? No obtienes el rendimiento ascendente que mereces.

Les dije que utilizo el universo del S&P 100 porque contiene las 101 empresas más grandes de América. Incluye nombres reconocidos como Apple, Amazon, Nvidia, Exxon Mobil y Bank of America, por nombrar algunos. Para poner el tamaño del S&P 100 en perspectiva, representa alrededor del 54% de todos los mercados de renta variable de EE. UU. a partir de 2020.

Expliqué que confío en la fuerza relativa por su naturaleza adaptativa y su historial de éxito a largo plazo. La fuerza relativa es simple en concepto pero poderosa en aplicación. La fuerza relativa es simplemente comparar el rendimiento de precios dentro de un universo de valores. Aquí, las acciones componen el índice S&P 100. Analizar valores por su fuerza relativa proporciona una forma de identificar a los líderes del resto del grupo. Nuestro objetivo es poseer esos líderes del mercado. La fuerza relativa también nos permite identificar a los rezagados. La inversión exitosa también requiere evitar grandes pérdidas.

Clasificamos todo el índice diariamente de arriba a abajo y comparamos cada acción con todas las demás en el índice utilizando una comparación de precios. El precio es el árbitro final. No importa lo que diga el analista o la empresa. Todo lo que importa es el precio y la relación que tiene con los demás. Testificando la acción de la oferta y la demanda. Le dije que los estudios nos han mostrado que los valores que han tenido un buen rendimiento durante los últimos 6 a 12 meses continúan teniendo un buen rendimiento durante los siguientes 6 a 12 meses. De manera similar, aquellos que han tenido un rendimiento deficiente durante el mismo período seguirán teniendo un mal rendimiento también.

Lo que he encontrado es que esto a menudo es más preciso que los expertos. La fuerza relativa es una forma útil de medir el precio y evaluar las acciones de los participantes del mercado. No hay garantía de que hagan lo mismo mañana, pero las percepciones cambian gradualmente con el tiempo a medida que surgen nuevas informaciones o nuevas reflexiones sobre información antigua. Permanecer con tendencias fuertes de fuerza relativa y salir cuando se debilitan es la forma más sencilla de mantenerse en sintonía con el flujo cambiante de información en el mercado.

Peter es un ingeniero de iOS. Desarrolla y prueba aplicaciones para ganarse la vida. Una vez que escuchó y comprendió el poder de este proceso, tuvimos que compartirlo con el mundo.

Bienvenido a Beyond ETFs Pro.

El futuro de la inversión ha llegado. Con nuestro innovador enfoque de inversión basado en IA, desbloquearás los secretos del mercado de valores. Aprovechando el poder del impulso de precios, nuestro algoritmo clasifica las 100 principales empresas de América cada noche, guiándote sobre cuándo vender y qué comprar. Deja tus emociones atrás y permite que nuestra máquina de IA tome decisiones objetivas por ti. Únete a nosotros y descubre una nueva era de inversiones rentables.

Existen dos aspectos notables de esta aplicación y su sistema de inversión central. Uno es que funciona y lo hace muy bien. El Método Brockmann, aplicado rigurosamente, ha demostrado generar un rendimiento más de seis veces superior al del S&P 100 desde 2007.

Una inversión inicial de $100,000 el 2 de enero de 2007 en cada uno de los modelos de Beyond ETFs Pro y el índice S&P 100 valdría $2,510,844.62 a partir del 30 de junio de 2024, sin incluir dividendos en Beyond y $406,607.61 en el S&P 100[42]. Recuerda que el rendimiento pasado no es indicativo del rendimiento futuro. Nuestro enfoque funciona con el tiempo, pero no siempre.

El segundo aspecto es que es tan simple. Beyond ETFs está diseñado para explotar principios económicos simples combinados con las ideas de muchos investigadores académicos. Es una

---

[42] Registros encontrados con Brockmann Analytics and Trading.

metodología basada en reglas, probada y elegante para superar el índice. Beyond ETFs aprovecha el poder de computación de IA para que puedas evaluar tu puntuación en tiempo real.

Comprar la acción correcta es solo la mitad de la ecuación del éxito. Decirte cuándo vender es la otra.

Hacemos eso con Beyond ETFs Pro.

//beyondetfspro.com

BAT

Annualized returns of

Beyond ETFs and S&P 100

*	S&P100	Beyond	# of Trades**		
			total	winners	losers
2007	3.84	43.29	34	19	15
2008	(-37.06)	(-6.04)	10	8	2
2009	19.13	43.88	22	16	6
2010	10.07	29.13	37	28	9
2011	0.87	(-1.92)	30	18	12
2012	13.38	25.83	32	19	13
2013	27.4	48.83	33	26	7
2014	10.27	17.79	35	23	12
2015	0.34	6.98	35	19	16
2016	8.78	(-5.58)	58	19	39
2017	19.34	26.34	31	20	11
2018	(-5.8)	(-4.65)	39	15	24
2019	29.57	19.27	59	39	20
2020	19.3	25.45	46	21	25
2021	27.64	18.2	44	32	12
2022	(-22.22)	(-5.77)	44	14	30
2023	30.84	56.52	36	23	13
2 Jan 24 to 30-Jun-24 ***	18.29%	45.31	25	18	7
02-Jan-07 to 30-Jun-24	8.25%	20.21%	493	245	248
Annualized	Average	days held	119.46	175.64	63.96

> *   Figures are annualized rates
> **   Open trades are included in these figures
> *** Returns to the date stated.

Ten en cuenta que en la parte inferior del gráfico se encuentra la duración de las tenencias. La duración promedio de un ganador fue de 175.64 días, y la de los perdedores, 63.96 días. Realmente cortamos las pérdidas y dejamos que los ganadores sigan.

Generamos un promedio de 30 a 40 operaciones por año.

16. Alcance Ampliado

Tengo una regla de cinco pies. Si te acercas a mí a menos de cinco pies, sonreiré y diré hola. Lo siento, simplemente lo haré. No importa quién seas; todos reciben el mismo trato. No me cuesta nada hacer eso. Otra cosa que hago es que si me preguntas cómo estoy, respondo: "Estoy perfecto." Todos sabemos que la pregunta sobre cómo estás es una forma simple de ser cortés. Es lo mismo que decir: "Bonito clima, ¿verdad?" La mayoría de las personas se sorprenden por el comentario de "perfecto". Les sorprende, no lo esperan. Mi siguiente respuesta es: "Si estuviera mejor, sería tu gemelo." Así que piensan que estoy loco. Así sea.

Un domingo, asistí a un servicio religioso en español. Tuvieron una reunión social después, a la que asistí porque ofrecían café y bocadillos. Muchas de las personas y familias presentes eran nuevos inmigrantes de América del Sur que buscaban una nueva vida. Tengo mucha suerte de haber nacido aquí y no haber tenido que soportar las muchas dificultades por las que podrían haber pasado. Ellos eligieron dejar a sus vecinos, familiares y la vida a la que estaban acostumbrados. Elegí una mesa en la que no conocía a nadie y pedí unirme a ellos. Personas agradables, hablamos y tuve la oportunidad de practicar mi español mientras disfrutaba del café y los bocadillos. Debo haber entregado mi tarjeta de presentación a alguien porque recibí el siguiente correo electrónico poco tiempo después.

Acciones

De Carlos XXXXXXX el 14 de octubre de 2023 a las 6:11 p.m.

Estimado Sr. Wilfred P,

Espero que esta carta lo encuentre bien. Mi nombre es Carlos XXXXXX y me complace ponerme en contacto con usted respecto a la tarjeta de presentación que le proporcionó a mi esposa, Ines, quien asiste a St. Francis-Martin. Hemos conocido su distinguida carrera como trader profesional y estamos intrigados por la posibilidad de beneficiarnos de su experiencia y orientación.

Durante los últimos ocho años, he estado involucrado en el mundo del trading, explorando varios aspectos, desde el mercado de divisas (Forex) hasta acciones de EE. UU., opciones y criptomonedas. Mi enfoque ha sido el análisis técnico, complementado por un sólido entendimiento del análisis fundamental. A pesar de mis años de experiencia, he experimentado altibajos, con más pérdidas que ganancias. Sin embargo, mi pasión por el trading sigue intacta y estoy decidido a mejorar y crecer en este emocionante campo.

Entiendo que el trading es un arte que requiere tiempo, paciencia y un mentor experimentado que me guíe en el camino. Es por eso que me atrevo a escribirle hoy, buscando su orientación y apoyo. Su experiencia y conocimiento en Brockman Analytics y Trading Equities Options Futures serían invaluables para mi desarrollo como trader. Si está dispuesto a considerar la posibilidad de convertirse en mi mentor, le estaría muy agradecido.

Le agradezco de antemano por su tiempo y consideración. Espero con ansias la oportunidad de aprender de su experiencia y seguir creciendo en este fascinante mundo del trading. No dude en ponerse en contacto conmigo en cualquier momento a través de este correo electrónico o por teléfono al [XXX-XXX-XXXX] para discutir cualquier detalle adicional.

Le agradezco nuevamente por su atención y espero su respuesta.

Atentamente,
Carlos XXXXXXX

Re: Encantado de conocerte, Carlos

De Carlos XXXXXXXX el 21 de octubre de 2023 a la 1:08 p.m.
Detalles Texto plano

Estimado Wilf,

Fue un placer conocerte, y aprecio sinceramente tus ideas y sabiduría sobre el trading. Estoy ansioso por aprender y crecer aquí en Canadá, y creo que tu orientación será invaluable.

Gracias por compartir los resultados de las posiciones en el universo S&P 100. Tu enfoque de dejar que el mercado determine el valor de una acción en lugar de dejarse llevar por prejuicios personales es una perspectiva valiosa. Estoy completamente de acuerdo en que seguir un sistema, incluso cuando implica comprar en máximos y aceptar pérdidas, es una parte crucial del trading exitoso.

Tu ejemplo con TSLA es una gran ilustración de la importancia de ceñirse a un sistema. Es un testimonio de la disciplina necesaria en el trading, incluso si puede ser difícil.

Estoy preparando una lista de preguntas y, sin duda, me pondré en contacto una vez que las tenga listas. Tu disposición para ayudar y compartir tu experiencia significa mucho para mí.

Una vez más, gracias por tu tiempo y valiosos conocimientos.

Saludos,

Carlos

El sáb, 21 oct 2023 a las 12:29, wilf@brockmann.com escribió:

Encantado de conocerte, Carlos,

Espero que lo que dije o mencioné hoy te ayude a crecer aquí en Canadá. Cuanto más exitoso seas, mejor nos irá a todos.

Coloqué las dos posiciones en el universo S&P 100 con los siguientes resultados.

ABNB - rango #57

LMND - rango #101

de un total de 103

Como mencioné, dejo que el mercado me diga el valor que asigna a una acción. No importa lo que yo piense; es el mercado el que tiene la última palabra.

Un par de razones por las cuales las personas tienen dificultades para adoptar este sistema son que a la gente siempre le gusta una oferta, siempre queremos un buen trato y queremos comprar cosas más baratas. Comprar a un precio alto es un poco estresante para la mayoría de las personas. La segunda razón es que a la gente le odia aceptar pérdidas. La mayor parte del tiempo, se aferrarán hasta alcanzar el punto de equilibrio. Uno debe actuar como un robot y seguir el sistema.

Ejemplo. El 7 de julio de 2023, compramos TSLA en el modelo a $274.43. El 15 de agosto de 2023, lo vendimos con una señal de venta a $232.84, lo que representa una pérdida del -14.42%. Vaya. Ayer, cerró a $211.99, cayendo otro -9%. Doble vaya.

Cuando hagas una lista de preguntas, avísame.

Saludos,

Wilf

Método Brockmann

De CarlosXXXXXXXXX el 2023-10-21 a las 11:34 pm

XXXXXXXXX

Estimado Sr. Wilf Brockmann,

Es un placer saludarle y expresar mi admiración por su notable historia personal y carrera en el mundo de las inversiones. Su trayectoria, desde la aseguradora en la infancia hasta la creación del "Método Brockmann", es verdaderamente inspiradora.

Me ha interesado su enfoque de inversión y estoy ansioso por aprender más sobre su estrategia y filosofía de inversión. Como alguien que desea adentrarse en el mundo del trading y las inversiones, he recopilado algunas preguntas específicas que me gustaría plantearle. Entiendo que su tiempo es valioso, y le agradecería enormemente si pudiera brindarme su orientación.

- ¿Cuál es su enfoque para la gestión del riesgo en su estrategia? ¿Cómo maneja las posibles pérdidas?

- ¿Cuál es la duración típica de una inversión en su estrategia? ¿Tiene un enfoque a corto o largo plazo?

- ¿Cómo determina el tamaño de sus posiciones en diferentes acciones de su cartera?

- ¿Tiene algún consejo específico para mantener la disciplina y seguir su estrategia incluso en tiempos de volatilidad o incertidumbre?

- ¿Utiliza apalancamiento en su estrategia? Si es así, ¿cuál es la relación apalancamiento-capital que considera adecuada?

- Si un inversor tiene un capital inicial limitado, como $3,000, ¿cómo recomendaría comenzar a implementar su estrategia? ¿Hay un tamaño mínimo de cuenta que sugiera?

- ¿Qué porcentaje de su cuenta está dispuesto a arriesgar en una sola operación? ¿Cómo determina este porcentaje?

- ¿Cómo gestiona el tamaño de las posiciones en su cartera? ¿Utiliza un enfoque de igual peso para todas las posiciones, o varía el tamaño en función de ciertos criterios?

- En caso de una serie de pérdidas, ¿tiene reglas o límites para reducir temporalmente el tamaño de sus posiciones o tomarse un descanso del trading?

Estoy seguro de que sus respuestas serán invaluables para mi desarrollo como trader e inversor. Le agradezco de antemano por su tiempo y consideración.

Una vez más, felicidades por sus logros y dedicación al mundo de las inversiones. Espero con interés la oportunidad de aprender de su experiencia.

Atentamente,

Carlos

Grandes preguntas

Para Carlos XXXXXXX el 2023-10-22 a la 1:47 pm

Carlos, sigue enviando preguntas. Aquí hay algunas respuestas breves por ahora. Rellenaré los detalles más adelante.

1. ¿Cuál es su enfoque para la gestión del riesgo en su estrategia?

Respuesta: La gestión del riesgo está integrada dentro de la implementación de la estrategia en tres formas. Primero, en Beyond ETFs Pro, seleccionamos las diez principales posiciones. Esto nos da diversificación al no poner todos nuestros huevos en una sola canasta. En teoría, deberíamos colocar todo en la posición número uno. Sin embargo, la realidad y las emociones dictan un curso de acción más prudente. He encontrado que el número óptimo para Beyond ETFs Pro es diez. Tengo otras carteras en las que el número óptimo es seis. ¿Por qué no 15 o 20 posiciones, preguntas? Recuerda lo que dijo Warren Buffett: "Te concentras para obtener crecimiento; diversificas si no sabes lo que estás haciendo."

El segundo punto es que cuanto más nombres agregas a la cartera, más débil es cada nuevo nombre, debilitando así toda la cartera. Nos estamos enfocando en los más fuertes. Más nombres no la hacen más segura. De hecho, he encontrado que aumenta la tasa de rotación a medida que las posiciones de menor rango se venden y se compran nuevas con más frecuencia. Esto además de la deslizamiento que ocurre con la compra y venta constante, las comisiones pagadas, la diferencia entre el precio de oferta y el precio de demanda, y así sucesivamente.

El tercer punto es que el sistema activará una recomendación de venta a medida que una posición tenga un rendimiento inferior en comparación con sus pares. Recuerda que te conté sobre la historia de GTAT. Las personas que seguían la fuerza relativa habrían salido

de Enron y Nortel mucho antes de su colapso final y, en el caso de
Enron, antes de que se descubriera el fraude financiero. En el caso
de Enron, todo lo que sabíamos y podíamos ver era que había
vendedores de la acción, y la presión continuaba, forzándola a bajar
en la puntuación de clasificación. El sistema es adaptativo, y al
seguirlo, siempre estamos en los sectores y acciones que están
teniendo un mejor rendimiento en comparación con sus pares. He
visto a Ford clasificado en último lugar ascender a la posición
número uno. ¿Por qué? No lo sé. Pero al igual que en la serie de
televisión Dragnet, la frase del Sargento Joe Friday es muy
apropiada. "Solo los hechos, señora, solo los hechos." Deja que la
oferta y la demanda nos digan lo que el mercado está pensando. Eso
es todo lo que nos importa.

Pregunta #2. ¿Cómo manejas las posibles pérdidas?

Respuesta: Déjame reformular esta pregunta: ¿Cómo manejas
la EMOCIÓN de las posibles pérdidas? Odio desilusionarte, pero
tendremos pérdidas. Acostúmbrate a ello. Lo siento, pero esa es la
realidad de invertir y comerciar en los mercados. Se llama "asumir
riesgos". De lo contrario, se llamaría "tomar decisiones seguras".

No entraré en una operación a menos que tenga una mayor
probabilidad de ser ganadora que perdedora. Quiero que la
probabilidad de éxito esté de mi lado. No lanzarás una moneda y
esperarás lo mejor. Por cierto, rezar es una excelente estrategia para
salvar tu alma, pero no tu cuenta de trading. Así que no dejes que
una posición llegue al punto en el que sientas que tienes que rezar
por ella.

La belleza del Método Brockmann es que te dirá cuándo salir
de una posición. La posición habrá perdido su clasificación y habrá
disminuido, y algo más estará clasificando mejor. Quiero estar con
lo mejor. Hay un dicho que dice así: tu último aliento es esencial,
pero no tan esencial como tu próximo aliento. Lo mismo es cierto

con la inversión. Tu última operación fue esencial, pero no tan importante como tu próxima operación.

Volveré a la mentalidad emocional de invertir y comerciar más adelante.

Account Statistics/Analysis **Beyond ETFs Pro**

		Winners	Losers
Start date:	01/02/07		
End date:	10/20/23		
Number of trades:	477	234	243
Average periods per trade:	117.92	174.83	63.12
Maximum Profit/Loss:		165.36 %	(39.88)%
Average Drawdown:	(5.96)%	(3.44)%	(8.39)%
Average Profit/Loss:	6.52 %	19.88 %	(6.34)%
Probability:		49.06 %	50.94 %
Average Annual ROI:	20.18 %	41.50 %	(36.67)%
Reward/Risk Ratio:	3.02		
Portfolio:			
Starting Balance:	100000.00		
Ending Balance:	1506597.09		
Gain/Loss:	1406597.09		
Gain/Loss (IRR) %:	1406.60 %	Annualized:	17.51 %
Drawdown:		From	To
Maximum Continuous:	(15.16)%	06/07/22	06/17/22
Portfolio High:	(6.13)%	07/19/23	07/24/23
Peak/Valley:	(30.47)%	02/19/20	03/23/20

Puedes ver que queremos mantener a los ganadores y vender a los perdedores. El ganador promedio se mantuvo desde el 2 de enero de 2007 hasta el 20 de octubre de 2023, un total de 174.83 días. El perdedor promedio se mantuvo solo durante 63.12 días.

Pregunta #4. ¿Tienes un enfoque a corto o largo plazo?

El enfoque del Método Brockmann y Beyond ETFs Pro es de naturaleza a largo plazo. A lo largo de los años, he experimentado y jugado con configuraciones y calibraciones para intentar crear los parámetros óptimos. Hasta la fecha, utiliza datos de fin de día para sus cálculos. Los factores en juego incluyen el deslizamiento de precios, las comisiones, las diferencias entre los márgenes de compra/venta y otros.

Con el tiempo, no dudo de que, con la ayuda de la IA y un poder de computación más rápido y potente, el algoritmo se adaptará para incorporar todas las partes móviles.

Método Brockmann

De Carlos XXXXXXX el 22 de octubre de 2023 a las 2:49 p.m.

Estimado Sr. Wilf Brockmann:

Espero que este mensaje lo encuentre bien. Agradezco mucho su respuesta anterior y estoy emocionado por aprender más sobre su enfoque de inversión. Sin embargo, al profundizar en la investigación de su método, surgió una preocupación que me gustaría compartir con usted.

He quedado verdaderamente impresionado por su extraordinario historial de rendimiento. No obstante, mi preocupación gira en torno a cómo adaptar su método a cuentas de trading más pequeñas. Si tuviera un capital de $500,000, no dudaría en invertir en su sistema, ya que ha demostrado ser una opción capaz de generar un ingreso anual sustancial, respaldada por un sólido control de riesgos, algo que valoro enormemente. Pero en mi caso, tengo una cuenta más pequeña, aproximadamente $3,000. Es evidente que generar ganancias consistentes con una cuenta de este tamaño para eventualmente alcanzar un capital más significativo, como $500,000, puede presentar desafíos adicionales. Como mi objetivo es convertirme en un inversionista y trader exitoso, le agradecería mucho si pudiera brindarme consejos o adaptaciones específicas que considere beneficiosas para inversores con cuentas más modestas.

Además, dado su innegable éxito y experiencia, me gustaría señalar que sus estrategias podrían ser particularmente beneficiosas si alguna vez considera expandirlas a América Latina. En esta región, las cuentas de trading suelen ser de menor tamaño en comparación con otros mercados desarrollados. Países como México, Colombia y Brasil, por ejemplo, presentan mercados financieros en crecimiento con un potencial sustancial. Sus estrategias, adaptadas para cuentas más modestas, podrían ofrecer oportunidades significativas para los inversores latinoamericanos.

Una vez más, le agradezco por su tiempo y consideración. Estoy ansioso por la oportunidad de aprender de usted y espero con interés su orientación sobre este asunto.

Atentamente,

Carlos

Hola Carlos,

La única manera que conozco para convertir rápidamente $3,000 en $500,000 es robar un banco o ganar la lotería, o tal vez ir al casino y apostar todo a rojo. Ojalá hubiera otra forma.

La ley de probabilidades es la misma para una cuenta grande que para una pequeña. Esa es la realidad en la que vivimos. Mencionaste que tuviste algunas experiencias con pérdidas en el mercado. Sospecho que el nivel de riesgo fue ligeramente más alto de lo que esperabas. No pregunté porque todos hemos estado ahí.

Pensamos en un plan y no funcionó. Todos hemos hecho eso.

Una de las primeras cosas que dije cuando nos conocimos fue que las personas necesitan tener dos cuentas. Una es su cuenta de inversión y la otra es su cuenta de trading. La cuenta de trading viene después de que uno tiene un ancla con sus inversiones. Créeme cuando te digo que he arruinado mi cuenta de trading de todas las maneras posibles. He ganado y perdido muchas fortunas.

La única diferencia entre $3,000 y $300,000 es el número de ceros y la mentalidad. Si tienes éxito con una estrategia que emplea $3,000, estarás asegurado para toda la vida. He experimentado con diferentes parámetros, diferentes instrumentos y diferentes mercados y aún no he encontrado un programa exitoso de enriquecimiento rápido de forma continua. Asisto a varias presentaciones cada semana para escuchar a personas y sus enfoques. Podría contarte sobre el programa de opciones que creé en el que mis operaciones generaron retornos del 5-10% a la semana sobre el capital de riesgo invertido, PERO la música cambió, y también esa parte de mi cuenta de trading.

Hay muchas personas dispuestas a venderte un sueño. Lo siento, no tengo un programa de acumulación de cuentas rápido. El Método Brockmann a veces tiene ráfagas de crecimiento masivo, pero no sé cuándo.

Sigue enviando preguntas. También seguiré respondiendo a tu lista de preguntas.

Saludos,

Wilf

Contacté a Carlos con un artículo de Bloomberg sobre el principal candidato de la oposición en Venezuela.

Re: Pensé que te podría parecer interesante

De Carlos XXXXX el 27 de octubre de 2023 a las 11:33 p.m.

Buenas noches, Wilfred,

Espero que este mensaje te encuentre bien. Quiero expresar mis disculpas por no haber respondido a tu mensaje anterior de manera oportuna. La vida ha estado bastante agitada últimamente debido a mis compromisos en el programa de asistente dental. He estado lidiando con una falta de motivación y un sentimiento de tristeza. Aunque anhelo sumergirme en el mundo de los mercados financieros, mis estudios y responsabilidades financieras recientes me han dejado muy poco tiempo para hacerlo. Mi mente está constantemente preocupada por los movimientos del mercado y las dinámicas globales, pero mi cuerpo está atrapado en aulas y trabajando largas horas como conductor de Uber para mantener la estabilidad financiera. Entiendo que esta es una fase temporal y que todo es parte del proceso, pero hay momentos en los que la amargura se infiltra.

En una nota más positiva, quiero extender mi sincero agradecimiento por compartir información sobre Venezuela conmigo. María Corina Machado parece ser una candidata presidencial potencial notable, y la apoyaría de todo corazón. Desafortunadamente, en mi país natal, el control del gobierno central sobre los poderes públicos ha llevado a un proceso electoral distorsionado. Los tres rectores responsables de supervisar las elecciones están estrechamente alineados con el actual presidente, Maduro. Esto ha resultado en un patrón consistente de elecciones manipuladas, lo que ha llevado a un éxodo significativo de migrantes venezolanos en busca de mejores perspectivas en otros países. La gente se siente desconectada, y aquellos que se atreven a protestar en las calles a menudo enfrentan encarcelamiento o algo peor. En Venezuela, la misma idea de libertad sigue siendo más teórica que tangible. La reciente descalificación de María Corina para ocupar cargos públicos ha convertido las primarias que ganó en un símbolo de la lucha por el cambio.

Wilfred, espero tener noticias tuyas pronto y tener la oportunidad de sentarnos a tomar un café. Hasta entonces, por favor acepta mis más cálidos saludos y mejores deseos para un agradable fin de semana.

Atentamente,

Carlos

El mié, 25 oct 2023 a las 10:35, wilf@brockmann.com escribió:

17. Una cosa más – Bueno, unas pocas cosas más

Objetos nuevos y brillantes

Las personas han mostrado durante mucho tiempo una tendencia a desear el objeto más nuevo y brillante que está justo fuera de nuestro alcance, como lo han observado los investigadores. Esta inclinación se extiende más allá de las posesiones materiales y también podemos verla en el mundo de las inversiones. Al tomar decisiones de inversión, los individuos a menudo abandonan estrategias que han demostrado funcionar en favor de aquellas que se perciben como que ofrecen retornos más prometedores.

Este comportamiento surge de varios factores, como el miedo a perder oportunidades de ganancias potenciales, sesgos cognitivos y la influencia del marketing y los medios de comunicación. Muchos eventos históricos respaldan esto, pero ¿por qué se manifiesta este comportamiento y cuál es el impacto de esta tendencia a perseguir la última moda de inversión?

La Tulipomanía del siglo XVII en los Países Bajos y la burbuja de las puntocom a finales de la década de 1990 no son solo eventos históricos, sino cuentos de advertencia que resuenan en el actual panorama de inversiones. Estos episodios, marcados por una locura especulativa y posteriores caídas del mercado, destacan los peligros de invertir basándose en el bombo y la especulación en lugar de en fundamentos sólidos.

En tiempos más recientes, la burbuja de las puntocom de finales de la década de 1990 ha servido como otra historia de advertencia. Durante este período, los inversores inyectaron dinero en empresas de internet sin tener en cuenta la rentabilidad o sostenibilidad, impulsados por la creencia de que la nueva tecnología revolucionaría la economía. Cuando la burbuja estalló a principios de 2000, muchos inversores sufrieron pérdidas significativas a medida que las empresas sobrevaloradas colapsaban.

Los inversores pueden ver el impacto de esta tendencia a perseguir objetos nuevos y brillantes en la inversión a través de la volatilidad de los mercados financieros y la prevalencia de burbujas y colapsos de mercado. Si bien la innovación y los avances tecnológicos tienen el potencial de crear una riqueza significativa, también conllevan riesgos inherentes que pueden llevar a pérdidas devastadoras para los inversores que no son cuidadosos.

Personas influyentes como Elon Musk, Jeff Bezos y otros titanes tecnológicos han capturado la imaginación del público inversor, llevando las valoraciones de sus empresas a niveles astronómicos. Si bien estos líderes visionarios han logrado un gran éxito, algunos analistas están sonando la alarma sobre una posible burbuja tecnológica, sugiriendo que los métricas tradicionales pueden sobreestimar las valoraciones de sus empresas. ¿Es la locura de las acciones meme? Es solo otro signo de este fenómeno.

Desde un punto de vista psicológico, sesgos cognitivos como el sesgo de reciente, el sesgo de confirmación y la mentalidad de manada contribuyen al atractivo del objeto nuevo y brillante. Estos sesgos pueden nublar el juicio y llevar a decisiones de inversión irracionales. Reconocer y superar estos sesgos es crucial para que los inversores piensen de manera independiente y tomen decisiones de inversión informadas.

Está claro que la naturaleza humana desempeña un papel significativo en la toma de decisiones de inversión. El atractivo del objeto nuevo y brillante puede ser poderoso, pero los inversores deben ejercer precaución y disciplina para evitar caer en trampas que pueden llevar a la ruina financiera. Al examinar tendencias históricas, figuras clave y factores psicológicos, podemos

comprender mejor por qué los inversores a menudo abandonan lo
que está funcionando por lo que les dicen o creen que está
funcionando mejor. Es crucial que los inversores realicen una
investigación exhaustiva, diversifiquen sus carteras y se mantengan
alertas para navegar con éxito por el complejo y cambiante mundo
de las inversiones.

Si tienes un enfoque sistemático que está funcionando, ¿por qué
cambiar? Como dice el refrán, hay muchas maneras de despellejar
un gato y hay muchas maneras de ganar dinero en los mercados. No
necesitas todas. Solo necesitas una o dos. Lo sé por experiencia
personal. Enfócate y conviértete en un maestro de tu oficio.

Conclusión:

Este es el Método Brockmann.

Un enfoque para la inversión en momentum de precios que proporciona señales simples sobre cuándo vender y qué comprar. Los inversores pueden desarrollar un hábito de éxito aprovechando tanto el conocimiento como la disciplina, lo que les da la confianza para tomar decisiones de inversión informadas. Ciertamente funciona para nuestros clientes. Puedes ponerlo a trabajar para ti.

Puedes encontrar el Método Brockmann integrado en una aplicación llamada "beyond etfs pro", disponible en las tiendas de Android y Apple. También en https://beyondetfspro.com.

Échale un vistazo. Invierte en tu éxito.

Saludos cordiales,

Wilf Brockmann